I0045711

Restablecer confianza

Coordinación editorial:
DÉBORA FEELY

Diseño de tapa:
DCM DESIGN

CARLOS ALTSCHUL

Restablecer confianza

Pequeñas historias de éxito
a través de la palabra

GRANICA

BUENOS AIRES - MÉXICO - SANTIAGO - MONTEVIDEO

© 2010 *by* Ediciones Granica S.A.

BUENOS AIRES   Ediciones Granica S.A.
Lavalle 1634 - 3° G
C1048AAN Buenos Aires, Argentina
Tel.: +5411-4374-1456
Fax: +5411-4373-0669
E-mail: granica.ar@granicaeditor.com

MÉXICO   Ediciones Granica México S.A. de C.V.
Cerrada 1° de Mayo 21
Col. Naucalpan Centro
53000 Naucalpan, México
Tel.: +5255-5360-1010
Fax: +5255-5360-1100
E-mail: granica.mx@granicaeditor.com

SANTIAGO   Ediciones Granica de Chile S.A.
Padre Alonso Ovalle 748
Santiago, Chile
E-mail: granica.cl@granicaeditor.com

MONTEVIDEO   Ediciones Granica S.A.
Scoseria 2639 Bis
11300 Montevideo, Uruguay
Tel: +5982-712-4857 / +5982-712-4858
E-mail: granica.uy@granicaeditor.com

www.granica.com

Reservados todos los derechos, incluso el de reproducción en todo o en parte, en cualquier forma

ISBN 978-950-641-573-0

Hecho el depósito que marca la ley 11.723

Impreso en Argentina. *Printed in Argentina*

Altschul, Carlos
   Restablecer confianza : pequeñas historias de éxito a través de la palabra . - 1a ed. - Buenos Aires : Granica, 2010.
   360 p. ; 22x15 cm.

   ISBN 978-950-641-573-0

   1. Negociación. I. Título
   CDD 650

ÍNDICE

AGRADECIMIENTOS

Tras cuarenta intensos años de charla amiga y de debate acalorado, mi oficio mantiene viva la deuda de gratitud con Fernando Ulloa. Ante empresas-cliente y tras viajes de trabajo y de placer, representa lo que retengo de cada instancia en que lo observé operar. Muchos episodios de los reseñados se discutieron con él, gran cantidad de acontecimientos nos encontraron juntos.

Juan Magliano merece su párrafo: las ideas recogidas incluyen su simiente y sus prólogo sintetiza pensamiento crítico. Veinte años afirman coincidencias y disidencias. Con Flavio Ruffolo nos une la plática y agradezco sus indicaciones sobre los procesos que explican el entorno actual. Flavio incorpora a Eduardo Paladín, un nuevo amigo.

Agradezco a los colegas con quienes colaboramos en organizaciones en los países de la región: no todos los casos se desarrollaron en las empresas que destacamos a continuación, pero todas aprovecharon del aprendizaje con experiencias en 3M, American Express, Andreani, Banco Central de la República Argentina, Banco Credicoop, Bayer, Boehringer Ingelheim, Cerro Vanguardia, Coca-Cola, DaimlerChrysler, Danone, EXXON, Ford, Goodyear, IRSA,

Monsanto, Nobleza Piccardo, Novartis, OSDE, Páginas Doradas, Philips, Price Waterhouse, Renault, Repsol YPF, Scania, Schering, Shell, ScotiabankQuilmes, Techint (CINI, Exiros, SYUSA, Techint Construcciones, Tecpetrol, Tenaris, Ternium, Transportadora de Gas del Norte, Transportadora de Gas del Perú), Toyota, Union Carbide y empresas familiares cuyos nombres se mantienen en reserva.

Acostumbro llevar protocolos detallados de reuniones y entrevistas, que me permiten reunir los casos y los comentarios de los participantes en universidades y empresas: el lector apreciará su pertinencia, especialmente en los epígrafes. Muestran la lucidez, y que no es inteligencia lo que falta.

Agradezco la invitación a enseñar de Mercedes López, Directora, Especialización en Psicología del Trabajo y las Organizaciones, Universidad Nacional de Córdoba; Carlos Trentini, Decano, Maestría de Administración de Empresas, Universidad de Rosario; de Luis van Morlegan, Decano, Posgrado de Desarrollo Estratégico de Recursos Humanos, Universidad de Buenos Aires; y de Eduardo Dalmasso, Decano, Maestría en Formulación y Desarrollo de Estrategias Públicas y Privadas, Universidad de Córdoba, así como a los cursantes con quienes discutimos sobre el vértigo actual. Mi deseo es que el barrido de las viñetas seleccionadas aliente a diseñar mejores organizaciones.

Marina Altschul y Alfredo Pupillo merecen una mención especial por los debates que llevaron al texto: al escuchar libre de pensamientos, su presencia modifica el futuro, separando la hojarasca del polvo. Cuando uno levanta vuelo, Marina enfoca lo esencial y el caso *Cerros* parte de un texto suyo. Alfredo escucha, pregunta, escribe, destila.

Los gráficos son la contribución de Mónica Redondo y de Gaspar Tercero.

PRÓLOGO

¿Cómo haber imaginado que tras una larga vida
pudiera comprender no más que despertar de noche y repetir,
extraño, cuán extraño, cuán extraño, cuán extraño?
Cuán gracioso y extraño.
Czeslaw Milosz

Restablecer confianza se publica en un período de grandes transformaciones con pronóstico incierto: cuando General Motors y AIG tienen como nuevo e insospechado dueño a un gobierno, y las personas confundidas intentan dar sentido a lo que ocurre y les ocurre en esas condiciones.

Saben que en años recientes se cayeron los grandes relatos, se quebraron los contratos, se perdió el rigor, se alejó el afecto. Las personas trasuntan saciedad y agobio, esperan construir algo distinto.

Buen momento para recordar que ningún proyecto se lanza y sostiene sin el aporte de redes de individuos sanos, y que gobernar voluntades exige competencias distintas de las requeridas para ganar plata o adquirir un paquete informático contundente en su promesa estandarizadora. Excelente ocasión para repetir que ningún cambio borra con todo lo anterior.

Este libro habla del costado humano de las empresas, de actuar en ellas con mirada amplia, de juntar puntas, de percatarse de que hay quienes no saben manejarse ante una emoción nueva, de despabilarse y reconocer que pocos ponen vigor en lo que hacen en el ámbito de las empresas. Este trabajo no espera que esto cambie, sino que busca contar pequeñas historias en las que se tuvo en cuenta la variable invisible de la cultura.

No descansa en gestionar el cambio cuya racionalidad está predefinida y descubre que la cultura no acompaña, sino en registrar cómo sólo hay cultura cuando se participa en su creación. No habla del deseo de operar sobre la cultura, sino de participar en su construcción.

Todo esto en medio de un fenómeno reciente que apenas se comienza a descubrir ahora.

Escribí *Restablecer confianza* a nivel personal para hacer un balance del trabajo de los años recientes, cuando desaparecida la noción del compaginado sensato que representaba la idea de organización, sigo rechazando que el fin justifica los medios; a nivel académico, para presentar una selección de episodios desarrollados en países latinoamericanos en los que las divisiones y el autoritarismo parecerían inevitables; y a nivel profesional, para describir un abordaje que pone en escena la mirada plural de la Investigación Acción, de la Psicología Institucional, de la Teoría de los Sistemas y de la Sociología de las Organizaciones. Que por sostenerse en los aportes de personas, y dedicar tiempo a definir las expectativas y a trabajar juntos en los entregables, y hacerlo por etapas, muestra menos fracasos que la consultoría tradicional.

La primera versión presentaba historias para mostrar la problemática de las organizaciones y cerraba con reflexiones. Lo cual recuerda que se aproxima uno a la teoría desde la práctica y que las formas que toma cada organización, que mudan a diario, constituyen una suerte de *postre*, tanto es así que en un principio el libro llevaría esa palabra en el título. Más tarde, y a medida que decantaba el sentido, evoqué la dificultad que encara toda implantación y el peso que, en consecuencia, tienen los procesos de *concertación*, por lo que durante un tiempo esta otra palabra fungió como nombre del libro, hasta quedar claro que la esencia del trabajo se refiere a extraerse de un lío, de un embrollo, a entenderlo, y a pesar de que no se puedan explicar sus causas, *restablecer confianza*. Que no es un proceso lineal.[1,2]

El lector advertirá que la reflexión sobre las idas y vueltas del *organizar* desde arriba y del *organizarse* entre todos para dar significado a los hechos avanza en círculos con-

---

1. La palabra *mess* es usada por Russell Ackoff, quien dice que toda indagación humana es provocada por un *mess*, un lío, porque "todo problema humano está inextricablemente ligado a otro problema humano". Ver *Creating the corporate future. Plan or be planned for.* New York, Wiley, 1981; *Redesigning the future: A systems approach to societal problems.* John Wiley, New York, 1974. Ver también el hilarante *Un pequeño libro de leyes f*, donde f alude tanto a la innombrable *f word, fuck*, y a *flaws* que significa "defectos". Ackoff, Rusell y Addison, Herbert: *A little book of f-laws. 13 common sins of management.* Triarchy Press, Axminster, 1988. Una versión más elemental ofrecen Deal, Terence y Kennedy, Anthony: *Corporate cultures*, Addison Wesley, Reading, 1982. Sobre la tarea de la conducción en entornos caóticos, ver Wheatley, Margaret: *El liderazgo y la nueva ciencia. La organización vista desde las fronteras del siglo XXI*, Granica, Buenos Aires, 1994, y para el liderazgo como aventura personal, ver Álvarez de Mon Pan de Soraluce, Santiago: *El mito del líder: profesionales, ciudadanos, personas: La sociedad alternativa*, Financial Times/Prentice Hall, Madrid, 2001.
2. Luhmann y Giddens debaten, en textos enjundiosos, el tema de la confianza en sus dos acepciones: *trust,* confiar, esperar con firmeza y seguridad, versus *confidence,* seguridad basada en la discreción y la probidad del otro; y Elster trata el desarrollo de la justicia transicional para ocuparse del efecto del quiebre de tratos en el ámbito político. Giddens, Anthony: *The Constitution of Society*, Polity Press, Cambridge, 1984; y *The Consequences of Modernity*, Polity Press, Cambridge, 1990; y *Modernity and Self-Identity*, Polity Press, Cambridge, 1991. Luhmann, Niklas: *Confianza*, Anthropos, Barcelona, 1996; Elster, Jon: *Rendición de cuentas: la justicia transicional en perspectiva histórica*, Katz, Buenos Aires, 2006.

céntricos, como curso y recurso de la historia. Quien de eso sabía, Giambattista Vico, enseñó que los orígenes son insondables, y que intentar nuevos comienzos sólo requiere que, de tanto en tanto, la mirada se vuelva hacia el reverso de la trama para recuperar los reveses. Ver los repliegues, entender los despliegues. *Guardare in rovescio.* Para dar un vuelco y seguir adelante.

Es así que de idas y vueltas trata el libro. Mientras se manejan fracturas y diferencias, y desde el reconocimiento de la naturaleza del desatino se conversa para balancear las cuentas. Y que no se trata de encontrarle la vuelta, sino de hacerse acompañar. Conversando con terceros. Con stakeholders, no actores de reparto, sino interlocutores que tienen su propia intencionalidad.

La inclusión se justifica en la medida en que la proyección del estado actual preocupa y el cliente promueve el acercamiento para mejorarlo. Cuando, agobiado por el exceso de pragmatismo, decide interferir con la "tasa anormal de desvío del proyecto" y quebrar la inercia, cuando se percata de que el mundo cambió más de lo que hubiera preferido, que ya no cabe esperar compromiso sino, en el mejor de los casos, adhesión, cuando el proyecto es de gobernabilidad, no de dirección. En esas circunstancias, invita a terceros para encarar juntos los problemas, destripar las presunciones básicas, mirar de frente los conflictos, pasar revista a los dilemas como cuando manifiestan:

> *Lo que hasta ahora hicimos está bien, pero no es suficiente. No sabemos, no entendemos bien lo que está sucediendo hoy día. Hemos comenzado a padecer desorden, idas y vueltas, disconformidad, desmotivación. Sabemos que está ocurriendo algo diferente, pero no comprendemos claramente por qué. Necesitamos cambiar ese índice de frustración por más que nos cueste, reconociendo que las implicancias nos harán pasar malos ratos hasta tanto corrijamos lo que no funciona en nuestra concepción de la cosa. Estamos convencidos que si no lo hacemos nosotros, lo harán otros sin nosotros.*

En esas condiciones, en los intercambios, trabajando en el *hicimos* y en el *hacemos*, aparece aquello que será resistido porque problematiza lo que se preferiría abordar con el engañoso confort de las ideas recibidas, y porque se desvanece la imagen de todopoderoso. Porque para construir hay que hablar de lo que se hace, recogiendo datos, quitando patetismo al problema. Así, tras la consulta surge la sensación de haber resuelto la urgencia con la convicción de que lo que se hizo será avalado aún por quienes no estuvieron presentes. Es lo que permite decir que hubo un *antes* y un *después,* y se llama intervención.

Habíamos hecho una intervención en la filial local de una empresa norteamericana, un caso complicado porque el equipo superior actuaba fragmentado. Estaba conformado por jóvenes con especialidades distintas, habían sido incorporados por diferentes directores enérgicos, y el responsable quería desarrollar nuevas competencias gerenciales. Diseñamos una actividad que balanceaba el crecimiento individual y el trabajo en equipo; el taller intensivo de dos días fue bien recibido, siguieron entrevistas y se llegó a buen término. Unos años después, un viernes a la tarde nos asombró la llamada de un director de la oficina internacional que tras señalar que había descubierto nuestras señas en su archivo, recordó el aporte en aquella ocasión y preguntó si podía hablar con franqueza. Mientras reflexionaba sobre la situación y uno daba las garantías que podría transmitir un desconocido por teléfono, él anunció que la mayoría de las personas que habíamos conocido no estaban más con ellos, y que reemplazarían a un director de quien sospechaban conductas antiéticas. Era la época de las quiebras fraudulentas de ENRON, de Pharma, de WorldCom. Dedicó la mayor parte de la tarde a transmitir los detalles de esa situación. Nos unía el placer del trabajo y conversamos como si nos conociéramos. Nunca volvimos a hablar, no se cobró la consulta, jamás sabremos si le sirvió de algo la charla, aunque recogimos los indicios sobre cómo él depositaba confianza. Pensé que estaba urgido y que en su lugar se acostumbraba a creer en la palabra de la gente… Recuperamos un código de conducta, intercambiamos intangibles valiosos, él agradeció las ideas; yo, el placer de trabajar como corresponde. Entregables.

Un tiempo después, en otro proyecto, Juan Mamani, líder comunitario, dijo que entre las comunidades del altiplano boliviano, la solidez de los vínculos reconocía tres pasos. Hablaba de *legitimidad*, proceso que partía de reconocer que el otro había hecho lo que dijo que haría; de *credibilidad*, que se refería a fiarse, en base a la primera experiencia, en que lo que decía el otro era digno de respeto; y en tercer lugar, de *confianza*, cuando repetidas pruebas hacían creer y sentir que el otro no defraudaría las expectativas puestas en su conducta. Me hizo pensar que con extraños, el proceso llevaría más tiempo. En el ínterin, los locales evitan a los extranjeros, se muestran apáticos, algo de historia conocen.

Algo de historia conocemos. En el Perú, Vladimir Carhuaz, antropólogo, recordó una vieja tradición que resiste a lo largo de la cordillera y habla de lo que se debe hacer cuando, por temor, el alma huye del cuerpo. En esas ocasiones, se acompaña a la persona a casa de una mujer que sabe infundir actividad en esa persona. Que lo anima. Que sabe hacer retornar el alma al cuerpo. Son las idas y vueltas. Elemental, rudimentario, más no hace falta.

Los casos que se incluyen en este texto se refieren al proceso elemental que parte de la defraudación y del desánimo en quienes, independientemente de su lugar de nacimiento, hacen que el coraje vuelva al cuerpo, que el orgullo vuelva al trabajo. Descansan en la lógica de lo social, de lo solidario, de lo diverso. Parten de entender que la opción se presenta entre vivir un quiebre o instalar un cambio dramático; de aceptar que la visión reduccionista y el aislamiento intelectual provocan la radicalización del pensamiento; de abandonar la pasión por lo lineal y animarse a lo aleatorio; de atreverse a juntar y a relegar, a disfrutar de los repliegues, a detenerse a pensar desde las márgenes, a saber que el diálogo lleva a descubrir coincidencias.

A comienzos del nuevo siglo, el aprendizaje derivado de ese tipo de abordaje, probado con Alicia Balsells, Carlos Castellano, Alberto Fandiño, Alejandro Fernández Mouján, John Holcomb, Chris McGoldrick, Alejandra Naughton, Hugh Pace, Jorge Roulet, Thys Sabbagha, Juan Miguel Thurburn muestra que la interdependencia acarrea formas saludables, efectivas de organización. Con obligaciones recíprocas y resguardos mutuos, de igual a igual surgen soluciones de compromiso que legitiman, dan credibilidad y construyen confianza.

Y para tranquilidad de todos, en ese proceso se integran los indicadores cuantitativos del sistema técnico, y los testimonios, las evidencias cualitativas de salud del tejido social. Se conforma un Tablero de Comando con instrumentos *soft*.[3]

Restablecer confianza muestra nuestro abordaje de consultoría que complementa tareas de la modalidad clínica (escuchar, observar, trabajar a partir de la salud, tener en cuenta a quienes no están, saber que no se sabe), y las del método experimental (forzar la prolijidad, partir del pedido, operar por centros de interés, restringir la acción inmediata a pocas variables, cerrar, saber que se aprende).

---

3. Sería bueno contar en breve con la traducción del libro *Unobtrusive measures: Nonreactive research in the social sciences,* de Eugene Webb, Donald Campbell, Richard Schwartz y Lee Sechrest, ese texto maravilloso que termina con un capítulo de un párrafo y otro de una línea. Los cito porque son centrales para la comprensión de este libro. El anteúltimo capítulo, limitado a un párrafo, es de un estadígrafo: "Debemos utilizar todas las armas existentes de ataque, encarar nuestros problemas con realismo y no retirarnos a la tierra de la esterilidad de moda, aprender a sudar nuestros datos con una mezcla de criterio y masticación intuitiva, y aceptar la utilidad de los datos particulares aun cuando el nivel de análisis existente para ellos se encuentre marcadamente por debajo del existente para otros datos del campo empírico". Y el último capítulo se limita a una frase del Cardenal Newman, un teólogo: "De los símbolos y las sombras a la verdad".

El texto presenta reseñas, versiones interesadas e incompletas. La intención es calibrar, registrar, vigilar. No se despliega el saber, sino que se eligen episodios para que en el lector se diparen preguntas. Hubiera sido provechoso incluir grabaciones con las voces y los silencios, registrando los momentos en que la inteligencia y los sentimientos marcharon juntos.

Cuando se divulgan los efectos de la consulta, los participantes validan lo hecho porque lo vivieron y así lo refleja el brillo del ojo. Quizá les será difícil decir qué ocurrió salvo *"Ahí nos escucharon"*, como si fuera cosa de todos los días.

Con ese espíritu, en "Ubicarse" los primeros capítulos describen la problemática, detallan los orígenes del modelo de trabajo, hablan de conducción y mencionan los dispositivos que elabora el consultor. Bajo el título "Valorar las voces / Decidir sobre las prácticas / Instalar en la historia" aparece una secuencia de episodios de creciente dificultad. "Pensar para adelante" pasa revista a lo relatado, sugiere los caminos para acercar a los dispersos en el rediseño de la institución empresa.[4]

Carlos Altschul
Marzo de 2010

---

4. En la mitología griega, las musas constituyen una hermandad de nueve espíritus, que con su gracia despiertan el proceso creativo. Juntas conforman la matriz que para Solón, el estadista y poeta, era la llave para llevar una buena vida, porque atraían la prosperidad y la amistad. En los casos elegidos se advertirá la secuencia que proponía. Los primeros dan preeminencia a la voz: (1) reconocer los límites y aceptar el desconcierto, (2) crear el espacio para incorporar al tercero, (3) escuchar y reunir datos inquietantes. Los siguientes hacen hincapié en la práctica, a saber: (4) esbozar el proyecto viable, (5) debatir entre nuevos, (6) procesar datos complejos e ir haciendo. Los últimos procuran instalar lo escuchado y lo hecho en la propia historia: (7) incorporar a los distintos, (8) mostrar cómo se ha hecho, (9) agradecer y celebrar, preguntarse por qué no.

SOBRE LA DEPENDENCIA EMOCIONAL, LA TOLERANCIA Y EL APEGO EN LA ORGANIZACIÓN

Juan Magliano

> *Con el número Dos nace la pena.*
> Leopoldo Marechal

Incerteza, vacío interior, pérdida de seguridad son condiciones necesarias para que prevalezcan la dependencia emocional, la tolerancia y el apego en la organización. Perder, depender del afecto ajeno, de la ambigüedad, tolerar sin comprender, pender de un hilo: así se nos muestra el proceso de vivir en relación con ese *Dos* añorado, buscado, temido, violento y violentado que provoca la pena originaria, el conflicto originario de la dependencia emocional.

Esta cualidad de la relación con el otro es paradojal. Por un lado, la mente demanda continuidad y permanencia para alejarse del temor a perder. Necesita reeditar las experiencias placenteras y eliminar de cuajo el displacer. Por otro, la realidad es instante, movimiento, riesgo, inseguridad, impermanencia, y lleva en sus entrañas la efímera semilla de su propio epílogo, sin el cual lo nuevo no puede florecer.

La incerteza es temible para una mente cifrada en la búsqueda de éxito y poder. La paradoja instala en la relación una premisa implacable: *para que algo cambie, algo tiene que morir.* Así es como la dependencia emocional deriva de la angustia provocada por la inminencia de una pérdida o alteración de algo anhelado. De esta inminencia nace el apego, que es una experiencia de proximidad tolerante, de acostumbramiento afectivo a una creencia, a algo o a alguien, acompañada del *miedo a perder* tal acostumbramiento. El apego busca permanecer, estancarse, cristalizarse en la relación. La mente codiciosa necesita que ciertos deseos duren eternamente, y que otros placeres jamás terminen.

Al mismo tiempo, las modalidades de relación en la organización permiten crear zonas de confort donde cada uno intentará apegarse al poste de la seguridad laboral y la permanencia. Cada individuo se desplazará hasta donde alcance la cuerda. Para que ello sea posible, será necesario ambicionar sólo resultados, sin reparos acerca de los medios que se utilicen, ni del daño que se le ocasione al otro. El otro se convierte en un objeto utilitario, en un *recurso* humano. Y el propio proceso de dependencia emocional enquistado en el miedo a la incerteza provocará sumisión, agobio, y desarrollará en la relación de trabajo un fenómeno muy fácil de visualizar: *la tolerancia al otro*, a ese número Dos temido como concesión a un malestar naturalizado e inmodificable.

La tolerancia es la energía del apego y la dependencia emocional. Es interesante este fenómeno observable en los vínculos de la organización. Los sistemas educativos, la influencia familiar, el ámbito social en el cual hemos crecido nos han condicionado a cultivar la tolerancia como una virtud moral, una manifestación de consideración hacia ese número Dos que afecta nuestro espacio vital.

Sin embargo, la tolerancia no es más que resistencia, tensión, dolor y una invitación a mantener el foco en el propio interés y padecimiento. La tolerancia que se activa en la dependencia emocional pervierte la relación porque se basa en el resguardo de la propia seguridad y bienestar.

No tolero porque el otro me importa, sino a causa de mi imposibi-lidad de respetar al otro con afecto, comprensivamente. El otro no está considerado en esa ecuación. De modo que tolerar es resistir, aguantar, y no requiere comprensión, ni pregun-tarse quién es o qué le pasa al otro.

En la red social de la organización, se observa nítida-mente esta trilogía: *dependencia, tolerancia* y *apego.* En este formato de relación, no hay libertad y la creatividad se torna dudosa, dado que gran parte de la energía requerida por el logro de resultados a través de vínculos maduros, se uti-lizará para lidiar con el miedo, propio y ajeno.

Así se origina la perversión de los vínculos en la organi-zación, que consiste en utilizar el miedo del otro para lograr los propios fines. Es tan potente y destructiva la relación de trabajo centrada en la dependencia emocional, la tolerancia y el apego, que impide ver claramente cómo la búsqueda de realización personal a través de esta trilogía sólo pro-duce morosidad en los resultados, desdicha y encerronas trágicas.

Si la relación de trabajo se basa en el miedo a perder desde la premisa de la dependencia, el apego y la tolerancia, será más importante la dependencia, el apego y la tolerancia que la propia relación y el alineamiento con los resultados.

Puede que sea momento de reflexionar acerca de estos factores intangibles a la hora de diseñar y llevar a cabo un proyecto de cambio organizacional.

UN CUADRO MÁS RICO
EN SOMBRAS QUE EN LUCES

Flavio Ruffolo y Eduardo Paladín

Este texto tiene por objeto ofrecer una síntesis panorámi-
ca de lo que ha dado en llamarse la "nueva economía" y,
en relación con ella, especialmente del mundo de los negocios y la vida de las empresas. Tanto el lector como cualquier otro habitante de la Tierra sabrán que hoy la economía mundial está atravesando uno de sus peores momentos.
La sociedad entera siente que la economía y sus certezas
de ayer, dejadas de lado en medio de la actual crisis, han
comenzado a moverse en el terreno de la incertidumbre,
la extrema volatilidad, y están plagadas de sorpresas que
unos meses atrás se hubieran interpretado como invero-
símiles. La crisis emerge como un desastre natural que da
por tierra con todas aquellas certezas que se abrigaban respecto de un futuro ascendente de prosperidad mundial. La
clave de ese futuro residía en la fuerza de la globalización
económica, que, en virtud del auge financiero y comercial
generado, acrecentó la riqueza global, aunque de manera
asimétrica. Así surgió un mundo signado por una notoria
polarización entre ricos y pobres: la inequidad distributiva
se amplió tanto en los países centrales como en la periferia.

Con todo, durante buena parte de los últimos quince años, los efectos sociales negativos de una redistribución regresiva de los ingresos en el conjunto de la población no se vieron como un problema, sino como un daño colateral en el reacomodamiento general de la economía. Es que al finalizar el siglo XX, la sociedad se vio transitando una etapa de auténtica mutación antropológica. Una serie de fenómenos de índole cultural y tecnológica, inéditos e interrelacionados, daban cuenta de una transformación en el seno de las relaciones interpersonales, del entramado mismo de la convivencia humana. En un principio, esto se atribuyó a la crisis de la modernidad, reflejada a través del declive de la sociedad industrial y el fin de la Guerra Fría; lo cual indujo a multitudes a descubrir que *un gran desorden bajo el cielo* se daba de manera irremediable y que las brújulas ya no nos podían orientar debidamente.[1]

Tanto la geografía política como la geografía humana empezaron a presentar un cuadro más rico en sombras que en luces. Frente a esto no tardó en generarse una nueva matriz para la comprensión del mundo, y comenzaron a difundirse, con penetración en el inconsciente colectivo, conceptos tales como "posmodernidad", "posestructuralismo", "posindustrial", "globalización", "multipolarización" y "deconstrucción". Por vías conceptuales diferentes se fue fortaleciendo una corriente de pensamiento que valoriza lo individual, que enfatiza lo subjetivo y se centra en las relaciones personales. Las dimensiones organizativas e institucionales de la sociedad fueron conducidas al desempeño de un rol instrumental, a ser un medio para la realización del sujeto "posmoderno" que se refiere a sí mismo. La hegemonía de una cultura liberal y de una filosofía utilitarista junto con las orientaciones privatistas que se difunden en la vida pública, han llevado con frecuen-

---

1. Procacci, Giuliano: *Historia general del siglo XX*. Crítica, Barcelona, 2001.

cia a que la sociedad se fuera encerrando en sus propios intereses y alejando de las actividades solidarias y colectivas. En el apogeo de dicho pensamiento se enunció el desplazamiento del hombre como hacedor de la historia, minando lo que la modernidad tenía de fortaleza: entender al ser humano como verdadero sujeto generador de cambio.[2]

Sin embargo, mientras que la ideología dominante restauraba la vigencia de un orden natural de las cosas, una era de cataclismos tecnológicos se erigía como el factor que daría movimiento a la mutación antropológica por la que hoy discurre la humanidad. El impacto que tiene en todas las actividades de la vida la irrupción de las nuevas tecnologías de la información y telecomunicaciones (TIC), hace de estas el soporte instrumental que posibilita dicha transformación integral. La excitación de vivir un cambio de época caracterizado por el tránsito hacia una *sociedad informacional o del conocimiento* invade los corazones de todas las personas que cuentan con la capacidad de "acceso" a las tecnologías digitales e Internet. "Acceder" se convierte en un verbo usado cotidianamente como articulador de las personas con la nueva economía global, un sistema que actúa de manera unificada en tiempo real y a escala planetaria.[3]

En las franjas sociales más acomodadas de la población, se encarna la idea de pertenecer a una "aldea global" que se expande a través de las autopistas telemáticas y se refleja en las pantallas de computadoras y televisores. Cualquiera puede formar parte de este movimiento poblacional en el espacio virtual; lo que lo hace posible es tener acceso a la profusa red integrada de telecomunicaciones

2. Feinmann, José Pablo: *La filosofía y el barro de la historia.* Planeta, Buenos Aires, 3ª ed., 2008.
3. Gorz, André: *Miserias del presente, riqueza de lo posible.* Paidós, Buenos Aires, 1998.

digitales, que de manera ilusoria borra la geografía y la duración del tiempo. Es la plasmación de una nueva forma de vida, líquida, caracterizada por la conectividad, que transcurre en una sucesión de escenarios cambiantes y fragmentados, y de este modo reinventa el mercado, hace que los consumidores-usuarios pretendan acceder a bienes intangibles; así, el mundo virtual les ofrece nuevas formas de relacionarse y genera experiencias de otro modo irrealizables.[4]

Una suerte de mercantilización de la cultura y de las experiencias humanas se forja a medida que la fusión entre economía y TIC convierte la información y el conocimiento en fuente de valor, tal como antaño lo era el trabajo. A no dudarlo, el capitalismo mantiene su esencia, por lo cual no tardará en constituir el "acceso a las TIC" en una nueva expresión de inequidad social. La "brecha digital" nos recuerda que las asimetrías permanecen; esta brecha es el reflejo de una sociedad donde los grupos pugnan por el acceso, por su conexión *on line*. Lo que ha predominado fue el acceso individual a las TIC. De este modo, poblaciones enteras se mantuvieron excluidas de algún tipo de conectividad a la sociedad global, y en consecuencia a una apropiación con sentido de las TIC. Si no se garantiza el acceso universal, buena parte de los habitantes del planeta estarán marginados del potencial de desarrollo humano que pudiera proveerle su uso estratégico.[5]

Es que el fenómeno de las nuevas tecnologías no es sólo una cuestión técnica, sino también, y sobre todo, una relación social, una relación de poder y como tal un nuevo modo y sentido de construir la realidad, de establecer una

---

4. Bauman, Zygmunt. *La globalización: consecuencias humanas.* Fondo de Cultura Económica, Buenos Aires, 1999. Godio, Julio: *Sociología del trabajo y política.* Atuel, Buenos Aires, 2001.
5. Abadía, Angélica; Martín, Mercedes, y Ruffolo, Flavio: *Un país diferente: jóvenes, TIC y desarrollo.* Prometeo, Buenos Aires, 2008.

verdad que nos condiciona definitivamente. De nuevo, la economía global nos muestra su faceta desagradable, su lado oscuro, sus indeseables consecuencias humanas. Lejos de homogeneizar la condición humana, la anulación tecnológica de tiempo y espacio tiende a polarizarla. Los procesos globalizadores han llevado a la segregación. Y esto fue así en función de la forma como se estructuró el poder económico global, en total libertad, sin reglas ni límites de ningún tipo, supeditado sólo a la lógica de obtener la más alta rentabilidad en el menor tiempo posible, sin importar cómo ni dónde.[6]

Globalización (o la complejidad de lo económico)

En general, se reconoce la existencia de al menos tres campos en los que se desenvuelven las actividades económicas: a uno se le atribuye ser el concreto, el que conforma la economía real (la producción, los recursos, el empleo, las empresas, etc.). El segundo lo constituye el sector financiero, las finanzas y el dinero. Y en el marco del nuevo paradigma tecnoeconómico, aparece un tercer campo que es el de la economía en red, o la nueva economía, la que se funda en el procesamiento y generación de la información y el conocimiento. Comúnmente se liga a la globalización con el surgimiento de la economía en red. Sin pretender objetar esta visión, diremos en cambio que la globalización subsumió estas tres esferas al imponerle su propia dinámica. Las hace girar alrededor de su órbita, cada una a su velocidad, desacopladas, girando fuera de toda sincronización. Efectivamente, la esfera financiera internacional fue la primera en globalizarse, alcanzó una velocidad desconocida para cualquier otra actividad económica.

---

6. Bauman, Zygmunt: *Op. cit.*

La desregulación y el soporte técnico de las TIC tornan a las finanzas internacionales un circuito incontrolable, y en ese descontrol, las variables pierden toda guía. A causa de este ritmo frenético, las primeras víctimas en caer fueron las naciones más débiles, los "mercados emergentes". Debemos tener presente que tanto el "ritmo frenético" en este caso particular, como toda transformación que se produce en los distintos aspectos de lo económico, lo político o lo social, han sido producto de decisiones humanas, es decir, son hechos que sólo así podemos definir como históricos.

No obstante, además de la supremacía que ejerce el capital financiero especulativo internacional sobre la economía en su conjunto, existe por otro lado una evidente desarticulación entre el avance de la "nueva economía del conocimiento" y la movilización de los recursos reales de la economía. El liderazgo de la economía global en red –que se sustenta en virtud de la innovación continua de las nuevas tecnologías convergentes aplicadas a los procesos productivos y productos–, se ha venido dando en un contexto social degradado a escala planetaria: en los países desarrollados, a causa de la precarización del empleo y la caída de los ingresos que sufren sus trabajadores, mientras que en los países periféricos, se manifiesta un bloqueo para la mayoría de la población que no logra ampliar así sus bases de integración social y económica, y esto sucede a pesar del espectacular crecimiento económico que han experimentado en los últimos tiempos algunas regiones y naciones rezagadas del tercer mundo.[7]

Considerando lo anterior surgen nuevas preguntas: ¿qué tienen para decir las empresas respecto de la disparidad que la economía global les presenta y que caracteriza su entorno? ¿Funcionan también ellas como cuerpos

---

7. Godio, Julio: *Op. cit.*

celestes sometidos a la nueva fuerza gravitacional de la globalización? ¿Se ven apresadas en la lógica especulativa del capital financiero mundial? En las respuestas afirmativas a estas dos últimas preguntas se encierra quizá la coartada perfecta para justificar tantos errores cometidos y lo inevitable de los caminos emprendidos. ¿Será, por el contrario, que algunas empresas han sido la clave del *big bang* que dio origen al nuevo universo de la economía global? ¿Cuáles de las empresas que conocemos han contribuido a gestarlo? Cada interrogante o afirmación nos induce a verdades parciales. Sin duda, la espectacular globalización financiera le ha dado a la economía mundial atributos inéditos y determinantes. Y en este sentido, las empresas se han visto infiltradas por la acción financiera mundial, que terminó en muchos casos por reconvertirlas, y en otros, por fusionarlas entre sí, para dar lugar a renovadas unidades empresariales de carácter transnacional. Pero también, años antes de que la globalización tomara cuerpo, las empresas más importantes habían entrado en un proceso de reestructuración organizacional de vastas dimensiones. El capitalismo parece vivir sólo una nueva etapa en el proceso de expansión global que para muchos autores se inicia con sus primeras manifestaciones en el siglo XVI. Adherimos a la afirmación de Castells: "El ascenso de la economía informacional y global se caracteriza por el desarrollo de una nueva lógica organizativa que está relacionada con el proceso actual de cambio tecnológico que gira alrededor de las TIC pero que no depende de él".[8]

Aquel proceso de reestructuración no concluyó con la supremacía de un tamaño o forma de organización empresarial intrínsecamente más eficiente que otro: esto dependió y depende, entre otras cosas, de variables como la madurez de

---

8. Castells, Manuel: *La era de la información*, Volumen I: *La sociedad red.* Siglo XXI, México, 1996.

la tecnología, la capacidad de innovación, el tamaño del mercado y la industria, y los costos de transacción. No obstante, en el entrecruzamiento de formas y dispositivos organizativos hay un par de respuestas claras sobre algunas de las nuevas fórmulas que están perfilándose con mayor solidez. Una está dada por el predominio ascendente de la especialización flexible en la producción. Otra respuesta, por su lado, dice que prácticamente todas las noveles formas organizativas de la nueva economía informacional se basan en la constitución de redes, de allí que la caractericemos como economía en red. Y es esta la figura, la de la red, el elemento fundamental del que están y estarán hechas las nuevas organizaciones.[9]

Las corporaciones transnacionales conforman un modelo organizacional exitoso de empresa red. Así se reflejó en la supremacía que obtuvieron a nivel global. De alguna manera supieron, o estaban ya en condiciones de aprovechar eficientemente los terrenos en los cuales el proceso de globalización de la economía mundial se manifestaba y las tuvo como elemento constitutivo. La globalización se habría manifestado en cuatro terrenos: a) el comercio internacional; b) las propias corporaciones internacionales; c) las corrientes financieras y d) los marcos regulatorios.[10] Tener en cuenta estos cuatro puntos será esencial a la hora de contextualizar el impacto de la globalización sobre América Latina. Esta lógica global que dirige la expansión y movilidad de las empresas transnacionales ha otorgado al capital una libertad desconocida, lo liberó de ataduras territoriales, de restricciones de índole político-nacional y de las responsabilidades de contri-

---

9. Ruffolo, Flavio: "En red. Los nuevos paradigmas de la economía". En Altschul, Carlos y Carbonell, Roberto (comp.): *Transformando: prácticas de cambio en empresas argentinas*. Eudeba, Buenos Aires, 2003.

10. Ferrer, Aldo: *Hechos y ficciones de la globalización. Argentina y el Mercosur en el sistema internacional*. Fondo de Cultura Económica, Buenos Aires, 1999.

buir a la vida cotidiana y la reproducción de la comunidad donde está establecido.[11]

Se pone de manifiesto una divergencia entre el capital y el trabajo. Por un lado, transnacionales que para valorizar sus inversiones globiopoiales necesitan la movilidad que les otorga una red organizativa maleable, cambiante y en continua reconfiguración. Por otro lado, la condición menos flexible de las personas y de sus familias de vivir en un lugar, de pertenecer a él, de tener una identidad y un espacio en su comunidad. Por supuesto, existe un segmento de profesionales y científicos que actúan dentro de esta dinámica transnacional, pero conforman un número insignificante en relación con la población activa del mundo. Las empresas pueden asentarse en una variedad de espacios para encontrar la fuerza de trabajo que requieran sus actividades y condiciones laborales deseadas. Incluso pueden solicitar mano de obra calificada de cualquier punto del planeta y la obtendrán si ofrecen la compensación y las condiciones laborales adecuadas.[12] De nuevo, la vida de las empresas y de sus negocios transcurre en una sucesión de escenarios cambiantes y fragmentados, que se integran globalmente para armarse y desarmarse según la lógica unificadora de maximizar las ganancias a escala planetaria o, quizá, según el instinto de supervivencia que las mantiene en acción permanente. En la economía global las empresas comparten también ellas, como los humanos, la naturaleza de una vida líquida.[13] Aunque, claro está, para las primeras aquella no se vive de la misma forma en que la experimentan los pueblos. Un ejemplo de esta divergencia nos lo da la experiencia de algunos países latinoamericanos durante la década de 1990 y el tiempo transcurrido de este nuevo siglo. Los sucesos de esos años son los que brindan el

---

11. Bauman, Zygmunt: *Op. cit.*
12. Castells, Manuel: "Globalización, tecnología, trabajo, empleo y empresa". En *La factoría*, Barcelona, 17 de octubre de 1998.
13. Bauman, Zygmunt: *Vida líquida*. Paidós, Buenos Aires, 2006.

contexto en el que se desenvolvieron los episodios de los casos sobre los cuales trata este libro.

América Latina y el camino de lo "irreversible"[14]

Se declaró a la "globalización" como hecho "irreversible", al igual que a los procesos de integración regional. Por lo tanto, también el Mercosur se convertía en un hecho irreversible. Esta visión tiene dos problemas: primero, niega la historicidad de lo actuado por el hombre, ya que salvo la destrucción del medio ambiente, no existe en sus formas de organización política, económica y social nada que no sea reversible. De esto último da sobrados ejemplos la historia humana y, hoy, las incipientes consecuencias de la crisis. Segundo, dio con una sola palabra, el fundamento perfecto de un pensamiento liberal que durante décadas trató de negar su carácter insostenible en el tiempo. Lo irreversible de aquellos años era la base misma del pensamiento económico liberal. La economía, como realidad irreversible, respondía a un hecho de la naturaleza y el hombre como parte de ella no podía más que resignarse. Se había decretado el "fin del trabajo", el "fin de las ideologías". Por fin se había restablecido el pretendido "orden natural" en la economía, y todo funcionaría según las leyes del mercado.

Los primeros pasos en la construcción de estas visiones fundamentalistas de la globalización se dieron a partir del Consenso de Washington. En él y luego de la crisis de la deuda externa, se establecieron medidas aplicadas sin cuestionamientos en América Latina. Estas fueron privatizaciones, reforma del Estado, equilibrio fiscal, estabilidad, apertura y desregulación financiera. Todas ellas con-

---

14. Stiglitz, Joseph E.: *Los felices 90. La semilla de la destrucción.* Taurus, Buenos Aires, 2003.

taron con el aval de los organismos financieros internacionales y se convirtieron en condiciones imprescindibles a la hora de emprender cualquier negociación internacional.

Con posterioridad al rol desempeñado durante la década de 1990, encumbrados economistas reconocen que la estrategia global aplicada por los Estados Unidos tenía pocas posibilidades de éxito y que "esa estrategia se basaba en presionar a países del tercer mundo para que adoptaran una política que difiere notablemente de la que nos aplicamos a nosotros mismos..."[15]. Este mismo autor definió a América Latina como "el alumno más aplicado de estas políticas", y queda pendiente analizar las razones. No sorprendió que estas supuestas verdades hubieran calado hondo en las ideologías oficiales de países de las llamadas economías emergentes, que abrieron totalmente sus economías y sus esferas culturales, sin poner restricción alguna a los poderosos actores y factores internacionales de carácter privado, estatal o de organismos multilaterales; continuar y profundizar dicha modalidad de inserción pareció la única opción aceptable.

El cono sur de América no estuvo ajeno a esta tendencia: durante los años '90, en diversos países se levantaron promesas de "reformas estructurales" y de crecimiento con mecanismos de "derrame de riqueza" que erradicarían el atraso y la pobreza. La consigna fue abandonar el "modelo nacional-populista", de arraigo en los sistemas políticos sudamericanos, con el argumento de que eran los responsables de la ingobernabilidad. En su reemplazo la recomendación fue adoptar los preceptos establecidos por el Consenso de Washington, y de este modo la región protagonizó la tercera experiencia de implantación neoliberal. Experiencia inaugurada por los países avanzados angloparlantes, secundados

---

15. Sidicaro, Ricardo: *Sociedad nacional y globalización*. Fundación OSDE, Buenos Aires, 2003.

por varias de las naciones surgidas a causa de la disolución de la Unión Soviética.[16]

Si bien la liberalización de los mercados arribó a todas las costas del subcontinente portando las mismas consignas, la experiencia en la región no fue lineal, ni del todo homogénea. Los países que la integran no conforman un mosaico uniforme. Diversas condiciones preexistentes como distintos grados de maduración institucional, estructura productiva y política, hicieron que el proceso globalizador diera lugar a diferencias de forma y de contenidos, que condujeron a resultados dispares. Esto sucedió aun en el marco de una pronunciada integración regional de mercados nacionales, como lo es el Mercosur.

En la Argentina, los episodios hiperinflacionarios de 1989-1990 y el caos institucional en que se sumió el Estado nacional provocaron una gran frustración colectiva; tan poderosa fue la lección aprendida, que durante la década de 1990 la economía argentina se convirtió en un paradigma de transformaciones radicales orientadas al mercado, con exagerada voluntad privatista, como fue el caso del sector energético. En Chile, modelo citado a la hora de mostrar las bondades del liberalismo económico, el proceso de orientación hacia el mercado había empezado dos décadas antes, de la mano de una dictadura. Hacia los años '90, el modelo parecía estar consolidado, por lo cual en esa década tomó un carácter más evolutivo, de perfeccionamiento y de cierto prestigio en el cono sur. Brasil mantuvo vigente las metas de crecimiento propias de una política de Estado desarrollista y se sostiene que "sería un error pensar, como se oye frecuentemente, que la política gubernamental adoptó la forma neoliberal..."[17],

---

16. Anderson, Perry: "Neoliberalismo: balance provisorio". En *La trama del neo-liberalismo. Mercado, crisis y exclusión social.* Universidad de Buenos Aires, Publicaciones del CBC, Buenos Aires, 1997.
17. Boris, Fausto: *Historia concisa de Brasil.* Fondo de Cultura Económica, Buenos Aires, 2003.

por lo cual, una vez superadas las turbulencias de la transición democrática, se concentró en asegurar la modernización industrial y económica necesaria que hoy le brinda la fuerza suficiente para dar el gran salto hacia la conformación de una potencia hegemónica regional y con aspiraciones ciertas a convertirse en un jugador global.

En los países vecinos, la ola neoliberal produjo una realidad variopinta de situaciones, que llevaron a una degradación de las instituciones y de la vida de sus habitantes. Con todo, una vista retrospectiva de aquella experiencia no deja de señalar que el proceso fue caótico y vertiginoso. La implantación en los demás países de la misma estrategia, sobre estructuras productivas y financieras menos maduras, implicó una asociación con la vieja división internacional del trabajo, que reeditó la histórica relación asimétrica de centro-periferia.

Las anteriores políticas, impuestas en su mayoría, llevaron a una sucesión de crisis de diversas intensidades, dependientes del nivel de participación en el sistema global y de la propia estructura productiva y financiera. Anticipándose algunos años al resto del mundo, el cambio de siglo vio a varios de nuestros países padeciendo los peores males económicos, mientras que sus instituciones políticas crujían de manera alarmante frente al derrumbe social y cultural de cada una de las naciones afectadas. Aquella catástrofe, que tuvo a la Argentina como centro, mostró que la crisis era integral, y algo similar parece ocurrir en buena parte del resto del mundo. La naturaleza que caracteriza a esta crisis global se apoya más en el ámbito financiero y especulativo que en el de la economía real, pero se suma, y esto la hace particularmente profunda, un conjunto de creencias y pautas culturales que, gestadas durante los años '90, abonan de manera negativa lo estrictamente económico.

El contexto planteado permite comprender e interpretar el surgimiento de los nuevos liderazgos que han cambiado la fisonomía política, económica y social de una compleja América Latina. Pareciera que el sur del continente ha tenido el triste privilegio de anticipar la crisis económica que se extiende a nivel global. Pero también, han sido esos países los que anticiparon un nuevo tipo de líderes, capaces de conjurar los peores presagios que se ponían de manifiesto en las descreídas y convulsionadas sociedades americanas. Los líderes de la región están cerca de cumplir sus mandatos, pero el ciclo de cambios inaugurado a comienzos del siglo XXI tiene su certificado de continuidad en la masiva aprobación del liderazgo que revoluciona por estos días a los Estados Unidos y genera expectativas a nivel global.

El mundo empresarial y su estructura organizativa respondieron a la nueva lógica que parecía venir, no sólo para quedarse, sino para ocupar los espacios existentes en las organizaciones. Hoy vemos que se trató del aprovechamiento de un ciclo, de casi treinta años, cuando se debió responder a una lógica que superaba la organización de la producción e incorporaba al sector de las finanzas como área estratégica. Esta situación parece diluirse en medio de la crisis mundial. La actual pérdida de certeza respecto de la evolución del sistema y un discurso que contradice las teorías profesadas durante los años '90 obliga a ser pragmáticos a la hora de pensar las nuevas estrategias de las organizaciones.

La transformación radical que deberán afrontar aparece en sus estrategias de relación con el Estado, en todas sus manifestaciones económicas, políticas y sociales. Las cambiantes estrategias de relación empresa-Estado son una constante en la vida de las organizaciones. Sin embargo, la actual coyuntura mundial las hace particularmente significativas. Se trate de un poderoso grupo económico o de una pequeña empresa familiar, sus movimientos se verán cada vez más afectados por una mayor presencia del Estado, que viene a cerrar un ciclo de final incierto.

I. Ubicarse

1. SIN ESTRIDENCIAS

Si la cancha está poceada, los dos lo sabemos
y alguno se romperá una pierna.
Un gerente

Si el horario está bien hecho, pueden circular dos trenes
por una sola vía, incluso en sentidos contrarios.
Enrique Ellmann

La empresa se hace con la gente que la va formando.
No se puede hacer al revés.
Un gerente

Tres frases, la primera referida a las circunstancias, la segunda al sentido común y la tercera a la gente. ¿Cómo se relacionan en un caso concreto?

Estas páginas recogen un hecho de conducción tras una privatización. En un entorno en el que pocos quieren hacer y que requiere entereza para hacerlo, el recién llegado instala las condiciones para que un agrupamiento amplio de personas suspicaces encuentre una referencia íntegra que los incluya. De modo impecable, simple, llano, transparente, muestra que administrar es velar por los mandantes, incorporar un saber técnico.

Así, con moderación, quien lidera crea un contexto de paridad y reciprocidad. Primero escucha, sus ideas llegan sin ruido, al hablar construye ascendiente y hace lugar al aprendizaje colectivo y a la asunción de responsabilidad. Al discutir, y de ahí viene el pensar, las personas se encantarán, serán testigos de algo que no pensaban que podría ser, que no se imaginaban, que al constatarlo las anonada. Porque se construye con ellas.

El que llega tiene un modelo de referencia y se coloca en el lugar que otros añoran para el trabajo en común. No se sabe si lo es, pero hace lo que se espera de un buen jefe. Transmite buenas costumbres, y sabe que para ser respetado y acompañado, debe aprender cómo sus interlocutores entienden el mundo y aprenden a compenetrarse. Sólo después podrá incluir a terceros, dar los primeros pasos, adjudicar recursos. En vez de agregar conocimiento, los ayuda a pulir lentes nuevas, para que vean el mundo de otro modo y se asombren. Sabe que no hay liderazgo sin *seguidazgo*, que lidera quien tiene la capacidad de influir sobre el comportamiento de otros. Desafía los supuestos implícitos que moldearon la manera en que acostumbran mirar. Tiene cultura propia, es un referente, no un activo fijo de la empresa.[1]

Es el caso de un jefe de Operaciones que captura y encauza la predisposición de las personas, que al pensarse a sí mismas crean un nuevo entorno cultural, en conjunto.[2]

Sabía que en esa oficina había habido una desatención total a la gente. Había conocido al jefe anterior y sabía del gerente de la región,

---

1. Brown, John Seely: *La vida social de la información.* Pearson Education, Buenos Aires, 2001. Weick llama a este proceso *enactment,* puesta en acto. Ver Weick, Karl: *Psicología del proceso de organización.* Fondo Educativo, México, 1992. Ver también Fernández, Ignacio: "Competencias personales para el alto desempeño". En *Psicología organizacional humana,* 1, 1, 2008.
2. En Colombia, especialmente en Antioquia, se usa la palabra *doliente* para identificar al buen jefe, a quien asume la responsabilidad, a aquel que cuida a quienes dependen de él. Es clara la alusión al Cristo doliente.

un personaje temido que jamás estaba en la ciudad y que, cuando aparecía, se aseguraba de traer datos que entraban en conflicto con instrucciones anteriores. Se encontraba en una región tradicional, con gente con poca educación, lastimada, suspicaz.

Mi oficina se ubicaba a más de 1.000 kilómetros de la que iba a visitar, y me propuse hacer una reunión a la que invitaría a todos, salvo a los de maestranza, porque no había lugar. Estaba preocupado. Tengo bastante experiencia y creo que mi conocimiento de la empresa es grande, pero tenía historias pavorosas de esa regional y me preparé. Sabía que "estaban de pica entre ellos", porque había un responsable débil. Ahora acabo de volver y siento que entramos en una etapa nueva.

Al llegar, me recibió el gerente, y como el avión se había atrasado, fuimos directamente a la reunión. Pedí que apagaran los celulares, vi que habían preparado una gran mesa, que la mayoría estaba atrincherada, con los brazos cruzados o sobre la mesa, y pensé "como milicos".

Empecé diciendo quién era, cuál era la función que iba a desempeñar y que no haría una reunión formal; me saqué el saco y la corbata, me arremangué y les propuse que quitáramos juntos las mesas. Quedaron sorprendidos, pero expliqué que lo mejor sería hacer lugar y al empujar las mesas hacia las paredes, se dispusieron a ayudarme. Vimos que cabrían los de maestranza y los llamamos. Después dije que prefería que nos viéramos las caras y que iba a escucharlos porque creía que si me habían dado un trabajo, yo tenía que conocerlos antes de poder decir si la tarea se podía hacer, y que les venía a preguntar cuáles eran su experiencia y sus ideas. Me miraban como si hubiera descendido de otro planeta. Nadie movía un músculo, pero me prestaban atención.

Les dije que venía a ver qué podíamos hacer entre todos, porque había trabajo y yo tenía todo el día para conversar si ellos querían contarme qué hacer. Sobrevolaba una sensación de temor y cuando uno se puso a hablar, me dio con un caño. Les dije que me gustaba la verdad y que teníamos que saber qué les preocupaba. Vimos que algunos problemas eran reales y otros no, y se sentían desprotegidos. Eran

41

gente dura para expresarse y uno era una estatua: había sido un personaje y lo dejaron de lado al entrar los nuevos.

Fueron más de siete horas con un alto para comer empanadas y todos enchufados. La oficina es autónoma y había gente de todos los sectores, de manera que cuando uno se quejaba de algo que faltaba, les pedía a los que estaban en el sector que explicasen qué estaban haciendo para separar lo que dependía de ellos de lo que dependía de mi oficina. Mostraba las responsabilidades y asumía lo que me correspondía: les decía "esto depende de usted" o "de eso me encargo yo". Pero veía que no estaban comunicados entre ellos, hasta que ante un problema de un sector, uno de otra división dijo "eso te lo puedo arreglar yo". Propuse que tomáramos notas para no olvidar y ver unos días más tarde si se había hecho lo que se decía. Uno de los más quietos se ofreció a anotar. Le indiqué que lo hiciera con buena letra, porque así nomás como saliera íbamos a hacer copias para todos, sin pasarlas en limpio, para que no fuera una nota formal.

Mientras tanto, el responsable de la oficina, muy trajeado y corbateado, se hacía el distraído. Era el encargado de las compras y un par de veces alguno se había quejado de que ciertas cosas faltaban. En todo esto yo había pensado mucho si hacerlo, pero como desde un principio tuteaba y parecía que no molestaba, le dije: "Vos se lo podés comprar, ¿no es cierto? ¿O no lo sabías?". Así todos se enteraban. Y reunimos varias cosas que se habían dicho que dependían de ese hombre. Entonces seguí: "Mirá, Juan, vos sabés que las cosas están difíciles y cada uno tiene que cuidar el trabajo, porque afuera no hay, así que les propongo que nos juntemos y veamos lo que tenemos que hacer entre todos. Yo traje las camisetas para que nos las pongamos todos igual y si vos no andás, te vas a tener que ir solito, porque no voy a separar a nadie, y si alguno no apoya, lo vamos a sacar entre todos, ¿te das cuenta?". ¿Y sabe por qué le pegué tan duro? Porque lo conozco y le vengo diciendo y cuando le hablo en privado nunca me hace caso.

Casi al terminar, me dirigí a la estatua. Estaba mal. Le conté que yo había pasado por algo parecido y que me había propuesto que no me iban a doblegar: "Así vas a terminar enfermo. Tenés dos caminos. En las condiciones que estás le vas a hacer mal a tu familia y no vas a ningún lado". Pareció despertarse de un sueño. "Y acor-

date de que somos veteranos, vos y yo, y que tenemos que dar el ejemplo porque si no, ¿a quiénes van a mirar los más jóvenes?".

Agregué que la nota donde habíamos puesto todos los problemas a resolver, con los nombres de las personas a cargo, iba a ser como un acuerdo, pero no como un acta, que era el nombre que ellos daban a las que se hacían. Nombré a dos que servirían de nexo y afirmé: "Vine a juntarlos. Ahora vamos a ver qué puedo hacer para ayudarlos. Acá vamos a trabajar ayudándonos. Ustedes se arman un buen equipo y yo los ayudo en lo que pueda. Y al que no trabaje con los compañeros, a la primera le sacamos la tarjeta amarilla, a la segunda otra amarilla y a la tercera, la roja". Así hice la reunión y ahora tengo que ponerme a trabajar para poder apoyarlos.

En su primer encuentro con un conglomerado de desconocidos desconfiados, el jefe de Operaciones instala un rincón de honestidad en la periferia de la organización. Los reconoce descontando que, por ser hombres y que por debajo del temor, los mantiene unidos la raíz del bien común. Confía en su capacidad de asimilar, de ir aprendiendo, de saber que lo que sabe quizá no alcance esta vez, y así gesta un orden distinto. Se da cuenta de lo que sirve de poco. Funda una experiencia que pueda vivir un colectivo, del cual participaría si lo admitieran. Cohesiona al grupo en el breve período que dura su presencia, el cual, aun siendo corto, provoca un evento.

Da lugar y puede ayudar a disparar algo. Después se dirá que, marchando en esa dirección, se pueden resolver problemas que vienen de arrastre, porque conversando pasaron de la confusión a cierta aceptación de que un cambio sería posible, aunque no se ilusionaron. Descuenta el interés, apela a la sensatez y a la buena voluntad, instala el suspenso. Evita lo que se descontaba como inevitable. Pone límites al resentimiento.

Más allá de la realidad opresiva, crea el principio de una relación en torno a conductas que están por recuperarse, otras a descubrirse. Hace lo impensable: habla para ser conocido y juzgado, pregunta sin poner en duda y espera las respuestas, presta atención. Se da a conocer por lo que se abstiene de hacer: no increpa, no dirime, no intimida. Cautiva, porque siendo jefe, parece una persona.

Es un escandaloso, es probable que de comprobarse que al gesto siguieron los hechos, se diga de él que es un buen jefe. Porque interviene. Porque incorpora la conciencia de un antes y de un después. Porque habla a quienes han de ocupar un lugar para hacer cada uno lo suyo. A partir de la reciprocidad. Lo hace a sabiendas de que algunos no asumirán tal responsabilidad, que es prematuro decir quiénes serán aquellos porque pretende que todos den de sí más que lo mínimo. Se propone como hombre de consulta, no en función de la posible representatividad investida en el cargo que le permite convocar, sino porque sabe que él ha de rendir cuentas. Que antes de medir a la gente, debe probarse a sí mismo.

Se involucra, capta cómo piensan, perciben y deciden estas personas, atiende a la esperanza depositada por cada uno, detecta necesidades y seone al mando, mientras observa para ver cómo seguir actuando él mismo. Su tarea se desarrolla a partir de la retroalimentación que recupera. Así logra que a nivel personal cada uno evoque lo que ha hecho como suyo y valioso, y no sujeto a expropiaciones por parte de quien pudiera llegar de afuera, o de arriba. Al hablar, muestra el camino para salir de las tinieblas y esboza las pautas de una recontratación. Se hace jefe invitándolos a asumir un papel, el que pueda cada uno en el marco del trabajo. Pautando indicadores, pocos pero significativos, que sólo se pueden alcanzar en forma coherente. Hace de esa ocasión remanso y sostén para los que quieran acoplarse. Construye seguidazgo con lo que no hace: no conmina, no instruye, no pide, no señala. Sabe que es previsible que el de abajo deposite confianza en el de arriba, en el de afuera; sabe, también, que a menudo ha sido traicionado.

Un gran jefe de Nueva Guinea asistió a una conferencia en el Pacífico Sur y las personas educadas de las otras islas se rieron de él. Después de presentarse, su discurso fue corto. Dijo: "Vengo de la selva. No sé vuestro idioma. No sé leer ni escribir. Mi lengua se atasca. La cabeza me pesa como una piedra. En mi país soy importante y, sin embargo, estoy parado frente a ustedes como un niño. Yo dirigí a mi gente en la guerra con arco y flecha y lanza, pero me encuentro como un recién nacido al pecho de su madre.

Pronto moriré y en poco tiempo mi hijo tomará mi lugar y se sentará entre ustedes y hablará vuestro idioma y escribirá su nombre y será un líder entre ustedes y no se reirán de él.[3]

Hablaremos de don de mando como poder de igualación, como capacidad de inclusión, como práctica trashumante de quien resuelve las cosas chicas como si fueran grandes y las grandes como si fueran chicas. Como suspensión de la certeza, y ejercicio de acercamiento y concertación en instancias episódicas en escenarios dramáticos. En instancias en las que quien dirige se da cuenta de que no hay varitas mágicas, ni modelos matemáticos, ni tecnologías autosuficientes, como tampoco personas polivalentes a ultranza. Que pasar de una situación a otra exige incorporar una transición, dar tiempo, incluir a otros en el debate, no soslayar, mostrar sensibilidad, construir salvaguardas, y al hacerlo liderar unificando, colocar entre paréntesis los entripados instalados por jefaturas excluyentes, autistas, autoritarias, corporativas o feudales. Ser ejemplar, escribir su nombre y conducir a su modo en los tiempos de la globalización. Instalar equidad, restablecer confianza.

---

3. Williams, citado en Harbison, F. y Myers, C. A.: *Management in the Industrial World.* McGraw-Hill, New York, 1959.

2. SOBRE LOS HOMBROS
DE GIGANTES

−¿Sabe lo que pasa...? Que acá donde usted me ve,
yo soy lobizón...
−Mucho gusto −dijo el tape.
Luis Landriscina

Al igual que el tape chaqueño, uno no entiende lo que puede estar diciéndole el otro, toma distancia y no se impresiona por la preocupación que pueda transmitir. Espera que, con tiempo y calma, el otro pueda empezar a expresarse. Inclusive irreflexivamente.[1]

Una vez, después de escuchar preocupaciones y sostener largos conciliábulos, se acordó hacer una secuencia de

---

1. De Kant en adelante se piensa que la experiencia de la realidad, así como la descripción que se hace de ella, dependen de la estructura de nuestra forma de pensar, mucho más de lo que querrían pensar los empíricos. Salir de esa limitación exige recibir datos del afuera y darles sentido. Al reunir diferentes se puede contar con un margen amplio de opciones y las personas pueden protagonizar el proceso de construcción de sentido. Retoma este tema Bradford Keeney, en *Estética del cambio*. Paidós, Buenos Aires, 1987. Sobre el proceso de aprendizaje ver George Steiner: *Lecciones de los maestros*. Siruela, México DF, 2004.

seminarios para brindar herramientas gerenciales a la plana mayor de un sanatorio prestigioso, programa que se extendió al segundo nivel, incluyendo en talleres a más de sesenta personas a lo largo de un año. Fueron exitosos, los protagonistas comenzaron a aplicar sensatamente los criterios y las herramientas enseñadas, identificaron diez problemas que habían tenido sobre ascuas a la conducción, trabajaron en subequipos con los más afectados, y se elaboraron planes para resolverlos. Al pasar a la acción, se puso de manifiesto la buena capacidad de gestión en cada sector, lo que tomó por sorpresa a quien había pedido la consulta y proclamaba su apoyo, pero que, al constatar los avances, interrumpió el trabajo en diciembre para no retomarlo más. Pensamos que fue a causa del éxito del programa, pero no pudimos conversar.

Uno se hace cargo del pedido, acompaña a los protagonistas y advierte inconsistencias, pero no sabe si creer todo lo que dice el que habla. "¿Sabe lo que pasa...? Que acá donde usted me ve, yo soy lobizón." Buscar entender no es consentir. Cada uno se hace cargo de sus palabras, incluso de su parte de hombre lobo, y no es tarea del consultor procurar pruebas que lo avalen, ni que lo refuten: la tarea es acompañar a quienes se proponen desarrollar un proyecto con criterios de salud. No solamente en un sanatorio.

Además, uno opera en el contexto específico, nunca genérico. Muchos se desacreditan por olvidarlo: es usual encontrarse con programas lanzados con bombos y platillos que sufren vicisitudes. En un caso, los responsables del proyecto negociaron las condiciones para hacerlo a partir de las condiciones vigentes en nuestra región. Esto llevó tiempo, pero fue beneficioso. Tomaron en cuenta factores técnicos y sociales, y diseñaron un proyecto secuenciado que fue recibido con suspicacia, pero que creció en credibilidad por efecto del buen manejo. Cuando tres años más tarde los directivos de la casa central reemplazaron el proyecto por otro similar, se suspendió el proyecto a nivel global sin comunicar las razones; la fecha coincidió con una reducción de costos y la transferencia de los responsables del proyecto original a otros sectores, y quienes habían participado perdieron el presupuesto asignado a esos objetivos. Fueron infructuosos los esfuerzos por persuadir a los participantes de que se seguía con las mismas convicciones de trabajar en equipo. Los de afuera no entendían.

No venga a tasarme el campo con ojos de forastero,
porque no es como aparenta, sino como yo lo siento.
Osiris Rodríguez Castillo

Quienes nos formamos en los '60 y trabajamos en profesiones de asistencia, fuimos bendecidos por la idea del cambio participativo; de antes venía la distancia a tomar ante quien afirma que sabe quién es y de qué trata cada cosa.

Los maestros se alimentaban de fuentes que venían de lejos, la *Ética a Nicómaco*, por ejemplo, y siguen vivas. Porque el oficio de la consulta se aprende viendo hacer a quien sabe hacer, conversando con quienes hicieron y cometiendo errores uno mismo. También la lectura de los casos permite un ejercicio virtual: saber qué cuentan otros sobre cómo resolvieron situaciones llamativas. Una buena selección de casos ayuda a entender.

Este texto se dirige a quien desee saber algo más sobre procesos de concertación que lleven a la construcción de confianza, sin la cual el cambio es improbable y su sostenimiento, imposible. Parte de un marco teórico, fruto de la decantación de lecturas y de una suerte de aprendizaje personal. Con buena voluntad se podría hablar de concepciones que surgen de la práctica y que utilizan referencias elaboradas por Max Weber[2], George Herbert Mead[3] y Robert Merton[4] desde la Sociología; Kurt Lewin[5] desde la Psicología Social y la Educación; Enrique Pichon Rivière, José Bleger y Fernando Ulloa[6] desde la Psicología Institucional; Ludwig von Bertalanffy[7] desde la Teoría de los Sistemas;

---

2. Weber, Max: *Ensayos de sociología contemporánea*. Selección e Introducción de Gerth, Hans y Wright Mills, C. Martínez Roca, Barcelona, 1972. Weber, Max: *La Ética Protestante y el Espíritu del Capitalismo*. Península, Barcelona, 1969.
3. Mead, George Herbert: *Mind, self and society*. The University of Chicago Press, Chicago, 1934.
4. Sobre las consecuencias del desequilibrio ver Merton, Robert: *Teoría y Estructura Sociales, Op. cit.* Sobre la anomia en América hispana, ver Nino, Carlos: *Un país al margen de la ley*. Emecé, Buenos Aires, 1992. Lisa Ordóñez, Maurice Schweitzer, Adam Galinsky y Max Bazerman: "Goals Gone Wild: How Goals Systematically Harm Individuals and Organizations", *Harvard Business School Working Knowledge*, Mayo 2009, arguyen que como lo demuestran las crisis financieras, las cadenas de Ponzi y el colapso de la industria automotriz, la combinación de conductas antiéticas, asunción de riesgos y malas decisiones tienen efectos tóxicos.
5. Lewin, Kurt: "Action research and minority problems". En *Journal of Social Issues*. 2, 4, 34:46, 1946; "Group Decision and Social Change". En Swanson, G. E., Newcomb, T. N. y Hartley, E. L. (edit.): *Readings in Social Psychology*. Holt Rinehart y Winston, New York, 1952; "Conducta y desarrollo como funciones de la situación total". En Lewin, Kurt: *La teoría del campo en la ciencia social*. Paidós, Buenos Aires, 1978.
6. Pichon Rivière, Enrique: *El proceso grupal: del Psicoanálisis a la Psicología Social*. Nueva Visión, Buenos Aires, 1975. Zito Lema, Vicente: *Conversaciones con Enrique Pichon Rivière. Sobre el arte y la locura*. Timmerman Editores, Buenos Aires, 1996. Bleger, José: *Psicología de la conducta*. Eudeba, Buenos Aires, 1963; *Psicohigiene y Psicología Institucional*. Paidós, Buenos Aires, 1966; *Temas de Psicología. Entrevista y grupos*. Nueva Visión, Buenos Aires, 1971. Ulloa, Fernando: "El método clínico". Ficha de la Cátedra Psicología Clínica, Facultad de Psicología, Universidad de Buenos Aires, 1970; "Diez años de psicología institucional". En *Cuadernos de Psicología Concreta*, 2, 4, 1972; *Novela clínica psicoanalítica: historial de una práctica*. Paidós, Buenos Aires, 1995; *Salud ele-mental. Con toda la mar detrás*. Libros del Zorzal, Buenos Aires, 2010.
7. El texto fundamental es Von Bertalanffy, Ludwig: "General System Theory". En *General Systems*, 1, 1956. Un texto llano para avanzar en el tema es Oshry, Barry: *Seeing systems: Unlocking the mysteries of organizational life*. Berrett-Koehler, San Francisco, 1995.

Elliott Jaques y Carl Rogers[8] desde la Clínica; Henry
Mintzberg y Ian Mitroff[9] desde la Administración, y Chris
Argyris, Donald Schön, Russell Ackoff, Karl Weick y Peter
Senge[10] desde la Psicología Social de las Organizaciones. Estas
páginas recuperan lo esencial de mis lecturas y así, de las
fuentes que inspiran mi práctica.

8. Elliott Jaques toma en cuenta la noción de *organización natural* en tanto hay
cuestiones relativas a la naturaleza humana, cognitivas y emocionales, que
hacen que las normas tengan que ser identificadas, articuladas e instituidas,
además de surgir de casos concretos contingentes. Jaques, Elliott: *The chang-
ing culture of a factory*. Cason Hall & Co., Federalsburg, MD, 1951; Brown,
Wilfred y Jaques, Elliott: *Glacier Project Papers*, Heinemann, London, 1965.
Rogers, Carl: *El proceso de convertirse en persona: mi técnica terapéutica*. Paidós,
Buenos Aires, 2005.

9. Mintzberg, Henry: "An emerging strategy of 'direct' research". En
Administrative Science Quarterly, 24, 1979, 582-589. Mitroff, Ian y Linstone,
Harold: *The unbounded mind: Breaking the chains of traditional business think-
ing*. Oxford University Press, New York, 1993.

10. Argyris, Chris: *Personality and organization*, Harper, New York, 1957; Argyris,
Chris: *Interpersonal competence and organizational effectiveness*. Irwin-Dorsey,
Homewood, IL, 1962; Argyris, Chris: *Overcoming Organizational Defenses*, Allyn
Bacon, Needham, MA, 1990; Argyris, Chris, y Schön, Donald A.: *On
Organizational Learning II*. Addison Wesley, Reading, MA, 1996. Argyris, Chris
y Schön, Donald: *Organizational Learning: A Theory of Action Perspective*,
Addison Wesley, Reading, MA, 1978; Senge, Peter: *La quinta disciplina: el
arte y la práctica de la organización abierta al aprendizaje*. Granica, Madrid,
1992; Weick, Karl: "The collapse of sensemaking in organizations: the Mann
Gulch disaster". En *Administrative Science Quarterly* 38 (4), 628-652; Kofman,
Fred y Senge, Peter: "Communities of commitment: The heart of Learning
Organizations", *Organizational Dynamics*. 1982; Senge, Peter: "Reflections
on 'A Leader's New Work: Building Learning Organizations" en Morey,
Daryl, Maybury, Mark y Thuraisingham, Bhavani: *Knowledge Management:
Classic and Contemporary Works*. Cambridge: The MIT Press, 2000; Gore,
Ernesto y Vázquez Mazzini, Marisa: "La organización capaz de aprender",
documento presentado en la reunión Capacitación como gestión de
Negocios, organizada por el Institute for International Research, Buenos
Aires, 1995; Gore, Ernesto: *La educación en la empresa. Aprendiendo en con-
textos organizativos*. Granica, Buenos Aires, 1996; Gore, Ernesto:
Conocimiento colectivo. Granica, Buenos Aires, 2002; Weick, Karl: "The sig-
nificance of Corporate Culture". En *Organizational Culture*. Frost, P. J. y otros
(comps). Sage, Beverly Hills. 1985; Weick, Karl: *Psicología social del proceso de
organización. Op. cit.*; Weick, Karl y Roberts, Karlene: "Collective Mind in

Freud, sin nombre de pila, está presente. Su influencia permea nuestras prácticas: el abordaje es el de la Psicología Social, que atiende el comportamiento de los grupos en sus interdependencias, y donde el interés está colocado en los lazos de la persona y el grupo en el contexto de estructuras y procesos sociales y culturales.

El debate surge con fuerza en el inicio de la era moderna entre Descartes y Pascal, el primero con el desarrollo del *espíritu de la geometría*, del racionalismo, el segundo al sugerir que nada de lo humano puede reducirse a dos coordenadas, e invitar a utilizar el *espíritu de la sutileza* incluyendo la espiritualidad.[11]

Más cercanamente, nuestra práctica se sostiene en ideas de Max Weber, que consideró que, a diferencia de las ciencias naturales, lo singular de las ciencias humanas era la capacidad del observador de colocarse en la posición de algún otro y formular preguntas acerca de la motivación, operación a la que llamó *Verstehen*, es decir la comprensión, la interpretación del sentido y la actividad humanas. Wilhelm Dilthey aportó el término para describir la perspectiva personal participativa que un agente desarrolla sobre su experiencia individual y sobre su propia cultura, historia y sociedad. Max Weber y Georg Simmel introdujeron esa noción de comprensión interpretativa en las ciencias sociales, en las que describen el proceso sistemático a través del cual un observador externo de una cultura se vincula con un grupo que le es extraño en los

---

Organizations: Heedful Interrelating on Flight Decks", *Administrative Science Quarterly*, 38: 357, 381, 1993; Weick Karl: *Sensemaking in Organizations*. Sage, Thousand Oaks: 1995; Weick, Karl y Westley, F.: "Organizational Learning: Affirming an Oximoron". En S. Clegg, C. Hardy, Nord, Walter (comp.): *Handbook of Organization Studies*, 451:458. Sage, Thousand Oaks: 1996.

11. Sobre el *espíritu de la sutileza*, ver Goñi, Carlos: *Las narices de los filósofos: una historia de la filosofía a través de 50 pensadores esenciales*. Ariel, Barcelona, 2008.

términos de este último, y lo hace a partir del punto de vista de aquel, en vez de intentar entenderlo a partir de conceptos propios. *Verstehen* señala una comprensión empática y participativa de los fenómenos sociales. Al tomar aspectos de la sociedad peruana del siglo XIX, por ejemplo, sostiene que puede ser potencialmente mejor comprendida por un sociólogo actual, de lo que hubieran podido lograr campesinos de ese lugar y en esa época. Se relaciona con el modo en que las personas confieren sentido al entorno social en el que se desenvuelven, y cómo el observador externo accede y evalúa esta perspectiva. Muchos investigadores, conscientes de sus limitaciones, sostienen, sin embargo, que esta sería la única manera en la cual un investigador de una cultura podría indagar y explicar las conductas observadas en otra.

La operación de la *Verstehen* nos alivia de un sentido de aprensión en relación con una conducta poco familiar o inesperada, y es una fuente de corazonadas que contribuyen a formular hipótesis. Esta noción abre el campo de la práctica.

Otro espaldarazo para este abordaje viene de las ideas de George Herbert Mead. Dice que cada persona es un producto de la sociedad, y que su individualidad deriva de las interacciones que experimenta y de los gestos simbólicos que recibe. Sostiene que, al actuar frente a un objeto, el ser humano es capaz de tomar en cuenta lo que piensa el otro en torno a aquel objeto. Más aún, dice que la posibilidad de tomar en cuenta las ideas del otro permite el desarrollo de una sociedad, y de la coordinación que explica el desarrollo de un proyecto complejo, como el de un intercambio económico, por ejemplo, aquel en el cual un comprador y un vendedor tienen en cuenta ambos sus respectivas consideraciones en torno a lo que está en juego. Uno debe tener presente el valor del objeto para el otro, mientras el otro debe tener en cuenta el valor del dinero para su contraparte.

El intercambio sólo puede desarrollarse cuando cada cual toma en cuenta las consideraciones del otro.[12]

Mead sostenía que la percepción y los significados del individuo están arraigados en la práctica compartida, que se desarrolla en encuentros de tipo social. Para él, la existencia en la comunidad antecede a la conciencia individual: primero uno debe participar en diversas posiciones sociales y sólo luego puede utilizar esa experiencia para aprovechar las perspectivas de los otros y así adquirir autoconciencia.

También decía Mead que las personas comienzan a comprender el mundo social a través de *play*, o sea juego, y *game*, o sea partido. *Play* es el juego sin reglas de los niños que asumen los diversos roles que observan en la sociedad de los adultos, y se desempeñan en ellos para comprender esos roles, empezando a jugar al ladrón para luego ponerse en el lugar del policía. Más tarde, en los deportes, deben vincularse con otros para entender las reglas. En el partido adquieren comprensión sobre la necesidad de seguir normas de conducta para ser aceptados, cada uno, como un jugador más. En los primeros encuentros, el niño se topa con *el otro generalizado,* un concepto crítico para entender la emergencia del ser social en las personas. *El otro generalizado* sería la norma en un grupo o entorno. Al comprender *al otro generalizado,* la persona comprende el tipo de conducta que se espera de ella en cada circunstancia, y al comparar las conductas en distintos entornos, desarrolla una comprensión gradual de las normas de comportamiento. Mead distingue entre la individualidad de la persona y la comprensión acumulada *del otro generalizado,* vale decir, las normas, sobrentendidos, pautas de respuestas sociales, etc. Al pensar en Mead, entonces, no debe olvidarse que con-

---

12. Altisen, Claudio: "Por el camino del medio". En Osvaldo Daniel Avelluto (comp.): *Resolución de conflictos: historia, fundamentos y clínica.* Eduntref, Caseros, 2008.

sidera que la mente humana sólo surge a través de la experiencia social y, de esta manera, el proceso del pensamiento es nada más que un proceso de comunicación internalizada. Dice: "La mente individual sólo puede existir en relación con las de otros con los que comparte sentido".

Surgen conductas desviadas cuando se rompe el equilibrio entre lo que uno desea hacer (porque la sociedad lo ha educado para aspirar a ello) y la forma en que la misma sociedad lo aprueba. Robert Merton desarrolló el concepto de *anomia*, derivado de Émile Durkheim, centrándose en la discontinuidad entre las metas culturales y las maneras legítimas para alcanzarlas. Sostenía que el sueño norteamericano hace hincapié en el éxito monetario sin equilibrar ese énfasis con las maneras legítimas para conseguirlo. Sugirió que la tensión derivada de ese desequilibrio podía generar conductas desviadas, incluso criminales.

Partía de la existencia de dos elementos de la estructura social y cultural: el primero son las metas y aspiraciones destacadas por la cultura, vale decir aquello a lo que todos deberían aspirar, lo que en su sociedad incluye el éxito, el dinero y cosas materiales. El segundo aspecto de la estructura social define la manera aceptable para alcanzar esas metas y aspiraciones, esto es, la manera apropiada a través de la cual se consiguen. Valen como ejemplo la obediencia ante la ley y la aceptación de las normas sociales. Para que la sociedad cumpla una función normativa, debe existir equilibrio entre las aspiraciones y los medios con los cuales se cumplen tales aspiraciones.

El equilibrio se sostiene mientras la persona siente que puede alcanzar la meta deseada por esa cultura, cumpliendo con la manera institucional aceptada. En pocas palabras, deben coincidir el resultado interno personal satisfactorio, que indica que uno respeta las reglas, y un resultado externo que alude a cómo alcanzar las metas. Por eso es vital que las metas culturales propuestas sean alcanzables a través de medios legítimos para todos los grupos. Si las metas no pueden ser alcanzadas a través de una modalidad convalidada, las personas pueden apelar a modos ilegales para alcanzarlas. Y agrega que, a menos que existan valores compartidos, no hay sociedad, sino meras interacciones.

Merton sugiere que cuando se pierde el equilibrio entre las aspiraciones y los medios para alcanzarlas, y a partir de cómo se adaptan las personas, surgen cinco tipos de disfunciones: conformismo, innovación, ritualismo, evitación y rebelión.

Conformismo es la forma más común de adaptación: el individuo acepta las metas y los medios prescritos para alcanzarlas, acepta aunque no siempre alcance las metas propuestas por la sociedad, ni los medios convalidados para alcanzarlas. La *innovación* describe cómo ciertas personas se adaptan aceptando las metas sociales pero, como carecen de los medios legítimos para alcanzarlas, elaboran sus propios medios para avanzar, sean ilícitos o ilegales. Habla de *ritualismo* cuando las personas dejan de lado las metas que creyeron estaban a su alcance, se dedican a sus cosas, se protegen manteniendo las reglas y dan de sí el mínimo posible. Con *evitación* describe las conductas de quienes resignan metas y reglas, y escapan de estilos de vida no productivos; e incluye episodios de *rebelión* cuando se rechazan las metas culturales y los medios legítimos, se crean reglas y metas propias, y se actúa en los márgenes o fuera de la sociedad.

El problema surge a partir de una estructura social que propone las mismas metas a todos sus integrantes sin brindarles los medios para alcanzarlas. Las conductas desviadas surgen por la falta de integración entre lo que aspira la cultura y lo que la estructura permite. Los desvíos serían un síntoma de la estructura social.

Merton creía que la sociedad podía desarrollar alternativas a las instituciones actuales analizando sus disfunciones. A partir de sus estudios de la burocracia, sugería que, si bien la predominancia de reglamentaciones favorece la confiabilidad y la predictibilidad de la conducta del funcionario, también lleva a la inflexibilidad y a la tendencia a transformar medios en fines, como cuando la regla deviene un fin en sí mismo.

Estas inadecuaciones en cuanto a orientación aluden a una incapacidad aprendida y derivan de factores estructurales, en tanto una burocracia efectiva exige confiabilidad de respuesta y cumplimiento estricto de las reglamentaciones. Tal devoción por las reglas las transforma en valores absolutos, ya que no se las concibe más como sujetas a propósitos. Esto interfiere con la capacidad de adaptación a las circunstancias distintas de las que obraban cuando fueron concebidas. Por lo que los elementos que, en general, producen eficiencia, llevan a la ineficiencia en casos específicos. Y los involucrados pocas veces se dan cuenta de esta inadecuación, ya que no han logrado separarse de los significados que tales normas tienen para ellos, y que han dejado de tener un contenido utilitario para adquirir valor simbólico.

El abordaje de las organizaciones recupera las enseñanzas de Kurt Lewin, quien con sus desarrollos conceptuales y metodológicos realizó la Investigación Acción. Dos lemas regían sus trabajos, a saber: "No hay nada más práctico que una buena teoría" y "Para saber cómo funciona un sistema, introduzca un cambio: observando cómo resiste y se reacomoda podrá tener una imagen certera de su singularidad". Lewin entendía que las ciencias sociales deben dar respuesta a los problemas del mundo contemporáneo, y que lograrlo exige (a) trabajar con la singularidad de cada caso; (b) saber que las apariencias no alcanzan para vincularlo con una categoría; (c) que frecuencia no indica relevancia, y (d) que se debe trabajar por parámetros, y no con categorías generales.

En la tradición lewiniana, la noción principal es la de inclinarse sobre la singularidad del proyecto y trabajar paso a paso con quienes han de llevar a cabo las conciliaciones que viabilicen y den forma al proyecto. La tarea es acompañar pertinentemente al otro, equipos de corresponsables en el devenir del proyecto, ayudando a pegar un brinco.

A diferencia de las llamadas tecnologías duras, en las que se pretende operar sobre aspectos recortados del fenómeno, con supuesta neutralidad/objetividad, y en base a la racionalidad del trabajo del especialista, la Investigación Acción opera con una concepción sistémica, y avanza construyendo conocimiento en intercambio con los otros. En esa deriva, tienen peso los principios, el camino depende del vínculo que van estableciendo los protagonistas y los resultados incorporan indicadores cuantitativos, así como evidencias empíricas subjetivas.

Ante la grosería de responder simple y falazmente a preguntas serias y complejas, Lewin preconiza el desarrollo de una estrategia emergente, vale decir, de proyectos que surgirán en función de necesidades que se recogen en forma gradual, incremental, en búsquedas a tientas, y que serán viables en tanto participen los afectados. Descuenta que, en tales condiciones, es improbable predeterminar secuencia, relevancia e impacto de una u otra actividad de las que puedan ir surgiendo como convenientes en diversos períodos de la intervención. Por otra parte, cabe decir que esta se extiende un tiempo, normalmente será llevada a cabo con contrapartes diversas, y sufrirá inconvenientes e interrupciones.

El proyecto avanza en la medida en que resuelve necesidades de partes de un sistema. Por lo tanto, ningún proyecto se restringe a actividades de análisis e implementación en un solo ámbito; aun cuando pareciera concentrarse en uno, no bien se esclarece, se advierte que afecta pautas aceptadas, que harán pensar en otros ámbitos; los efectos serán singulares; se opera en la coyuntura, por lo cual los elementos presentes en ese momento y en esa situación condicionarán singularmente el proyecto; y debe combatirse la tendencia a pensar la tarea como si estuviera dividida en campos.

La Teoría de los Sistemas Abiertos es la mayor contribución de Ludwig von Bertalanffy a la Teoría de los Sistemas: afirmaba que era difícil sostener los modelos clásicos de sistemas cerrados derivados del abordaje de las ciencias naturales y de la segunda Ley de la Termodinámica. Decía que "las formulaciones tradicionalmente aceptadas por la Física son inaplicables a los organismos vivos y es dable sospechar que muchas de las características de los sistemas vivos que parecen paradojales a la luz de esas leyes se deban a ese hecho".

Von Bertalanffy definió los principios generales de los sistemas abiertos y las restricciones de los modelos aceptados. Creía que sus conceptos sobre los sistemas abiertos eran aplicables en las ciencias sociales, como por ejemplo en la teoría sociológica que incluía "nociones de sistema general, de realimentación, de información, de comunicación, y otras". Criticaba las concepciones "atomistas" de los sistemas sociales. Reconocía las dificultades implícitas en tratar de extender sus ideas a las ciencias sociales debido a la complejidad de las interacciones existentes entre ciencias naturales y sistemas sociales humanos. Sus ideas se mantienen como puentes posibles entre la Ciencia Política, la Antropología, la Sociología y la Psicología para el estudio interdisciplinario.

Carl Rogers desarrolló la noción de consideración positiva incondicional para referirse a la actitud de aceptación a adoptar en las relaciones interpersonales, y descansa en la convicción de que todos los individuos tienen los recursos necesarios para su desarrollo personal. Alude a suspender el juicio crítico y a prestar atención en forma indivisa a efectos de alterar aspectos sustanciales de la conducta, sin pretender modificarla. *Consideración* se refiere a tener en cuenta cada aspecto de la experiencia del otro como parte de aquel otro; e implica preocuparse sin incluir las propias necesidades sabiendo que es otra persona, con sus propios sentimientos y experiencias de vida; *incondicional* significa que uno no ha de poner barreras, ni ejercer mecanismo alguno de evaluación ante el otro; y por último, *positiva* alude a la calidez con la cual se valora al otro. Aclara que se refiere a una actitud que difícilmente pueda sostenerse.

Estas ideas llegan a nuestra región con Enrique Pichon Rivière que presenta la noción de Esquema Conceptual, Referencial y Operativo, ECRO. En sus primeras experiencias en el hospicio, organiza e instruye a enfermeros en el trato del paciente y desarrolla la técnica del grupo operativo. Discute los diferentes casos y les enseña lo elemental para hablar con los familiares de los enfermos. El aprendizaje de los enfermeros lo sorprende porque tenían acumulada gran experiencia, pero "no podían conceptuar y la experiencia no les servía porque existe un sistema que perpetúa una posición jerárquica, no dialéctica de la conducta...".

Pichon visualiza la fractura en la red vincular entre la familia y los enfermeros, entre los enfermos y los enfermeros, el aislamiento, el abandono que progresivamente iba haciendo la familia del paciente, apuesta a una operación por simbolización o una intervención por simbolización, y a dispositivos que permitan la circulación de la comunicación. La red vincular grupal parece la estructura óptima para acceder a un saber colectivo, un saber que está en acto en la institución pero que no se sabe o, más precisamente, no se sabe que se sabía.[13] A partir de definir una tarea, pone a pro-

---

13. Ludmer, Josefina: "Las tretas del débil". En González, P. E. (ed.): *La sartén por el mango*. Huracán, Puerto Rico, 1984. Analiza en profundidad las respuestas de Sor Juana Inés de la Cruz en un texto clásico en el que detecta tres instancias superiores que imponen temor y generan la respuesta impávida: *no decir que se sabe; decir que no se sabe decir; y no decir por no saber,* ineludibles al analizar el trabajo con grupos cuya supervivencia se ha degradado, por la presencia de proyectos siniestros y prácticas escandalosas.

ducir a este dispositivo que releva el saber inconsciente y permite el procesamiento subjetivo necesario para lograr cambios no sólo en el plano del pensamiento, sino en el de las actitudes. Su intervención apunta a lograr una estructura simbólica subjetiva e institucional compleja, y a partir de la práctica y de la reflexión acerca de ella, interrogar esos mecanismos repetitivos y ciegos con el objeto de recuperar su direccionalidad en función de la tarea que los reúne, en función de la salud. Sus efectos se dan en términos de creación, vitalidad, entusiasmo en los vínculos.

Pichon centra su mirada en la función diagnóstica: no recorta sólo significantes subjetivos, y su lectura no se atiene al discurso del paciente, sino que incluye a la familia, al dispositivo institucional, a la población manicomial, al efecto perturbador de los equipos de asistencia, etcétera. Su diagnóstico se orienta hacia la existencia/ausencia de redes vinculares y la calidad de dichos vínculos. Realiza una lectura de la estructura simbólica visualizable en los ámbitos imbricados en la problemática de la locura. Y releva una dimensión inconsciente cuyos efectos se develan en silencios –cosas no dichas, no pensadas, no reflexionadas, sobrentendidas–, ausencias, fracturas vinculares, normativas, acciones terapéuticas que aluden a la cultura institucional. Un modo de hacer de la institución, que se repite en un acuerdo tácito y que se retiene fuera de la reflexión.

Propone el abordaje de la Psicología Social que busca "el estudio del desarrollo y transformación de una realidad dialéctica entre formación o estructura social, y la fantasía inconsciente del sujeto, asentada sobre sus relaciones de necesidad". Establece al grupo como campo "en el que se dará la indagación del interjuego entre el grupo interno y el grupo externo, a través de la observación de los mecanismos de asunción y adjudicación de roles". Establece que la práctica para el operador social ha de mantener las coincidencias entre las representaciones y la realidad. De ahí surge el concepto de operatividad que representa lo que para otros marcos conceptuales sería el criterio de verdad: "Al enfrentar una situación social concreta, no nos interesa sólo que la interpretación sea exacta, sino la adecuación en términos de operación, o sea, promover una modificación creativa o adaptativa según un criterio de adaptación activa a la realidad".

Dentro de su producción conceptual cuestiona el tradicional enfoque basado en la dinámica salud-enfermedad, por el de adaptación activa-adaptación pasiva; así desplaza el centro de la problemática a la capacidad transformadora de una realidad dada que posee el ser humano ante las exigencias del medio. Escribe: "El sujeto es 'sano' en la medida que aprehende la realidad en una perspectiva integradora y tiene capacidad para transformar esa realidad transformándose, a la vez, él mismo". Y también: "El sujeto está activamente adaptado en la medida que mantiene un interjuego dialéctico con el medio y no una relación rígida, pasiva, estereotipada". Para elaborar su Esquema Conceptual, Referencial y Operativo, Pichon parte de las conceptualizaciones de Sigmund Freud, Melanie Klein y George Herbert Mead desde la perspectiva intrapsíquica y de Kurt Lewin desde la metodología para investigar en grupos a través de la Investigación Acción.

José Bleger escribió que no se puede ser psicólogo sin investigar, al mismo tiempo, los fenómenos a modificar. Además, "en psicología institucional nos interesa la institución como totalidad: podemos ocuparnos de una parte de ella, pero siempre en función de la totalidad". Señalaba que "para que una institución solicite y acepte el asesoramiento, tiene que haber llegado a un cierto grado de madurez o *insight* de sus problemas o de su situación conflictiva, pero la función del psicólogo conduce también a que se tome mayor conciencia de su necesidad". Sigue: "En todos los casos el objetivo del psicólogo en el campo institucional es un objetivo de psicohigiene: lograr la mejor organización y las condiciones que tienden a promover salud y bienestar de sus integrantes". Y, más adelante: "El psicólogo institucional se puede definir en este sentido como un técnico de la relación interpersonal o como un técnico de los vínculos humanos, y se puede decir también que es el técnico de la explicitación de lo implícito. (...) Ayuda a comprender los problemas y todas [sus] variables posibles (...), pero él mismo no decide, no resuelve ni ejecuta".

Sugiere que esta tarea se realiza con la aplicación de la actitud clínica que "consiste en el manejo de un cierto grado de disociación instrumental que permite, por un lado, identificarse con los sucesos y personas, pero que por otro lado, posibilita mantener una cierta distancia que haga que no se vea personalmente implicado en los sucesos (...) abandonando su rol específico".

El método "se caracteriza por la observación detallada, cuidadosa y completa, realizada en un encuadre riguroso, y en la indagación operativa que incluye (a) la observación de sucesos y sus detalles, con la continuidad de sucesión en que se dan; (b) la comprensión del significado de los procesos y de la forma en que se relacionan o interactúan; (c) los resultados de dicha comprensión en el momento oportuno; (d) considerar el paso anterior como una hipótesis que, al ser emitida, se incluye como una nueva variable y el registro de su efecto lleva a una verificación, ratificación, rectificación o enriquecimiento de la hipótesis o a una nueva, con una interacción permanente entre observación, comprensión y aclaración. (...) Lo más importante que ocurre es que no solamente se pueden aclarar y rectificar problemas y situaciones, sino que gradualmente tiene lugar un aprendizaje que consiste en que los implicados en la tarea aprendan a observar y reflexionar sobre los sucesos y a encontrar sentido en sus efectos e interacciones".

Ulloa habla de las cinco condiciones de la eficacia clínica: la capacidad de predicción; la actitud no normativa; la posibilidad de establecer relaciones insólitas en el discurso; la definición por lo positivo y por lo que es; y la coherencia entre teoría y práctica.

La *capacidad de predicción* se refiere a la organización que todo clínico puede hacer de sus propias expectativas antes de incluirse en una situación, o sea de la puesta en claro de lo que espera, sobre la base precaria de los datos que posee o aun elaborando fantasías. Esa organización explícita de las expectativas opera desde el primer momento de la entrevista como medida de confrontación con lo que realmente acontece, y es crítico advertir que cuando no se las ha organizado, funcionan de modo secreto y perturbador. La *actitud no normativa* habla del propósito de no forzar una lectura en forma prematura, sino de dejarse atravesar por los datos del campo, colocando la mente en blanco, abandonando las referencias teóricas y los posibles encuadres, sin pretender entender antes de entender, y simultáneamente despertar la curiosidad del otro en su propia forma de dar expresión a las situaciones por las cuales se conversa. La *posibilidad de establecer relaciones insólitas en el discurso* porque quien consulta está tensado entre factores de aplomo y de dificultad. Será la curiosidad la que pueda promover la indagación que permita seguir avanzando en el análisis de la situación y de sus posibles desenlaces, y guiar un proceso preñado de vicisitudes. La *definición por lo positivo y por lo que es* implica operar, no ya en lo bondadoso, sino en los datos que se van recogiendo y que señalan que lo esencial es construir un proyecto por lo que el proyecto significa, y no porque las alternativas sean dañinas. Si de alguna manera puede sostenerse el trabajo clínico, es porque quien se acerca a acompañar el trabajo de los otros exhibe *coherencia entre teoría y práctica*, incorporando sus propias dudas y limitaciones como forma de atestiguar que el proyecto en el cual se lo ha invitado a colaborar plantea elecciones que uno mismo tendría dificultad en abordar.

Hablamos de entender el fenómeno social inserto en una situación total, dentro de la tradición lewiniana que dice que el consultor es herramienta, actúa ante la consulta con espontaneidad y distancia, sólo al finalizar recuerda a qué debe el acierto o el fracaso, y sobre esa base reconoce los hechos y los procesos a partir de los cuales uno va afirmando un marco conceptual. La psicología social abunda en discusiones sobre la relación entre el desarrollo personal y los requerimientos del ámbito organizacional, como las conclusiones de Chris Argyris:

- *Hay una falta de congruencia entre las necesidades de un individuo sano y las demandas de una organización formal.*

- *De esta incongruencia surgen naturalmente experiencias de conflicto, frustración o fracaso, así como perspectivas de corto plazo: en ciertas circunstancias se incrementará la probabilidad de emergencia de estos fenómenos.*

- *La naturaleza de los principios formales de las organizaciones provoca en todo individuo sentimientos de competencia, de rivalidad, de hostilidad entre pares y una predisposición a centrar su atención en las partes, más que en el todo.*

- *Las conductas de adaptación de los individuos contribuyen a mantener la integración del self e impiden la integración con la organización formal.*

- *Estas conductas de adaptación tienen un efecto acumulativo, se retroalimentan y refuerzan.*

- *A través de su gestión, la conducción puede contribuir o impedir que se produzcan procesos de este tipo, no ya con mecanismos circunstanciales introducidos una vez que se internalizaron las prácticas adaptativas, sino a través de una dinámica sustentada en elementos propios de la realidad concreta.*

Donald Schön y Chris Argyris proponen la noción de *práctico reflexivo* y analizan la estructura distintiva de la reflexión en la acción. Sostienen que, en un mundo turbulento, es menester recuperar la capacidad de aprender para comprender, guiar, influir y administrar los cambios e inventar organizaciones que se desempeñen en condiciones cambiantes. Recuerdan que se trata de un "andar a tientas, sin referencia teórica", que la oportunidad para el aprendizaje se produce en la periferia, y que en estas circunstancias, la conducción debe evitar enseñar cómo hacer, y en cambio facilitar el proceso de descubrimiento de nuevos abordajes.

Schön y Argyris parten de la idea de que uno opera con mapas mentales que ayudan a pensar antes, durante y después de la acción. Guían la acción, más que las explicaciones teóricas que damos, por lo que hablan de una brecha entre teoría y acción. Agregan que deben tomarse en cuenta dos cuestiones, a saber: la *teoría en uso*, que está implícita en lo que uno hace, y la *teoría expresada*, o las palabras que uno usa para explicar lo que hizo y nos gustaría que los otros nos adjudicaran.

Para entender la teoría en uso, acuden a: (a) *variables gobernadoras*, que son las dimensiones que uno trata de mantener dentro de ciertos límites; (b) *estrategias de acción*, las jugadas y los planes que uno usa para mantener sus variables gobernadoras dentro de los márgenes aceptables, y (c) *consecuencias*, lo que ocurre tras una acción y que incluyen las intencionales y las no intencionales.

El aprendizaje implica la detección y la corrección de un error. Cuando algo anda mal, la mayoría procura encontrar un modo de encararlo a partir de sus variables gobernadoras. Pone en práctica las metas y los abordajes acostumbrados porque descuenta que son los adecuados. A esto llaman *aprendizaje de vía simple*, cuando se afectan las variables gobernadoras y con ello el marco con el cual se encuadran las estrategias y las consecuencias, mientras que llaman *aprendizaje de doble vía* a aquellos casos en los que, para resolver la situación, los responsables someten a escrutinio las variables gobernadoras. Ocurre cuando se detecta y corrige el error, y esto conlleva modificar ciertas normas, políticas y objetivos. Requiere cuestionar el marco desde el cual surgen las estrategias y las metas.

En este esquema, sostienen que la racionalidad técnica no ofrece un buen soporte al profesional, aunque sigue siendo el paradigma dominante a pesar de que no atiende al equilibrio requerido entre rigor y relevancia. La racionalidad técnica excluye el encanto de la artesanía, de la invención por prueba y error, exigidas por la complejidad y los cambios del mundo actual.

Schön y Argyris hablan de reflexionar en acción. Aluden a pensar mientras se avanza, observar lo que experimentamos, conectarlo con los sentimientos y prestar atención a las teorías en uso para construir las nuevas formas de entendimiento que informarán nuestras acciones en la situación.

Con este marco, el práctico reflexivo admite su asombro, desconcierto y confusión en aquella situación que encuentra incierta o singular. Examina sus propios estados íntimos y pensamientos, contempla el fenómeno que lo enfrenta y la forma en que lo explicaba anterior e implícitamente. Así experimenta con lo que genera una nueva comprensión del caso y un cambio en la situación. Para poner a prueba las teorías y abordajes habituales, no acude a referencias librescas, sino que las piensa en profundidad.

Por otra parte, hablan de la *reflexión sobre la acción* que se hace después del hecho. La reflexión sobre la acción permite explorar por qué hicimos lo que hicimos, qué estaba ocurriendo, y al hacerlo surgen preguntas e ideas sobre nuestras acciones y prácticas. Aquí incluyen la noción de *repertorio*, la colección de imágenes, ideas, ejemplos, actividades a las que se puede recurrir.

Si es capaz de otorgar sentido, el *práctico reflexivo* entiende la situación como singular. Es singular aunque esté presente en su repertorio. De esta manera, advierte lo poco familiar tanto en lo que es parecido como en lo distinto, sin que sepa decir en qué es parecido o ajeno. Lo familiar opera como precedente. Se involucra sin una comprensión cabal del caso, pero su formación lo habilita para evitar equívocos y errores mayores en tanto llega con el oficio que lo habilita a diseñar dispositivos que hagan circular la información, y a medida que se desarrolla la situación aporta los elementos que permiten construir las hipótesis y las respuestas apropiadas.

En un entorno cambiante, es imprescindible tomar decisiones informadas tales como las del *aprendizaje de doble vía,* pero la investigación empírica muestra que los procesos mentales usados en organizaciones inhiben el intercambio de información relevante y obstaculizan el desarrollo del doble vía. Argyris y Schön entonces desarrollan dos modelos que describen las *teorías en uso* que estimulan o inhiben el *aprendizaje de doble lazo.*

El Modelo 1 alude a "hacer inferencias sobre la conducta de otra persona sin constatar si son valederas, y defender la propia visión en términos genéricos, sin explicar ni explicitar la propia forma de pensar". Las teorías en uso se conforman por el deseo de prevalecer y de evitar mostrarse desconcertado. Están sustentadas por el deseo de protegerse y de controlar unilateralmente la tarea y el entorno. De esta manera, el Modelo 1 conduce a rutinas defensivas que operan a los niveles individual, grupal y organizacional.

Sin duda, es delicado exponerse a encaminar actividades, a expresar pensamientos y a mostrar emociones en el ámbito de una organización jerárquica. Sin embargo, sólo indagando y modificando las variables gobernadoras, surgirán estrategias innovadoras. La intención es explicitar y poner a prueba cada hipótesis, llegar a posturas razonadas que puedan ser cuestionadas por otros. Para ello se hace hincapié en las metas compartidas y en la posibilidad de influirse mutuamente; se alienta la comunicación, y se enseña a poner supuestos a prueba entre todos, pero es harto difícil, ya que requiere dedicar sensibilidad y atención.

Argyris y Schön centran su atención en las interdependencias a nivel personal, no en estructuras y sistemas. Al atender a la manera en que las personas van construyendo sus mapas de definición de la situación, se facilita hablar de una *teoría en uso* organizacional y la intención es instalar esa modalidad de trabajo en quienes operan en la organización.

A veces es posible trabajar de este modo. Uno lo intenta, y fracasa la mayoría de las veces. Aun así, esta modalidad se instala cuando, aunque sea temporalmente, en el ámbito político de una organización, habrá quien califique esta práctica de apósito. Sin embargo, practicar el oficio en forma reflexiva produce efectos en las interrelaciones y en la voluntad de analizar, a partir de ellas, cuestiones de trabajo en común. Tiene efecto residual.

La consulta requiere entender dónde se está parado, y decidir qué se quiere hacer. Normalmente, el caso tiene cierta complejidad, no es sólo complicado. En ese campo, Schön y Ackoff discriminan el abordaje del ingeniero, que actúa con rigor y se ocupa de *dificultades,* del abordaje del psicólogo, que se dirige a lo relevante y se ocupa de *líos,* de cuestiones que aborda desde una perspectiva mayor. Responden a cómo abordar la complejidad.

Sugieren que una dificultad se distingue de un lío en tanto este se compone de una trama de problemas y oportunidades que distintos involucrados describen de diferentes modos. Por el contrario, una dificultad es descrita de maneras similares aun por personas que tienen perspectivas diversas; un lío no se mejora por la suma de las mejoras de sus partes componentes, en cambio una dificultad se identifica y describe, y es más fácil descubrir y explicar por qué se produjo. Un lío surge por una serie de condiciones externas que provocan insatisfacción, por lo que llegar a juzgar si se mejoró o no, y por cuánto, dependerá del punto de vista del observador.

Abordar un lío exige una concepción sistémica, y no tiene sentido distinguir un componente u otro como el más relevante: en el lío, el todo es mayor que la suma de las partes.

Ackoff argumentó que un dirigente experimentado mantiene su solvencia ante líos, no sólo ante problemas, y que quien advierte la diferencia puede responder de modo adecuado ante una situación del mundo real. Si la situación es encarada como *dificultad*, por quienes se formaron en los métodos de la administración tradicional, el resultado será distinto del que surgirá si es encarada como *lío*.

Para Schön, "Ciertos problemas son confusos, marcan las limitaciones del abordaje técnico. Por eso, uno debe elegir entre resolver dificultades, respetando los estándares aceptados de rigor, o descender al pantano de los líos". Argumenta que, en cargos de decisión, cada cual experimenta ese dilema que opone el rigor a la relevancia, y que cuando uno pregunta a quienes prefieren insertarse en el pantano de los líos sobre sus métodos, hablan de aplicar el criterio, de avanzar por la prueba y el error, de dejarse llevar por la intuición, o de ir a tientas. Ante lo *hard* y lo *soft*, cada cual debe responder si se mantiene en las cuestiones para las que se especializó, que le permiten hablar de rigor y respetabilidad, o si se dedica a los líos, ambiguos e inestructurados, característicos de la conducción. O sea, irse de lo que se estudió y acercarse a la inasible realidad; mirar desde el campo de acción limitado, sesgado, y marchar con firmeza, o bien incorporar la amplitud de miras y admitir la propia incomodidad.

Además, evitamos pasar a la acción ante casos en los que prima la incertidumbre, la singularidad o el conflicto, así como en aquellos en los que, por negligencia o insistencia en seguir caminos conocidos, se tomaron decisiones que dieron lugar a consecuencias indeseadas, sorprendentes o lamentables. No es inusual que las buenas intenciones aplicadas a mejorar una situación compleja hayan dado como resultado un empeoramiento. Por eso, la tendencia natural es a postergar, lograr que no pase a mayores.

La noción de *hacer sentido*, de construir sentido, de descubrir y otorgar sentido, desarrollada por Karl Weick, se basa en que más allá de lo que llamamos razón, las personas son capaces de diseñar e implementar sistemas y prácticas de comunicación que atienden a sus necesidades; que tienen la capacidad de ampliar sus formas de comunicación para responder a sus proyectos; y que estas metas se alcanzan llevando a cabo intercambios sociales. Con este encuadre, *hacer sentido* parte de constatar que los seres humanos se desarrollan otorgando significado a lo que les ocurre, algo central para la conformación de su identidad. Eso sucede retrospectivamente, vale decir que se advierte tras el paso del tiempo, y la mirada atrás ilumina mejor el pasado que el presente o el futuro. En los intercambios, las personas generan parte del entorno en que se desempeñan, por lo que toda actividad es crucial, pero puesto que dar sentido es parte de una trama más amplia, acciones y entorno se influyen mutuamente.

Hacer sentido, entonces, tiene las características de un proceso, en tanto pensar y operar están ligados y ambos dependen de las acciones de terceros, por lo que comprender la construcción de sentido requiere prestar atención a sesgos, vestigios, huellas e indicios. Es un proceso incesante; se centra en sugerencias, accidentes afortunados y pautas menores que cada cual va filtrando; y lo guía, no ya lo riguroso –como haría pensar la primacía de la razón–, sino lo plausible, lo aceptable, ya que las personas no perseveran, y cuando creen descubrir una respuesta, dejan de buscar y se satisfacen con lo que responde a sus necesidades del momento. Más aún: las personas no se manejan con significaciones a priori, sino que las encuentran en cada caso y las van articulando con explicaciones coherentes.

Por ejemplo, el desastre del incendio en la quebrada de Mann, en el que perecieron trece bomberos entrenados, muestra cómo se perdió la capacidad de entender en situaciones de riesgo y se desintegró la forma organizativa del equipo.

¿Qué ocurrió? Hombres capaces de combatir grandes incendios a la intemperie fueron enviados a enfrentar un fuego que avanzaba rápidamente un día de verano. Los esperaban en tierra el responsable y un guardaparques que habían estado en la tarea, pero el grupo perdió contacto de radio con su base cuando se lanzó en paracaídas. Pensando que ese incendio sería como otros conocidos, llegaron a la tardecita y cenaron. En el ínterin, el fuego sobrepasó la quebrada y empezó a ascender por las laderas. Al encarar el incendio salvaje y cuando no veía escape por ninguna otra vía, el responsable les pidió que tiraran sus instrumentos y comenzaran a construir un fuego de escape, en un espacio amplio y limpio de vegetación. Era posible, estaban en una pradera, y con ello no se proponía controlar el fuego, ni detenerlo, sino evitar ser incinerados. Les indicó cómo hacerlo y acostarse en el área quemada. Lo desobedecieron y corrieron desesperados hacia la cumbre. Dos escaparon ilesos huyendo a través de una grieta y el responsable se salvó quedándose en el área quemada, pero todos los otros murieron.

Weick se pregunta "cómo ha de organizarse un pequeño grupo cuando debe encarar un peligro inesperado y precaverse del desastre". Sabe que los bomberos operaban organizados en tanto el trabajo de uno depende del otro; su experiencia les permitía pensar que podrían apagar el fuego a la mañana siguiente, pero al operar con preconceptos caducos, se dieron cuenta de su inoperancia demasiado tarde. Nada de lo que veían tenía sentido, e incluso se les indicó abandonar sus instrumentos y esperar con una práctica que desconocían; el responsable quedó atrás, e instruyó a su segundo a quedarse con el grupo; y al perder la capacidad de comprensión y la habilidad para dar sentido a lo que ocurría, sobrevino el pánico: el episodio puso en crisis el orden habitual de su universo de acción.

Reflexionando sobre la vulnerabilidad propia de situaciones de riesgo en organizaciones complejas, Weick propone apelar a la improvisación, aunque ninguno reconoció su valor en el momento; instalar sistemas de roles virtuales, porque aunque sea difícil construir sentido social en situaciones de emergencia, puede ocurrir en la mente de una persona; actuar críticamente, poniendo en duda las creencias y los sobrentendidos; y alentar el intercambio, que construye sentido social de la realidad y, al mismo tiempo, permite que cada cual modifique su comprensión de sí mismo.

3. VOLVER A LAS FUENTES

De la ideología a las emociones,
sin pasar por las cifras.
Ian McCall

Me encontré con un sentimiento
que no sé manejar.
Un gerente

Del mismo modo en que palabras y trazos anteceden a los guarismos, estas páginas condensan los sobrentendidos con los que se operó en los casos elegidos.

Equilibrio y salud

Pensar antes de hacer es mejor que hacer sin pensar, y que pensar sin pasar a la acción. En una empresa, esto implica fijar los resultados que se quiere alcanzar, definir los indicadores que determinarán si se alcanzan, acordar las acciones requeridas y esbozar el plan que ayudará a avanzar: el modo como se lleve a cabo cada una de estas tareas identifica un estilo de conducción.

Establecidos resultados, indicadores y concertaciones, el segundo paso exige procurar y asignar los recursos con los que se llegará a cumplirlos. Sin duda, el plan es un trazado, y de ser una camisa de fuerza nuevamente caracterizará los valores en ciernes, pero cuanto más equilibrada sea la ecuación entre medios y fines, más probable será desempeñarse con eficacia en ese ámbito.

Determinados los resultados requeridos y asignados los recursos, cabe preguntar si se cuenta con los conocimientos/experiencia/destrezas para responder a ese equilibrio de medios y fines. Porque los resultados son sólo números, y las acciones son articulaciones de esfuerzos, que atañen a la capacidad de los seres humanos comprometidos en la acción.

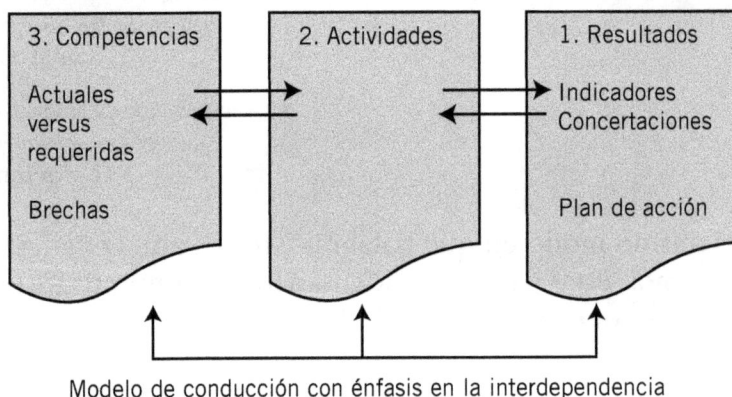

3. Competencias	2. Actividades	1. Resultados
Actuales versus requeridas		Indicadores Concertaciones
Brechas		Plan de acción

Modelo de conducción con énfasis en la interdependencia

Figura 1

A mayor peso otorgado al equilibrio entre estas consideraciones, más probable será que el proyecto avance por cursos previsibles en eficiencia y calidad de vida.[1]

---

1. López, Mercedes: "Percepciones, valores y significados en el management de empresas de Argentina de fin de siglo", tesis de doctorado, Facultad de Psicología, Universidad de Buenos Aires, 2000.

Conducción

A partir de la relación aceptada entre fines y medios, *conducir* es poner en escena los criterios de autoridad y las prácticas que mantendrán vivo el proyecto en los protagonistas.

Cuanto más se deba mantener cierta rutina, más probable será que los problemas se resuelvan y se restablezca el equilibrio; cuanto más se requiera actuar en circunstancias y ámbitos desconocidos, más probable será que se deban escudriñar las crisis de la época, las oportunidades y amenazas del entorno, acercarse críticamente a las fortalezas y debilidades de la forma de pensar y de la cultura de la organización. En esas condiciones, la viabilidad de las iniciativas dependerá de la lectura que haga quien conduce sobre cómo manejarse mejor ante el caso específico.

Los accionistas habilitan a conducir a quien garantiza resultados y muestra cifras de su gestión contra metodologías puras, duras y conocidas; los stakeholders –adherentes, apostadores, implicados[2]– reaccionan y responden en función de lo que observan. Cuando la organización se cierra a los stakeholders, cada dificultad puede derivar en un drama o en una tragedia.

Además, en Latinoamérica, muchos prefieren mostrar su capacidad descansando en la adrenalina, antes que en el equilibrio entre acción y reflexión.

---

2. La noción de "stakeholders", los actores sociales del sistema empresarial, que diversos autores denominan partidarios, socios comanditarios, concernidos, implicados, adherentes, o apostadores, está en Mitroff, Ian: *Stakeholders of the organizational mind.* Jossey-Bass, San Francisco, 1983. La bibliografía tradicional habla de actores, que se suponen subordinados a los criterios de la dirección.

Medición

Los sistemas de medición y reconocimiento de la firma, la aversión al riesgo, el temor a la pérdida de poder, la resistencia al cambio, los intereses creados, etc., influyen para que el responsable se limite a procesos cuyos indicadores de resultado son aceptados, claros y alfa-numéricos hasta convertirse en un esquema de difícil manejo. Cuando, por efecto de factores internos o externos, se desequilibra la ecuación medios-fines, desaparece el lugar tradicional de la conducción y cambian los sobrentendidos. Quien conduce, sin embargo, tiende a olvidarlo.[3]

Además, cuanto mayor sea su responsabilidad, más involucrado estará en proyectos simultáneos de mejora, de modo tal que aun si incorpora cambios, será difícil precisar qué alícuota adjudicar a los esfuerzos canalizados en potencial social. Del mismo modo en que se muestra renuente ante propuestas técnicas, a modificar lo que funciona cuando los resultados son razonables, mayor es su incomodidad ante ausencias, enfermedad, desmotivación, quites de colaboración, huelgas, etc. Al intuir índices de insatisfacción internos y externos que señalan grados de inadecuación y preanuncian caídas del desempeño, sin embargo, incorpora lecturas de lo social que abren el camino para la discusión.

La mayoría de los proyectos sucumbe en esta dificultad en tanto el gerente no alcanza a mostrar cómo influyen los factores cualitativos en la gestión.

De la preocupación puede surgir la posibilidad de desarrollar iniciativas innovadoras, y pasar del agobio a la cor-

---

3. Katz, D. y Kahn, R. L.: *La Psicología Social de las organizaciones*. Trillas, México, 1977. Berry, Michel: "Une technologie invisible? L'impact des instruments de gestion sur l'évolution des systèmes humains". Centre de Recherche en Gestion de L'École Polytechnique. Mimeo, 1983.

dura, tanto como ejercer coerción. El proyecto se sostendrá si se acuerdan indicadores de desempeño incontrovertibles y aceptados.

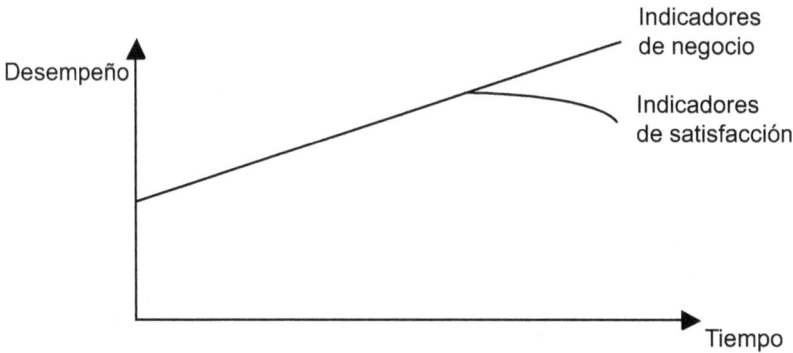

Figura 2

Empresa

La empresa opera como pirámide jerárquica que circunscribe los elementos políticos, económicos y sociales a pautas aceptadas, como si la organización formal pudiera desentenderse de sus facetas informales. Esto supone que serían instrucciones y organigramas los que explicaran cómo funciona a diario, desconociendo que son grupos humanos que operan en continua interacción, los que hacen posible ese resultado.

Al percatarse de que la situación no podría atenderse con los medios acostumbrados, la consulta abre la oportunidad para incorporar un *abordaje distinto*. La historia explicará las resistencias, pero es una ocasión, por más endeble que sea la vocación, para mostrar el peso de la comunidad, en el nuevo equilibrio con la organización imaginada. Esta intención admite tácitamente la existencia de lo social, y se denomina proceso de cambio cultural, o sociotécnico. El hecho de requerir otro nombre señala la dificultad en admitir lo

social-comunitario en el ámbito de la organización, sea esta pública, privada o del tercer sector.
La expectativa se dibuja de la siguiente manera:

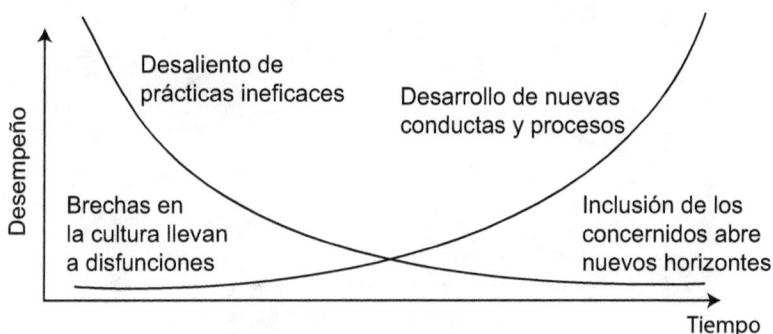

Avances en el tiempo dependen del compromiso de la conducción

Figura 3

Se trata de una recomposición que exigirá (a) detenerse, (b) pasar revista, (c) evaluar, (d) definir qué dejar de lado, qué seguir haciendo y qué empezar a hacer y (e) hacerlo. Al describir el proceso de reciclaje, Hurst[4] propone una graficación (Figura 4) que muestra el paso atrás para cambiar.

El proceso se representa como una curva S acostada ascendente que llega a su punto más alto y que, para evitar una caída y poder continuar su curso, toma impulso desde otro lugar. En el mejor de los casos, se caracteriza por una serie de pliegues y repliegues.

---

4. Hurst, David K.: *Crisis y renovación. ¿Cómo enfrentar el desafío del cambio en las organizaciones?* Temas, Buenos Aires, 1998.

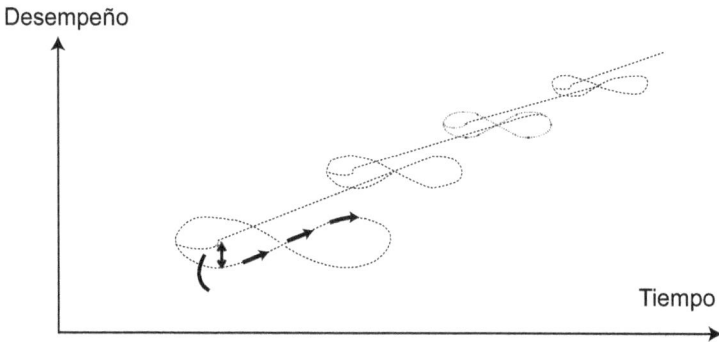

Desempeño

Tiempo

Figura 4

Maturana recuerda que "lo esencial del cambio es lo que permanece"[5]. Para que la iniciativa prospere, aportando sostenido apoyo político, la conducción autoriza la creación de los espacios que inviten aportes de los adherentes. Cuanto más transparente, sostenido y honesto sea el intercambio, y mayor cantidad de terceros se incorpore, más probable será que la iniciativa refleje la complejidad del caso, y represente los intereses y los puntos de vista de los afectados. Instalar el diálogo con terceros agrega ocasiones distintas de apelación sin las cuales es improbable que se revitalice el criterio de autoridad.

La consulta define la capacidad de asimilación de ese grupo humano en esa circunstancia organizacional, delinea el equilibrio entre ortodoxia y heterodoxia con el que comience a operar, determina los mecanismos compensatorios que instalará.

Cambio

Es más fácil introducir pequeñas modificaciones en forma incremental y sistemática, que grandes cambios de modo terminante. La figura 5 marca las dos opciones.

---

5. Maturana, Humberto, y Varela, Francisco: *El árbol del conocimiento*. Lumen, Buenos Aires, 2003.

81

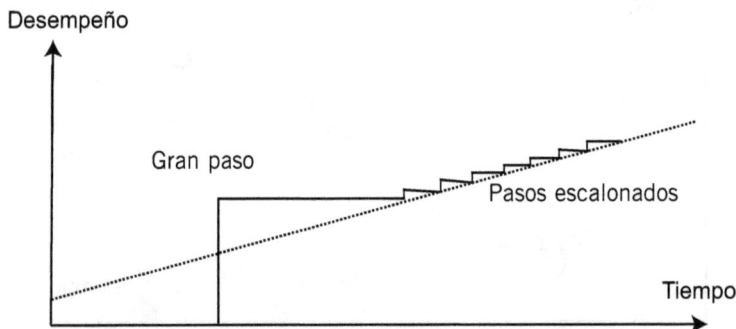

Figura 5

Por otra parte, habrá situaciones en las que corresponde incorporar una gran modificación dando un salto y, de hecho, la inclusión de equipos de última generación, por ejemplo, es objeto de planificación para prevenir repercusiones negativas y reducir al máximo sus efectos secundarios. No obstante, esto a menudo se desatiende porque se desconoce el impacto del cambio sobre las prácticas y las costumbres. Salvo en casos particulares, resulta mejor incorporar cada cambio en forma gradual, entendiéndolo como un proceso a administrar.

El trabajo de reflexión se concentra en cómo planificar los aspectos mayores, mientras asegura que la implantación dará lugar a los ajustes sobre la marcha.

Porque cada cambio requiere esfuerzo y tiempo de aprendizaje que se expresan en una transición costosa. La joroba invertida grafica la caída de desempeño previsible, y la conducción se ocupa de tomar los recaudos para acortar el período de la transición, es decir lograr que la caída sea la menor, delta 1, y que el tiempo de entrada en régimen sea el más corto posible, delta 2 (Figura 6).

Cuando se prefiere desconocer la acción concertada y se incorpora un cambio, se afectan los equilibrios internos. Esto se pone en evidencia, y reducir el tamaño de las deltas (que representan la caída del desempeño y el tiempo extendido en recuperarlo) depende de los acuerdos explícitos y tácitos entre coaliciones: de ahí la importancia de las concertaciones para lograr acuerdo sobre qué y cómo hacer. Aun así, en proyectos exitosos, las decisiones tomadas en la forma tradicional llegan, en el mejor de los casos, por goteo y filtración, no por la aceptación acrítica de los pareceres de quienes conducen.

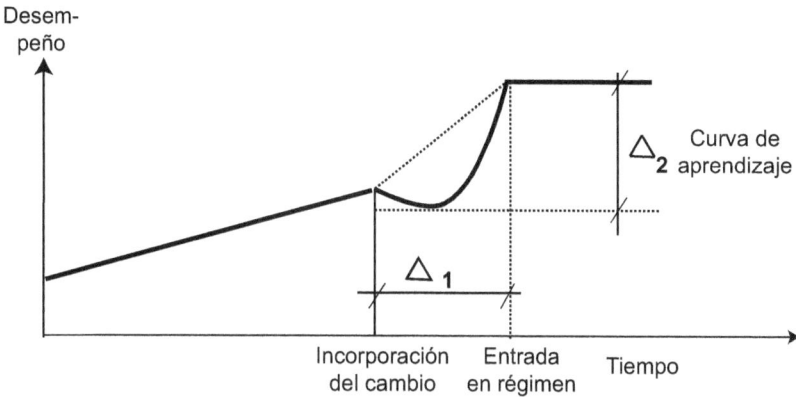

Figura 6

Entregables

En la gestión interna tradicional, se fragmenta para alcanzar metas funcionales y así poder controlar: el responsable sabe qué botones tocar, qué alarmas mirar, qué medir, pero en un proceso de bordes difusos, ¿cómo tener registros de lo que se considera valioso?

En la medida en que se acepte que los agentes externos tienen un impacto sustantivo sobre la gestión, será necesario desarrollar indicadores relevantes a partir de lo que necesita cada stakeholder, entendido como otro exigente a quien le conviene que a uno le vaya bien y sin cuyo concurso el objetivo es inalcanzable.

Con la consideración por los terceros, aparece una nueva concepción de medición que se llama *entregable*: un

objeto tangible o un valor intangible que resulta de la ejecución de un proyecto como parte de la obligación con-
traída. Es un resultado, y puede ser un producto, o un propósito; trata de algo que puede ser completado dentro de
un marco aceptable, algo que puede ser aportado para completar aquel trato. En los casos veremos que los entregables
son acordados entre las partes, e incluyen tanto documentos, como constataciones de cambio en la forma en que se
hacen las cosas. Son afirmaciones de rumbo, y serán evidencias, pero también hallazgos, indicios, atisbos que señalan un avance hacia el puerto querido.

La clave es definir entregables –aquello que el otro necesita y en lo que se le enseña a detener la mirada–, presu-
pone entender cabalmente el valor a entregar a ese stakeholder, y la brecha entre lo que se está ofreciendo y lo que
aquel requiere, espera y necesita. Sin esa información, poco
se podrá ponderar, porque extender el uso de concepciones cuantitativas limita y predispone al fracaso.

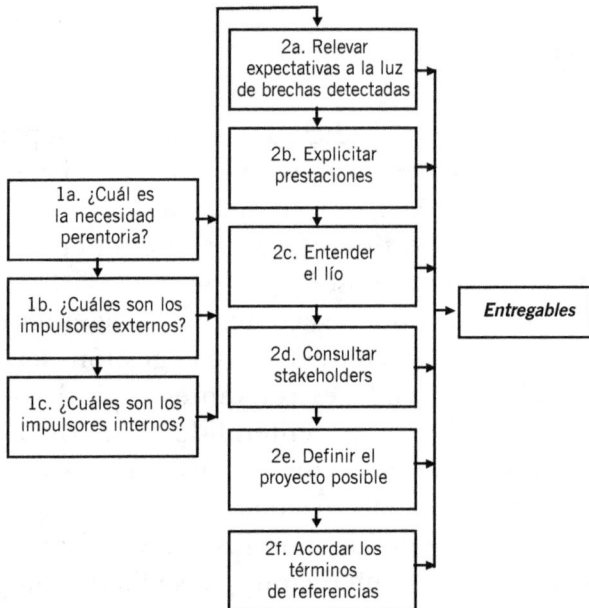

Sin duda, este modelo regula la relación entre las partes internas, así como entre cliente y consultor. Juntos determinan y acuerdan qué sería necesario obtener para medir el éxito de una iniciativa y eso constituye un entregable. Incluye registros cualitativos –tales como el porcentaje de asistentes a una reunión, el clima del encuentro, el nivel de participación, la aplicación de lo acordado a la práctica–, y cuantitativos, como niveles de retención de personal, incorporación de nuevos stakeholders al proyecto, cumplimiento formal de obligaciones mutuas.

Proyecto

El proyecto innovador goza de privilegios y limitaciones. Será un experimento, y quizá caso testigo, y el desconcierto será parte del análisis para sostenerlo. Pero a diferencia de la gestión tradicional, en la que la persona actúa en el marco de descripciones de funciones, a partir de este tipo de intervención se reconoce que lo que da continuidad a un cargo es lo que cada cual aporta al otro.

En la medida en que despierte interés, el proyecto, colateral por definición, reposiciona el componente social. Sin embargo, en las empresas pocos saben de tales procesos, y la consulta puede ser su primera experiencia. En general, el directivo mantiene un vínculo personal intenso con la meta que espera cumplir. No obstante, habrá interlocutores esclarecidos, y una crisis puede constituirse en la instancia dramática que transparente el estado de las cosas, y a partir de ella, la gradual aceptación de aprender a trabajar con un nivel de complejidad diferente, y con otros.

Cuando se subordina lo social a propósitos de lucro, sin embargo, habrá quien piense que la iniciativa no justifica la pena y que, en el mejor de los casos, será un *episodio de vida breve*. No debe descontarse que, en cuanto produce sentido, genera rastros que seguirán vigentes y facilitarán el cuestionamiento de prácticas en uso, y la incorporación de innovaciones futuras, si bien tienen fin previsible, y tenerlo en cuenta ordena los esfuerzos y modera las aspiraciones que acompañan su inicio.

La vitalidad del proceso dependerá del peso otorgado al equilibrio entre medios y fines y de cómo se incorporan quienes se mantuvieron expectantes en los márgenes. La renovación podrá ser cosmética, restauradora o transformadora en función del aval político que reciba, y de los grados de libertad a los que se habiliten quienes asuman la iniciativa.

Por último, acción retardada: las certezas instaladas se topan con información reunida en intercambios que pueden seguir dando lugar a la construcción de nuevos significados.

A través del sentido consensuado, propios y ajenos abordan los asuntos preocupantes y adoptan normas comunes, y por la acción concertada de conductores, gerentes y consultores emerge el *dermatoesqueleto*.[6]

El proceso se *instala en la historia* cuando se resuelven problemas y cambia el espíritu del lugar. Por ello se recomienda someterlo a crítica divulgando lo hecho, la forma en que se hizo, y los límites del cómo se hizo, ya que cada caso ayudará a modificar lo que parece una tarea ímproba. Exponer la capacidad de resistir el escrutinio crítico, la evidencia reunida, que Karl Popper llama la prueba de *falsación*.[7]

---

6. Se sugiere que los procesos organizacionales exigen de la protección de diversos stakeholders, de iniciativas sostenidas, de la construcción de sentido y de pasos sucesivos en un proceso de institucionalización. La graficación recuerda el esqueleto interno de los crustáceos que contiene su organismo, llamado dermatoesqueleto. Ver Altschul, Carlos: "Intervenir, transformar". En Altschul, Carlos, y Carbonell, Roberto: *Op. cit.*

7. Sobre la noción de falsación, o falsabilidad, y el descarte que la realidad produce de aquellas leyes que contradicen la experiencia, ver Popper, Karl: *La lógica de la investigación científica*. Tecnos, Madrid, 1959.

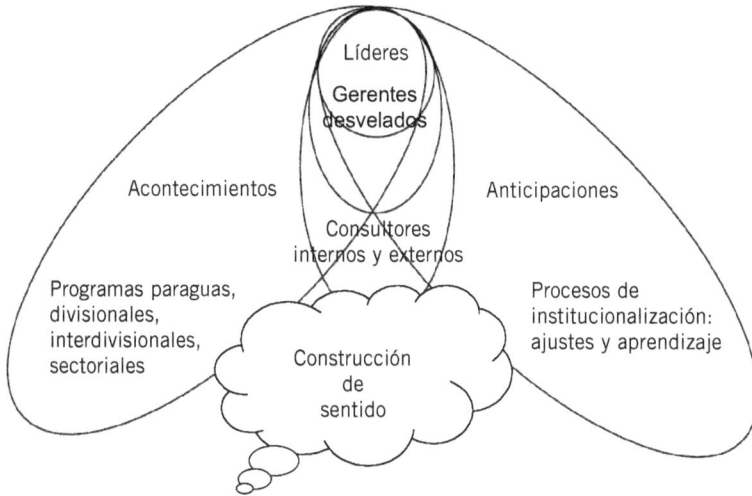

Figura 7

Así, la organización será el resultado de procesos de concertación entre el organizar y el organizarse, atendiendo a las *interdependencias* entre aspectos estratégicos y operativos; duros y blandos; propios y ajenos. La estructura que adoptará viene al final, es un *postre*.

Pasaje a la acción

Es fácil hacer un diagnóstico, incluso llegar a acuerdos sobre la naturaleza del problema. Lo complejo es pasar a la acción y, en el trayecto, es esencial aportar entregables para que los participantes vayan entendiendo mejor el proceso en su propia organización y mejorando el pronóstico.

En ese proceso, el consultor trabaja sobre los vínculos en las interfases, suponiendo que la suerte de la iniciativa dependerá de la capacidad de hacer circular la información, y de establecer tratos para que surja un modelo de organización ajustada a las condiciones del campo.

Conviene recordar que *no sabe*, y eso significa que sabe que no alcanzará a entender cabalmente lo que pasa, ni a explicar lo que ocurrió; sí es responsabilidad suya reflejar lo mejor de esas personas.

Por eso no interesa si conoce los detalles del emprendimiento, ni las especialidades técnicas, sino que, como parte de su gestión, instala la ignorancia y el asombro como recursos para que cada participante se abra a lo improbable: que en una empresa las personas devengan protagonistas.[8]

---

8. Las dificultades del pasaje a la acción se describen en Pfeffer, Jeffrey, y Sutton, Robert: *La brecha entre el saber y el hacer*. Granica, México, 2005. Se parte de la operación de la *Verstehen* de Weber, que considera adecuada para la investigación de cuestiones sociales. Ver Abel, Theodore: "La operación llamada *Verstehen*". En Horowitz, Irving. L. (comp.): *Historia y elementos de la sociología del conocimiento*. Eudeba, Buenos Aires, 1974. Es ineludible *Explicación y predicción: La validez del conocimiento en ciencias sociales* de Félix Gustavo Schuster, CLACSO, Buenos Aires, 2005. Para describir las prácticas empresarias de resolución de problemas y de toma de decisiones, Andrew Pettigrew, ("Contextualist research: A natural way to link theory and practice". University of Southern California, Los Angeles. Mimeo, 1983), elige el término investigación contextualizada, y sugiere que "es un andar a tientas y a locas" influido por factores del proceso político. John Quinn (*Strategies for Change: Logical Incrementalism*. Irwin, Homewood, IL, 1980), usa el término *incrementalismo*, y M. D. Cohen, J. G. March, y J. P. Olsen, ("A garbage can model of organizational choice", *Administrative Science Quarterly*, 1972, 17, 1-25), utilizan la figura del modelo de tacho de basura para referirse a un mecanismo iterativo, que avanza por prueba y error, y se opone a la investigación racional, orientada a resultados, característica de la terminología positivista ortodoxa. Lévi-Strauss habla de repertorio y de *bricolage*, términos que también usan Donald Schön y Fernando Ulloa. Ver también Altschul, Carlos: *Estar de paso: roles y responsabilidades del consultor*. Granica, Buenos Aires, 2003; Altschul, Carlos, y Carbonell, Roberto: *Op. cit*. Capítulos 1 y 6. Para acceder al soporte histórico del abordaje ver "2. Sobre los hombros de gigantes" en este texto. La investigación cualitativa en las ciencias sociales se presenta en Marradi, Alberto; Archenti, Nélida y Piovani, Juan Ignacio: *Metodología de las ciencias sociales*. Emecé, Buenos Aires, 2007.

4. ADQUIRIR CONCIENCIA DE LO ORGANIZACIONAL

Mira todo el panorama.
No te quedes en las pantallas Excel.
Un gerente

—¿Cuándo verás la corriente subterránea, Lewis?
El inspector Morse (de la serie inglesa homónima)

Hay muchas formas de vender neumáticos y cada negocio será exitoso en la medida en que se manejen ciertos equilibrios. Las viñetas que siguen sintetizan formas de organización de diversos niveles de complejidad en las que habrá mayor o menor congruencia entre los aspectos comerciales, técnicos, financieros y sociales.

El gomero
Está en su taller y es útil al cliente del barrio o del pueblo y al pasajero que tiene un percance. Es un personaje que "duerme sobre los neumáticos" y a quien suele ayudar un muchacho. Sólo tiene un críquet y elementos para emparchar cubiertas: maza, martillo, pileta y compresor. A veces vende recapadas, y en la pared cuelgan calendarios eróticos.

89

La gomería

Tiene dueño, además de un vecino y un primo que trabajan de gomeros en la fosa. Cuenta con máquina baja talón, servicio de balanceo y un escritorio destartalado. Trae neumáticos nuevos por encargo, porque compra por pedido y tiene un pequeño stock. Hay cierto manejo del dinero, en un cajón, al fondo. Vende neumáticos de diversos fabricantes.

El negocio

La firma fue creciendo e incluye familiares y gente de confianza. Tiene una oficina aparte y maneja un inventario, porque empieza a trabajar con cuentas de compañías. Surge la necesidad de mantener orden en los papeles y alguien recomienda a un contador, que viene una vez por semana. Aparecen las dudas y las preocupaciones empresarias.

El emprendimiento

La playa es limpia y ofrece servicios, la actividad se sistematiza: alinea y arregla tren delantero. Tiene stock y hace ventas telefónicas. Comienza a desarrollar cierta venta externa. Hay una oficina con equipos modernos, usados para hacer más rápido lo mismo de antes con una empleada múltiple, el contador es persona de consulta y profesional idóneo, metido en el negocio.

La empresa

Pasar a esta etapa exige un criterio empresario y la inserción en una red. Los dueños analizan el negocio, se posicionan estratégicamente y diversifican sus unidades de negocio. Aprenden a investigar su mercado y a hacer prospección: crecen aumentando su volumen e integrando nuevos servicios que modifican en función de requerimientos de segmentos de clientes. Manejan sus costos y rentabilidad ajustadamente. Usan sistemas informáticos y desarrollan una estructura ágil y simple, con roles asignados a personas seleccionadas en función de la tarea y remunerados por aranceles de mercado.

En cada empresa, la coherencia definirá su nivel de organización en los papeles, y mostrará una forma de *organizar*

ADQUIRIR CONCIENCIA DE LO ORGANIZACIONAL

que, por ejemplo, puede surgir de cumplir con las normas ISO, pero nada dice de lo que hace la gente para *organizarse*. El proceso es un intangible.

Porque, por ejemplo, en cada una de estas formas organizativas, ¿cómo se reemplaza a un mando medio? En un caso, se lo reemplaza tras muchas dilaciones, y mientras tanto, el cargo permanece desatendido y al ingresar otro, debe enfrentar el misterio; en un segundo caso, se produce la salida y se lo reemplaza por otro del mismo sector, preparado razonablemente y dispuesto a crecer en el cargo; en un tercer caso, al irse la persona se piensa qué necesita ese cargo y cómo podría modificarse el contenido del puesto si se incorporara una persona de otra procedencia, quién podría ocupar ese nuevo-viejo lugar, y al incorporarse, se lo invita a ocuparlo y más, y a diseñar el cargo a la medida del momento y del proyecto que podría desarrollar con sus colegas.

De la lectura se advierte que, en función de factores identificables, proyectos parecidos conducen a modos distintos de organización. Sobre todo, que *el lugar otorgado a las personas* producirá resultados diversos, porque cada opción exigirá incorporar formas diferentes de reunir datos, procesarlos y convertirlos en conocimiento al servicio del proyecto. Cada caso exigirá reunirlos con quienes lo harán posible. Partiendo del ejemplo del gomero, que requiere pocos instrumentos, conformar un emprendimiento exigirá no sólo acceder a capital, incorporar tecnologías, elaborar políticas y normas, diseñar una estructura, desarrollar mecanismos de control, sino acordar objetivos superiores y estimular la adhesión a estos para articular los esfuerzos de individuos y sectores con metas encontradas.

Empecemos por el *organizar*, donde encontraremos dos tipos de situaciones: en aquellas en las cuales la definición tiene bordes nítidos, la tarea será distinguir lo blanco de lo negro y el aporte de las personas parece estar predefinido. Se traducirá en hechos concretos, tangibles y visibles a cualquier observador avisado. Por otra parte, existirán aquellas en las que lo difuso llevará a abrir los ojos a un arco iris de posibilidades en la medida en que se decida indagar con otros. En estos últimos, sin forzar los límites, se desarrollarán códigos y lenguajes. En el primer caso ayudarán los guarismos, pero, ¿qué pasará, si no se habla, cuando la mirada se sostiene en lo que los números no alcanzan a transmitir? Una opción ingenua es hacer *benchmarking*, copiar lo que hacen los mejores, como si los procesos fueran exclusivamente técnicos e inmunes a lo social.

¿Cómo aprender a utilizar la experiencia sobre las organizaciones apartados de la casuística de modo tal de alcanzar objetivos sustentables en el tiempo?

Especialmente en una época de transición, en la que tras la caída de las certidumbres, aquellas variables que definían la autoridad gerencial –determinar los fines, las decisiones económicas, la sustentabilidad de las tecnologías, la redacción de políticas y los procesos, la naturaleza del entramado social, las maneras de influir sobre los otros, que se llama liderazgo– no dependen excluyentemente de la firma, sino que prosperan en la medida en que tengan apoyo de stakeholders.

Para desarrollar un proyecto, se responde tanto al *organizar*, que remite a los aspectos genéricos de la tarea, como al *organizarse*, conformado por los aportes singulares de las circunstancias, las instituciones y las personas.

En esas condiciones, operar con eficacia exige considerar dos tipos de variables: de *previsibilidad*, que distingue las situaciones de *rutina*, de relativa facilidad para prever, en las cuales se pueda confiar en la continuidad, de las de excepción, de creciente dificultad para prever, y de *ponderación*, que separa lo que puede ser analizado, estudiado, convalidado en forma objetiva a la luz de elementos y modelos matemáticos, de otros casos en los que lo que ocurre sólo puede ser analizado a través de criterios y puestas en común que surgen en el diálogo y a través de intercambios.

Graficando, el eje vertical discrimina niveles de *previsibilidad*, y el horizontal distingue niveles de *ponderación:* el cruce dibuja cuatro cuadrantes.[1]

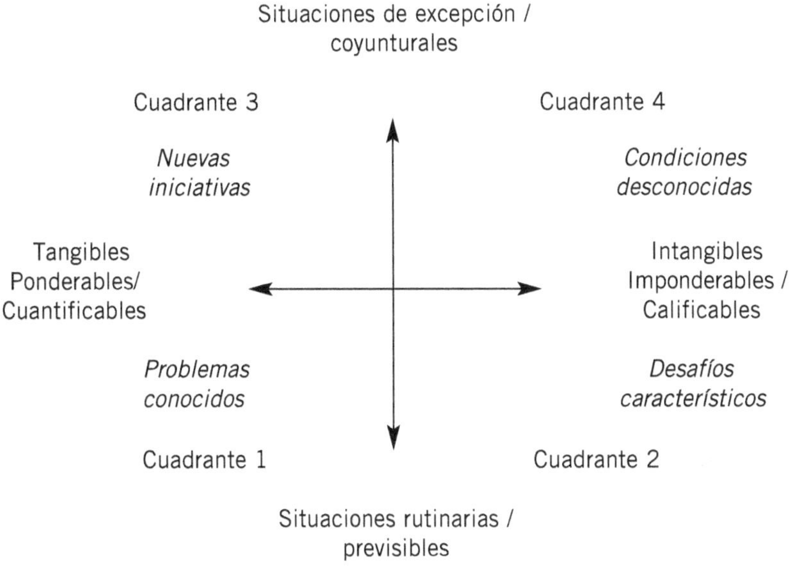

Situaciones de excepción /
coyunturales

Cuadrante 3		Cuadrante 4
Nuevas iniciativas		*Condiciones desconocidas*
Tangibles Ponderables/ Cuantificables		Intangibles Imponderables / Calificables
Problemas conocidos		*Desafíos característicos*
Cuadrante 1		Cuadrante 2

Situaciones rutinarias /
previsibles

Figura 1

No hace falta aclarar que la separación por cuadrantes no tiene entidad real. Es una argucia que ayuda a *entender*

---

1. Mintzberg, Henry: *Mintzberg y la Dirección* (Díaz de Santos, Madrid, 1991) sirve de base a estas ideas. Describe seis partes de una organización, a saber: el núcleo de operaciones; la línea media; el apex estratégico; la tecnoestructura; el staff de apoyo; y la ideología que se corresponde con lo que otros autores denominan *cultura*. En otro texto señala que la mayoría de las empresas grandes y maduras son dirigidas como "burocracias maquinísticas" que producen la muerte de la creatividad y de la innovación. Además, al finalizar la redacción de *Restablecer confianza*, observo que el cruce de ejes propuesto y muchas de las ideas se relacionan con aportes de Mitroff, Ian, y Linstone, Harold: *Op. cit.* que citan a Peters, Tom y Waterman, Robert: *En busca de la excelencia.* Plaza & Janés, Madrid, 1987: "Tienen sobre nosotros más peso los cuentos, o sea recortes que cierran y tienen sentido en sí mismos, que los datos que, por definición, son completamente abstractos".

93

la organización por partes, para luego renunciar a esa simplificación, e incluir las variables cruzadas. Los cuadrantes no son paquetes prolijos ni cerrados, ya que la separación entre lo formal y lo informal no es tal, al igual que lo rutinario y lo coyuntural, pero sirven para empezar a hablar.

El Cuadrante 1, las reglas y la ilusión de la optimización

En las organizaciones se instalan reglas, y se generan rutinas que tranquilizan y mejoran el desempeño: se establecen horarios y se espera que se cumplan, se dispone el espacio físico para aprovecharlo mejor, se incorporan equipos y se respetan sus condiciones de uso y mantenimiento, se registra información sobre los temas críticos de manera sistemática, y se sigue cada operación para advertir desvíos y corregirlos. Esta modalidad permite operar sobre *problemas conocidos* en forma llana para que cada persona, asignada a una tarea, sepa resolver una cantidad limitada de situaciones, y garantizar los resultados. Así, cada cual estará en condiciones de rendir cuentas y sostener la productividad y el control de costos. Es un ámbito en el que prosperan las pautas claras y los estándares, y al que se ingresa por calificación.

El Cuadrante 1 es el reino de la llamada economía real, de los problemas estructurados, tarea de prácticos y de especialistas que los abordan por partes, con los pies en la tierra, centrándose en los aspectos cuantificables y repetitivos, y procurando actuar con precisión. Esta visión sobreenfatiza lo conocido y equivoca la apreciación ante situaciones novedosas, o que obligan a otra concepción. Es el campo de la manufactura: quien aplica su saber empírico, anticipa y extrapola porque ha elaborado reglas, fruto de numerosas aplicaciones, a las que también pueden acudir otros, aun sin ser prácticos, ni especialistas. Ve lo que aprendió a mirar. Graficando tendríamos:

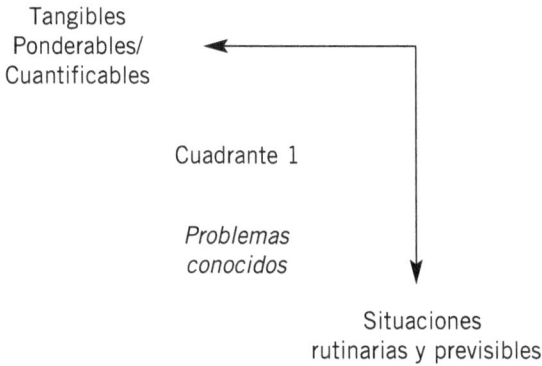

Tangibles
Ponderables/
Cuantificables

Cuadrante 1

*Problemas
conocidos*

Situaciones
rutinarias y previsibles

Figura 2

Para lograr eficiencia, el responsable coloca la mayor cantidad de actividades en este cuadrante. Más aún: opera en un espacio en el que espera estandarizar y cuantificar todo. Por eso, simplifica para administrar y controlar, desarrolla protocolos, ejecuta siguiendo prácticas establecidas y produce resultados mensurables. El manejo de una operación repetitiva se sustenta en este modelo. Surge de la comprensión y aceptación del proceso por el cual se reunieron diferentes recursos, dirigidos por *recursos humanos* cuyas incumbencias limitan su discrecionalidad. Como efecto de su actuación, desarrolla registros, de fácil acceso, corregibles en forma incontrovertible y transparente. El sistema descansa en la habilidad de *expertos* para diseñar y programar, y propone que cada tarea sea ejecutada por quien tenga el nivel de calificación correspondiente, y el responsable quedará para atender y resolver las eventuales *complicaciones* con criterios técnicos y económicos.

Ese tipo de operación descuenta un pensamiento autoconservador lineal: se va de A a B por el mejor camino, que fuera determinado a través del cálculo y del planeamiento, y cuando se presenta un desvío –lo que está fuera de encuadre–, se espera que el individuo asignado retorne la operación a su cauce anterior. El modelo viene del *organizar*

95

–del saber de lo que se hizo bien y se desea repetir–, y a pesar de que cada cual se encarga de tareas complicadas, es una responsabilidad esencialmente reactiva, compensatoria y puede delegarse: "Quiero que hagas esto y esto, de esta forma, que es la mejor". Se logra eficiencia mediante información sistemática, procesos en régimen y personal ameritado. Se aprende empíricamente porque hay un jefe arriba que se ocupa de contrastar contra medidas objetivas. Más aún: ante un problema, el sistema permite apelar a un esquema general que prevé excepciones e incluye recomendaciones para la acción. Prima la racionalidad técnico-administrativa, y en casos de duda, se consulta a quien tenga mayor formación en la especialidad.

Este modo de pensar, que suprime los contrastes, aspira a desarrollar respuestas en cada sector para consolidar resultados, y tiene peso excluyente en la noción de lo organizacional. Al propender a la reproducción, se ciñe al *organizar*. Como inhibe la participación de quien realiza el trabajo y podría incorporar ajustes con autonomía, cambia a su pesar, hace caso omiso de la interdependencia y, así, al *organizarse*. Ignorado el aporte de las personas, se corre el riesgo, sin embargo, de cristalizar el pensamiento dogmático y dejar de lado lo que no cabe en una planilla Excel.

El Cuadrante 2, los criterios y la reflexión clínica

Hacerse responsable sin tropiezos en las actividades del Cuadrante 1 requiere la colaboración de idóneos en temas complicados, pero el Cuadrante 2 plantea exigencias más complejas. Se ingresa por experiencia de campo.

El Cuadrante 2 abarca los temas que exigen intuición y sensibilidad de quien se declara *conocedor*, y a quien otros reconocen *perito, entendido, piloto*. Se lo consulta en situaciones de excepción, inusuales, y en las organizaciones abarca cuestiones de mercado, políticas, institucionales, legales, gremiales, comunitarias, en las que se depende del desempeño de actores sociales con intereses y preferencias encontradas. Aun las decisiones apropiadas no se podrán advertir en el corto plazo y por lo tanto es imprescindible darse cuenta de lo que no se está viendo y requiere ponerse en el lugar del otro, lo cual lo obligará a incorporarlo en un plano de consideración.

Quien actúe necesitará madurez y capacidad para tomar distancia y emitir opinión. Mostrará la pericia a través del criterio, de la sensatez y de las señales. Tras sopesar alternativas y considerar la singularidad del caso, su recomendación descansará en la sagacidad. Porque a pesar de la historia en la que pueda recostarse, variará la sugerencia operativa aun frente a situaciones similares, en función de las contingencias y de la manera en que supone que reaccionará el otro.

Para lograr su cometido y volver a lo requerido, el *perito* adapta y adecua. Re-conoce y considera repercusiones, prevé cómo incluir al diferente de forma tal que el resultado lleve a buen puerto, a pesar de la intervención posterior de aquellos. No actúa a partir de conocimiento instalado: requiere olfato, debe tener en cuenta las contingencias y la presencia de otros agentes libres.

Contribuye al desempeño de los otros en forma paulatina, y su tarea aborrece el pensamiento rústico, esquemático. Documenta antecedentes, prácticas autorizadas para dar respuesta a diversos temas: instala conductas efectivas que transforma en políticas, para evitar que queden libradas a la discrecionalidad. Estas producen una forma de jurisprudencia que se transforma en marco doctrinario a partir de: "Usted nos conoce, piénselo y haga lo mejor posible". Por último, analiza conflictos y plantea disyuntivas que incomodan a los expertos del Cuadrante 1, para quienes los peritos serían un mal necesario.

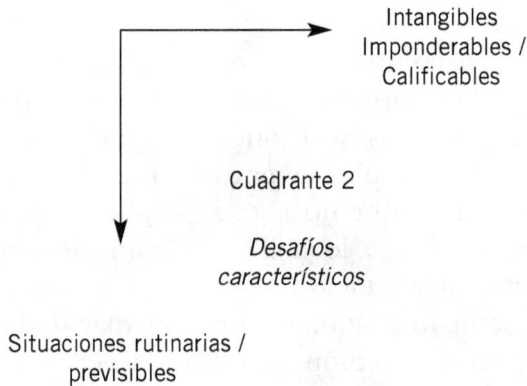

Intangibles
Imponderables /
Calificables

Cuadrante 2

*Desafíos
característicos*

Situaciones rutinarias /
previsibles

Figura 3

La conducción exitosa de una operación descuenta el manejo de estos dos cuadrantes que, en un entorno protegido, lleva a la gestión estable y eficiente, y da respuesta aun ante pequeñas acechanzas. Las tareas abarcadas por estos dos cuadrantes se proponen conservar lo existente, en el Cuadrante 1 absorbidos por *lo que se descuenta que debe pasar adentro*; en contacto con *otros de afuera* manteniéndose en el Cuadrante 2.

El Cuadrante 3, la anticipación y el peso del pensamiento científico

En una empresa se investiga e incorporan mejoras sin solución de continuidad, con la consiguiente especialización de sus cuadros, y el deseo de desarrollar nuevos productos, de adelantarse a las acciones de la competencia, o de responder creativamente al mercado, lleva al desarrollo de nuevas prácticas y tecnologías, e incorpora la *inventiva*. Al Cuadrante 3 se ingresa por estudio y calificación destacados.

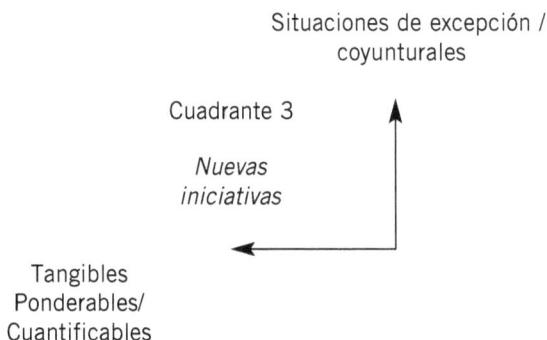

Situaciones de excepción /
coyunturales

Cuadrante 3

Nuevas
iniciativas

Tangibles
Ponderables/
Cuantificables

Figura 4

Las tareas del Cuadrante 3 se ocupan de pensar lo impensable, hasta que se haga. Estas tareas se adelantan encuadrando y reaccionando con inteligencia ante situaciones que, para quienes se desempeñan en el marco del Cuadrante 1, remedan el refinamiento, lo maravilloso a cargo de extraterrestres, a cargo de quienes no tienen noción de los esfuerzos requeridos para desenvolverse día a día.

El Cuadrante 3 incluye tareas de analistas e investigadores científicos, y en forma similar a la de quienes actúan en el Cuadrante 2, difícilmente podrían enmarcar su tarea en esquemas burocráticos como los del Cuadrante 1. Al igual que desde el Cuadrante 2, el desempeño de la empresa mejora cada vez que se trasladan innovaciones del Cuadrante 3 al Cuadrante 1 y se avanza por una diagonal que ingresa al Cuadrante 4. Quienes operan en el 3 se encierran más y hablan menos entre sí que los del 2, pero se conectan a amplias redes externas de intercambio de información, y añoran mantener un alto nivel de autonomía, hasta de marginalidad consentida: para ellos son moneda corriente el asombro, la reflexión, la consideración de lo difícil, de lo complejo, alejados de la acción cotidiana. Por último, abren oportunidades y resuelven problemas que superan el conocimiento de los especialistas del Cuadrante 1.

En otras palabras, los de Cuadrante 1 trabajan con cajas negras: la búsqueda de eficiencia es un mero discurrir entre insumo y producto, mientras que la pasión del Cuadrante 3 es empezar a bosquejar lo que quizá ocurra dentro de aquella caja negra.

En su tarea diaria así como en visitas, viajes, exploraciones, proyectos piloto, los *inventores* indagan para intentar resolver; procuran encontrar problemas nuevos. Al enfrascarse en sus tareas, introducen variables que saben que no pueden controlar, pero hay historia y referencias válidas. Cada caso que los ocupe será excepcional: se les admite actuar de maneras distintas, y es usual que se los difame o estigmatice desde la ortodoxia del Cuadrante 1: los dirigentes los toleran a regañadientes.

El Cuadrante 4, el no saber y la necesidad de descubrir otras reglas

El Cuadrante 4 es el espacio sobre el cual es improbable saber; hay profusión de condiciones distintas sobre las que falta evidencia para guiar un desarrollo. No hay antecedentes; existe un bombardeo excesivo de información sobre lo que está ocurriendo, pero ni criterio, ni conocimiento, ni sentido común alcanzan para decantarla. Operar en esas condiciones de incertidumbre y ambigüedad requiere atreverse, asumir riesgos, ingresar en el territorio de la controversia. Porque mientras en los Cuadrantes 1 y 3 la problemática se ciñe a lo racional y cabe la posibilidad de utilizar el tiempo para corregir y ajustar la decisión, y en los Cuadrantes 1 y 2 se hace referencia a antecedentes y a la experiencia, y la familiarización ayuda a entender y a adaptarse por aproximaciones, la lógica implícita del Cuadrante 4 permanece ignorada: lo que pueda ocurrir estará influido por el azar, y pondrá en jaque los sobrentendidos de la cultura. Se ingresa por temeridad, por ventura, por aventura.

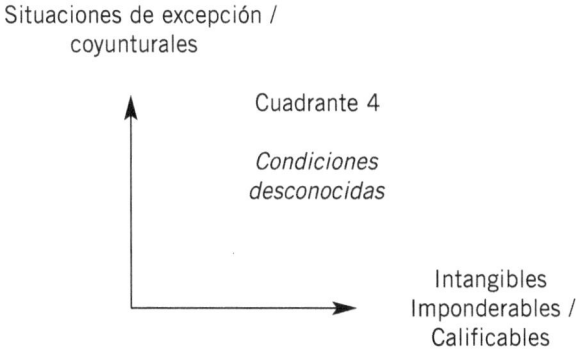

Situaciones de excepción /
coyunturales

Cuadrante 4

*Condiciones
desconocidas*

Intangibles
Imponderables /
Calificables

Figura 5

Lo imprevisible obliga a "conversar con la situación".[2] Se superpone información, y crecen la ambivalencia, la complejidad, las contradicciones. Cada tema evade la posibilidad de medición y, tras la conjetura, se apela a la intuición. Sun Tzu[3] describió la función y dio el nombre de *estratega* a quien se desenvuelve con aplomo en ese terreno. En latín, *scandere* significa "medir" y al mismo tiempo "quebrar". Da lugar a la palabra escandaloso, el que alborota. Abordar estas tareas es hacer un corte con lo conocido.

La acción del estratega es valorada en público y criticada en privado. Es irse del centro, convertirse en excéntrico. Las tareas del Cuadrante 4 desequilibran, abren a lo desconocido, construyen otro proyecto y afectan la operación en los otros cuadrantes. El *escandaloso* provoca admiración y

---

2. La noción de *dialogar con la situación* es de Schön, Donald: *El práctico reflexivo.* Paidós, Barcelona, 1998. El texto irrenunciable para comprender el influjo de las contingencias sobre las organizaciones es *Organizaciones en acción* de James Thompson, McGraw-Hill, Bogotá, 1994.
3. Sun Tzu es el autor del clásico *El arte de la guerra*. Fraterna, Buenos Aires, 1989.

rechazo, encuentra resistencia y avanza en terrenos cuyos resultados no pueden preverse, porque se articulan en forma incomprensible. Es extravagante, hace cosas que no encajan. Actúa como extranjero, como quien acepta que no conoce las costumbres del lugar y se propone tamizarlas. Asume el papel de baqueano: el que, sin haber pasado antes por un sitio, se pone al frente para abrir camino; atrae adeptos, ocupa el lugar de quien lidera.

El poder y los postres

Quien participa de la vitalidad de un proyecto sabe que las organizaciones se caracterizan por la diversidad: es inconcebible lo monolítico, como lo será en cualquier otro agrupamiento humano. A pesar de ello, con la intención de ejercer el control y reducir riesgos, la dirección aspira a lo uniforme. Y aun así, a través de los fines enunciados y de la interacción, los integrantes se acomodan en base a los datos que reúnen, a los procesos de información en los cuales se saben competentes, y a la aplicación, renovación y cuestionamiento del conocimiento construido en tales procesos. Esa acomodación determina la forma organizativa que adopta un proyecto, en la cual, en la actualidad, participan los de afuera.

De la articulación entre el organizar y el organizarse surge la estructura que explica el hacer particular de cada grupo, y responde a su forma singular de afirmarse y avanzar.

Nuevamente con fines didácticos, y puesto que una cultura surge como consecuencia de lo que construyen sus integrantes y de lo que legitiman sus aliados y coaliciones a medida que operan con ella, en la tipología que presentamos a continuación cada clase llevará el nombre de un postre. Como si primero viniera la comida, organizar + organizarse, y luego el postre, entender a qué forma alude.

Hablaremos de *pasta frola*, económica y sabrosa, que se reparte en porciones de tamaños iguales o diferentes; de *copa de frutilla*, algo más refinado, que puede compartirse; de la *a-botella de champagne*, la cumbre tras la comida, y de *cucurucho invertido*, un dulce que no se ofrece.

El esquema se propone como un artificio heurístico y no como una serie de definiciones rígidas. Así, cada postre puede entenderse como el esbozo de una manera particular de ejercer el poder y de sobrentender el proceso de organizar. En la realidad de las organizaciones, coexisten expresiones de algunos de ellos en cada una.[4]

4. Se proponen los cuadrantes como *protoverdades*. En *La búsqueda de la felicidad*, Edward de Bono habla de ideas que "sin ser ciertas, ayudan a entender un fenómeno": quien las usa está dispuesto a renunciar a ellas no bien surjan otras, con lo cual se protege de instalarlas como modelos mentales. Bateson, Gregory (*Pasos hacia una ecología de la mente*. Carlos Lohlé, Buenos Aires, 1972) define las hipótesis como nociones artificiales que operan como una suerte de acuerdo convencional entre los científicos para no ir más allá de cierto punto en su intento de explicar las cosas.

5. IR A LOS POSTRES

Patología burocrática:
lo que no está contemplado queda afuera.
Fernando Ulloa[1]

Antes del último cuarto del siglo XX, las grandes organizaciones eran pesadas, previsibles, ordenadas, pero en ellas imperaban reglas y había lugar para la apelación, en la actualidad difíciles de concebir. Gran parte de la tarea de la conducción era acotar las irregularidades. Muchas de las otras, y esto sigue siendo así en Latinoamérica, eran subadministradas.[2]

---

1. Las diversas frases de Fernando Ulloa citadas aquí surgen de notas tomadas en intervenciones realizadas en conjunto.
2. Administrar una empresa implica gestionar los recursos, procesos y resultados de sus actividades. Administrar es planificar, organizar, dirigir y controlar todos los recursos de un ente económico para alcanzar unos fines claramente determinados. El abordaje tradicional se apoya en prácticas de la Economía, el Derecho y la Contabilidad para ejercer sus funciones; el abordaje actual incluye criterios de Educación, Sociología, Psicología, Antropología. Una empresa se administra para velar por los intereses de los dueños, y al extender su preocupación reconociendo su impacto político y social, como lo es por ejemplo una iniciativa ambiental, vela asimismo por

Rutinas y métricas permitían instalar racionalidad administrativa y técnica. Utilizaban criterios de división del trabajo y de jerarquía: el cuadrante inferior izquierdo define en principio ese modelo, en el que el superior vela por el cumplimiento de prácticas estandarizadas, mientras que la experiencia autoriza a registrar resultados, evaluar pasos a seguir, definir competencias, organizando adentro para dominar el afuera.

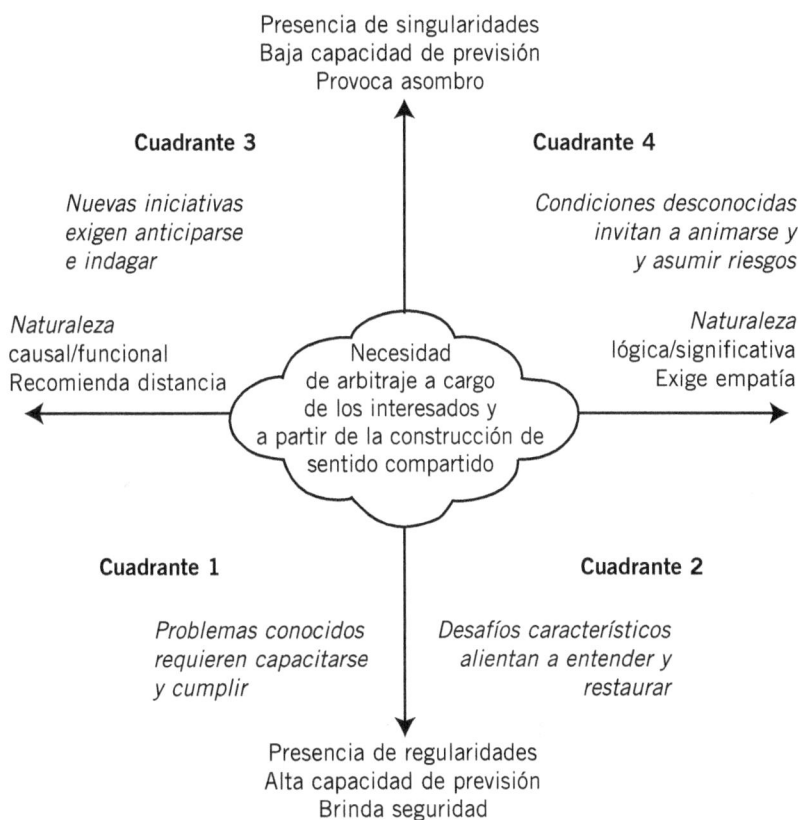

Presencia de singularidades
Baja capacidad de previsión
Provoca asombro

Cuadrante 3

*Nuevas iniciativas
exigen anticiparse
e indagar*

Cuadrante 4

*Condiciones desconocidas
invitan a animarse y
y asumir riesgos*

*Naturaleza
causal/funcional
Recomienda distancia*

Necesidad
de arbitraje a cargo
de los interesados y
a partir de la construcción de
sentido compartido

*Naturaleza
lógica/significativa
Exige empatía*

Cuadrante 1

*Problemas conocidos
requieren capacitarse
y cumplir*

Cuadrante 2

*Desafíos característicos
alientan a entender y
restaurar*

Presencia de regularidades
Alta capacidad de previsión
Brinda seguridad

Figura 1

quienes se encuentran directa e indirectamente afectados por sus procesos, productos o servicios, sean la comunidad, los empleados o sus familias. Por oposición, subadministrar es prestar oídos sordos a tales prácticas.

La pasta frola, las prescripciones y las cabezas frías

Entrar y salir siempre por la misma puerta.
Un gerente

Hacemos como si trabajáramos,
porque el Estado hace como si nos pagara.
Un colega

La *pasta frola* opera con la lógica del enclave: simplifica arbitrariamente la consideración de la complejidad para concentrar la atención en los factores prioritarios. Al igual que en la popular tarta, troza en triángulos siguiendo el criterio de que sabe: cuando alguno recibe una porción mayor, todos conocen el motivo. Puede no gustar, pero responde a razones de eficiencia: es práctico.

En la *pasta frola*, el saber empírico segmenta, retiene y acepta lo que confirma lo conocido, desglosa lo nuevo, estudia cómo anexarlo y lo hace por partes, en la medida en que se encuentren antecedentes que puedan complementarse con otros elementos del paradigma. Incluye cierta franja de innovación en lo cuantitativo, que invade el cuadrante superior izquierdo, y de lo juicioso en lo social, que invade el cuadrante inferior derecho. Pero cuando se innova y se usan criterios fijos, se lo hace en función del modelo físico-matemático implícito del cuadrante inferior izquierdo: vale decir, son burocráticos. Si se desea incorporar nuevos significados, se lo hace como una experiencia piloto, curiosa, circunstancial. El modelo enfatiza la consolidación, no el cambio, considerado contrario a la esencia de la organización, y quienes lo propugnen serán ilusos. Deben adecuarse. Más allá de la lógica del poder instalado, habrá una lógica de la toma de decisiones que la sostiene, y su función será esmerilar los cambios. Es el rol del funcionario.

Los diseños del tipo *pasta frola* responden a proyectos que descansan en un monopolio o en un oligopolio, vale decir, clientela cautiva y capacidad de fijar los precios. Buen ejemplo son las corporaciones, en las que la autoridad se ejercita siguiendo las recomendaciones de accionistas, expertos y precedentes. El sistema de autoridad canaliza las interacciones de acuerdo con reglas fijas.

La eficiencia instala obligaciones, regula y estandariza. La *pasta frola* da cuenta de la complejidad simplificando, y sobresimplifica en momentos de crisis. Así, en la medida en que cada uno asume sus deberes y responsabilidades, la idoneidad permite resolver una cantidad reducida de problemas y garantiza los resultados. Anhela "operar con piloto automático". Graficando tendríamos:

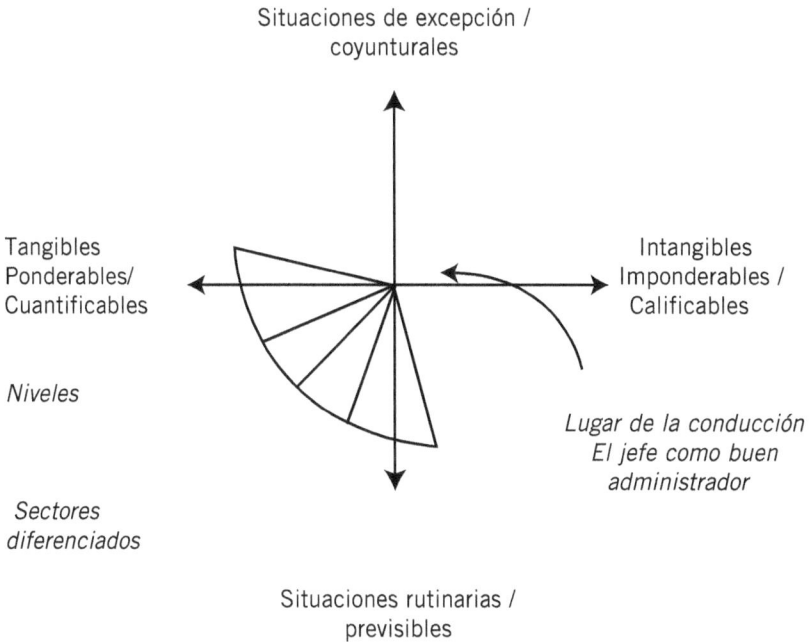

Figura 2

La forma de pensar descuenta que *organizar* significa diseñar para desenvolverse en el marco del primer cuadrante, y su conducción se ubica en el vértice del pastel así definido. En ese orden, lograr buenos resultados surge de manejar las variables clave, contratar a los mejores, actualizarse en tecnología, dividir. Pero poco sabe de trabajo articulado con el otro, y ahí surgen cuellos de botella.

En este esquema el superior *hace hacer*. Una vez puesto en marcha, valen el control y el acatamiento. Es la esencia del sistema de gestión que excluye la voluntad de las personas respecto del cómo y el cuándo. Se piensa en la bondad del modelo de la racionalidad administrativa, y las personas se entienden como un activo fijo, como un costo. Al dibujar la *pasta frola* con trazo grueso, cerrado al exterior, el propósito es representar su impermeabilidad. El que se conecta con el mundo exterior es el de arriba, los demás corren el riesgo de mimetizarse, de degradarse; quien se sale de las reglas –escucha, se comunica, trabaja en equipo, negocia– lo hace a título personal. En ese continente cerrado, se descuenta que las personas se conforman con su contrato y anteponen la función a sus preocupaciones. Se muestran apáticas, displicentes, indiferentes, impasibles, porque es lo que se desea de ellas.

La copa de frutilla, las múltiples lógicas y las cabezas abiertas

Le vamos a encontrar la vuelta.
Un gerente

El modelo de la *pasta frola* no da lugar ni alienta el desarrollo del trabajo en equipo, de la comunicación, del intercambio, de la gestión del conocimiento, aunque a menudo se mantiene gracias a tales contravenciones y a la informalidad. Que siempre las hay.

Ahora bien, cuando el éxito del proyecto depende del sostenido desempeño de personas, con intereses, criterios y preferencias encontrados, surgen situaciones en las que es inocuo e impertinente limitarse a campos en los cuales se restrinja la acción a lo que puede medirse con guarismos. Quienes ocupen los lugares de conducción necesitarán actuar en función de la diversidad, y por lo tanto, de lo singular. Tales circunstancias exigirán el ejercicio del juicio, de la madurez y de la capacidad de tomar distancia y decisión.

El modelo de la *pasta frola* no sirve cuando la situación requiere respuestas inmediatas, puntuales y diversificadas: no alcanzará con conocer el pasado, sino que hará falta reconocer y prever en cada caso cómo puede incluirse al otro de modo tal que el resultado lleve a buen puerto. Se deberá influir, adecuar, adaptar y satisfacer. En esa ocasión es preciso operar sobre intereses, porque los conflictos latentes sólo se superan con la colaboración de personas con espacio para el discernimiento. La pericia se demostrará con buen juicio y descansará sopesando alternativas e incluyendo evaluación por las consecuencias. En la Figura 3 vemos que cambia el lugar de la conducción para incorporar nociones de criterio, de flexibilidad en función de terceros, cuyas necesidades deben ser detectadas.

Se hace imprescindible cuando se manejan varios proyectos acoplados en paralelo, a varias velocidades y las decisiones deben ser tomadas sobre la marcha, proyectos con impacto potencialmente valedero sobre las conductas, las percepciones y las creencias.

Situaciones de excepción /
coyunturales

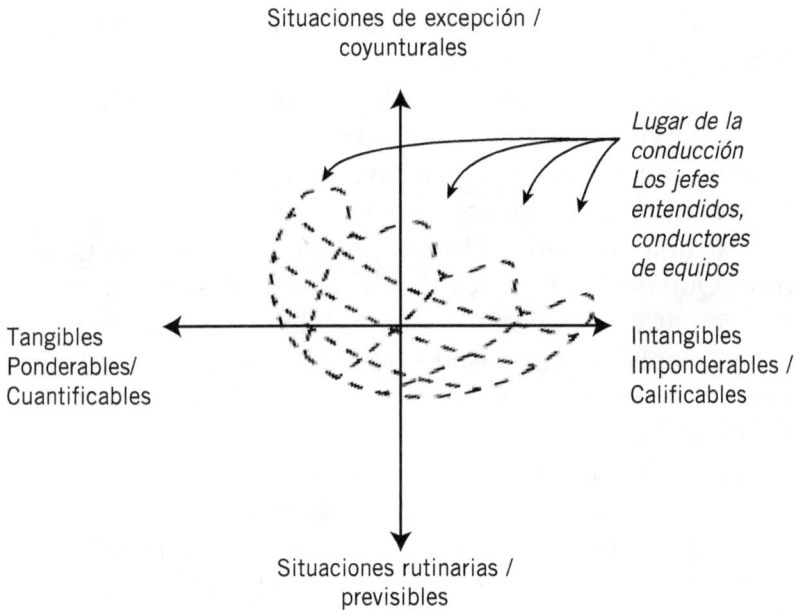

Lugar de la
conducción
Los jefes
entendidos,
conductores
de equipos

Tangibles
Ponderables/
Cuantificables

Intangibles
Imponderables /
Calificables

Situaciones rutinarias /
previsibles

Figura 3

Al reconocerse la existencia de situaciones propias de los Cuadrantes 2 y 3, el vértice de la *copa de frutillas* invade el Cuadrante 4 y se difunde: en vez de una persona a cargo, aparecen varias.

Entonces, la acción principal es de búsqueda, y se ubica en una multiplicidad de cuadrantes, ya que se incita a desarrollar perspectivas distintas. Comprender es requisito para la acción y da lugar a la *copa de frutillas*. Mientras que la *pasta frola* confía en el conocimiento generado en el propio lugar, en la *copa de frutillas* se advierte y responde a las oportunidades propias y necesidades del otro, lo que exige un cambio de mirada. Esto es simultáneamente deseado y resistido, porque quienes así resuelven pueden adelantarse a la competencia, pero obligan a los del Cuadrante 1 a pensar distinto, y este requerimiento pone en evidencia que no todos saben, pueden o quieren.

Vale decir que hay sectores con tareas en los cuatro cuadrantes y son previsibles los choques de culturas internas. A pesar de que la recolección de datos y el procesamiento de la información retendrán cualidades de *pasta frola*, los sobrentendidos imperantes como, por ejemplo, los de la división del trabajo y las distinciones jerárquicas, requerirán alteraciones mayores. Se incorporarán acciones de integración (*team building*) para que se pueda concebir el trabajo de equipo (*team work*); se achatará la estructura, y la práctica quedará marcada por otras maneras de observar y percibir para hacer. Por ejemplo, en la *pasta frola* el énfasis en la resolución de problemas abarca la intención de subordinar la solución de conflictos a una fórmula, y reduce la búsqueda al mínimo común denominador; por el contrario, en la *copa de frutillas* el conflicto se considera inherente a la naturaleza del asunto, así como el mediano plazo; la diversidad estimula el cuestionamiento y el debate crítico para llegar a nociones de beneficio mutuo, inadmisibles en la *pasta frola*, que propone la optimización sectorial y el corto plazo.

La *copa de frutillas* asoma a campos desconocidos e intercambia información, en subgrupos dirigidos a desarrollar soltura y disolución de ideas instaladas, comenzando por cómo se entiende cada cosa. En la *copa de frutillas* se alienta la transferencia lateral de personal, así cada uno comienza a preguntarse cómo piensa el otro para potenciarse mutuamente.

Como postre, la *copa de frutillas* tienta a acercar la propia cuchara para probar, y con cucharita, permite compartir, manteniendo cordialidad e higiene. El esquema alude a la inclusión, a la asociación y al placer de sentirse parte creativa de un proyecto, y en contacto con otros. Por eso se dibuja con curvas leves y abiertas. Esto se advierte en la forma en que se utilizan los mecanismos de control: mientras que en la *pasta frola* se compara para constatar asunción de responsabilidad, en la *copa de frutillas* el monitoreo se propone contrastar; un tablero de comando ciñe los resultados en la *pasta frola*, mientras que en la *copa de frutillas* extrae aprendizaje para modificar el instrumento y abrir nuevos campos.

La a-botella de champagne, la sorpresa en los detalles y la intuición

> *Poco importa el respeto.*
> *Las cosas grandes no se hacen por respeto.*
> Samuel Beckett[3]

Sabemos también de proyectos insólitos, casos en que la conducción se desenvuelve en el universo incierto, turbulento, ambiguo, sobresaturado de información. Todo lo referido a la conducción remite a lo efímero, y exige ciclos en los que es esencial reconfigurar. Mundo de ideas, su esencia es la generación de iniciativas, mientras la operación se mantiene en la base.

Así como la *pasta frola* se concentra en resolver problemas, y la *copa de frutillas*, en administrar conflictos, ambos previsibles, la *a-botella de champagne* navega los dilemas del emprendedor que se pregunta *qué hacer*.

El buen champagne es un postre soberbio y el prefijo *a* señala ausencia. Mientras que la imagen evoca una botella de vino espumante –base ancha y sólida, largo y esbelto cuello, cabeza abultada–, las numerosas burbujas identifican la efervescencia de las tercerizaciones y de las complementaciones dinámicas ligadas en forma etérea, porque las estructuras son virtuales. En trazos leves, el esquema de la *a-botella de champagne* alude a lo trashumante y a lo ocasional.

---

3. Samuel Beckett lo dice en una entrevista con Magui Marin, de la televisión francesa.

Esto significa que, ante una multiplicidad de proyectos inestructurados, desempeñarse con solvencia exige escudriñar, barrer y explorar posibilidades, derivar placer en la decantación y en el cuestionamiento de si acaso abordar, superar la ambivalencia y acercarse a cierto equilibrio entre el arrojo y la prudencia.

Las *comunidades de oficio* encaran tales tareas, que se proponen proyectos únicos con lo mejor de la experiencia al alcance de la mano. Los proyectos derivados de las tecnologías recientes requieren este modelo,[4] ya que la *a-botella de champagne* actúa en el campo del descubrimiento y de la transformación: al no poder acceder a referencias, la experiencia anterior pierde sentido, y pasa a valorar lo imprevisible como fuente de beneficio. Aun ante el embrollo de exceso de información, ambivalencia, angustia, dudas, contradicciones en el que cada tema evade la posibilidad de medición y predicción, se avanza asumiendo riesgos, impo-

---

4. Etienne Wenger distingue entre "lo que constituye una rutina y lo que exige atención personalizada" en la toma de decisiones. Ver Wenger, E.: "Communities of Practice: The Key to Knowledge Strategy", 1998, en Lesser, Eric; Fontaine, Michael, y Slusher, Jason: *Knowledge and Communities*. Butterworth Heinemann, Boston, 2000. Davenport y Prusak usan el término *amnesia empresaria*, y sostienen: "Puesto que las estructuras de las grandes empresas no reflejan sus propósitos transfuncionales, sólo quienes ocupan posiciones que supervisan funciones múltiples podrían ser capaces de advertir oportunidades para la innovación". Davenport, Thomas, y Prusak, Lawrence: *Conocimiento en acción. Cómo las organizaciones manejan lo que saben.* Prentice Hall, Buenos Aires, 2001. Eric Lesser, Michael Fontaine y Jason Slusher (id.) citan a Etienne Wenger (id.), quien habla de "relaciones implícitas, convenciones tácitas, indicios sutiles, reglas secretas de olfato, corazonadas reconocibles, percepciones específicas, sensibilidades bien sintonizadas, sobrentendidos corporizados, supuestos subyacentes, concepciones compartidas, que quizá nunca se articulen a pesar de que constituyen indiscutibles señales de pertenencia en las comunidades de oficio y son cruciales para el éxito de sus emprendimientos". Ver además Peter Senge, *Op. cit.*: "El movimiento que va de lo tácito a lo explícito puede denominarse proceso de conceptualización". Lesser, Eric; Fontaine, Michael, y Slusher, Jason: *Op. cit.*

sibles de calcular con rigor. Registrando el aprendizaje, pero sabiendo que la mayor parte de él queda en los participantes, y que desaparece lo tangible, los papeles.

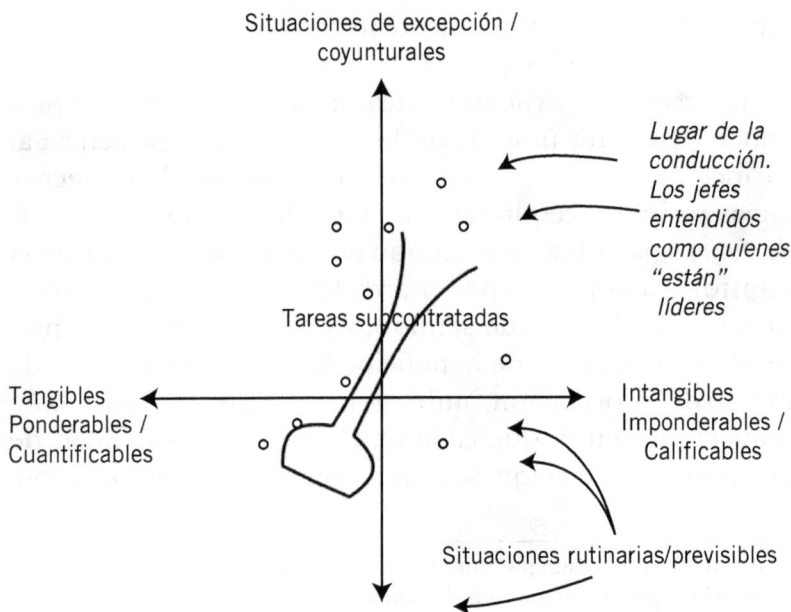

Figura 4

A diferencia de los otros tres cuadrantes, quien actúe eficazmente en este ámbito no puede extrapolar, partir de la experiencia para entender; sí, en cambio, *retropolar*, definir la trayectoria y desde ahí hacia atrás, tender caminos al futuro descansando en una madeja de experiencia e intuición, dispuesto a desaprender y a torcer el rumbo. Se estará en territorio no hollado, se aceptará la ignorancia, y la única respuesta será ir desarrollando el trayecto a partir de la definición circunstancial del momento y el contexto.

Operar en ese campo requiere traducir intención en realidad y "organizar significados", proceso absurdo si se realizara aislado. De donde quizá se entienda por qué no se puede *ser* líder, y se requiera *estar* líder, exigencia de modestia que instala la mirada y la voz de terceros. Mintzberg habla de administración incorporadora.[5]

Salirse de cauce, salirse de madre. La tarea de la *a-botella de champagne* tiene entonces fuertes componentes políticos: enfrentar la tradición, comprometiéndose en lo que se quiera hacer. Ante las limitaciones, lograr algo inusitado, que puede desaparecer al poco tiempo.

Sentirse en el Cuadrante 4

> *Mi primer trabajo fue controlar represas vivas, que se movían. Después de eso nada me impresionaba.*
> Un gerente

Quien se siente en el Cuadrante 4 crea instancias de debate y acuerdo, un experimento social basado en conversaciones. De este modo, cuando *lo imposible* pasa a ser *imprescindible*, pero *algo se hace*, la palabra de quien lidera se instala en la memoria. Porque cada hecho es un eslabón en una cadena de hechos. Porque desde lo impecable se crea un espacio operativo de descubrimiento; se constituye un sitio en el cual cada uno puede hablar, decir lo que le pasa, escuchar lo que otros piensan, y tomar la decisión en forma autónoma, apoyado por el colectivo. Al abrirse a la transparencia, la intervención se transforma en una referencia. Tiene un destino de aprendizaje, es terapéutico, ayuda a vivir. Sus repercusiones se instalarán en la cultura.

---

5. Mintzberg. Henry: "Developing leaders? Developing countries? Learning from another place". En *Development in practice*, feb. 2006. Sobre la gerencia a los ladridos, ver Mintzberg, Henry: "Managing Quietly". En *Leader to Leader*. 12 (Spring 1999), 24-30.

Constituye un acto de conducción, y por lo tanto una instancia del *organizar* + *organizarse* en cada momento.[6]

En estas circunstancias, la innovación y el rescate de la sensatez surgen donde antes parecía no haberlos, parecen salir de la nada. Ocurre en los intersticios, aunque no es algo clandestino, no sucede a hurtadillas. Quien trabajó un fin de semana haciendo guardia, o en el tercer turno, conoce la camaradería y la inventividad de los bordes. Fernando Ulloa[7] habla de *clivajes*, Joel Barker[8] dice *márgenes*, Santiago Kovadloff sugiere *catacumbas*[9] y todos hablan de espacios reparados de resistencia en los que se estimula el trabajo innovador fuera del cerco formal. No se escamotea, se resguarda: será también el encuentro de almuerzo en que se habla de un tema como si desaparecieran las jerarquías y la división del trabajo. Como a puertas cerradas, ese espíritu se revitaliza en debates en pequeños grupos, en que se instalan el orgullo, la autoexigencia, la pasión. Parte de la noción de rendir cuentas y alude al deseo de continuidad y de pertenencia comunitaria.

Así, se encara una sucesión de acciones inusuales, sujetas a cuestionamientos imposibles de convalidar, salvo a posteriori, y de implementar en el marco de los hábitos. Sin duda, parte de la confusión se debe a que el contexto propone desafíos que exigen poner en juego estilos de conducción contrarios a los sistemas de poder instalados.

---

6. Heifetz, Ronald (*Leadership without easy answers*. The Belknap Press of Harvard University, Cambridge, 1994) propone que, más que un atributo personal, la conducción se pone en escena en ciertas condiciones y es entonces la puesta en acto de lo que se espera de quien conduce.
7. Ulloa, Fernando: "Psicología de las instituciones. Una aproximación psicoanalítica". En *Revista Argentina de Psicoanálisis*, 1, 26, 5-37, 1969.
8. Barker, Joel: *Paradigms: The business of discovering the future*, Harper, New York, 1992.
9. Esta metáfora alude a los modos de circulación de la información en la época de la dictadura, en Kovadloff, Santiago: *Una cultura de catacumbas*. Botella al Mar, Buenos Aires, 1982.

El cucurucho invertido, los ladridos y las garras

El capitán Araya
embarca la tripulación y se queda en la playa.
Frase popular

Le decimos San Cayetano.
Siempre te da trabajo.
Un empleado

Los modelos de *pasta frola, copa de frutillas* y *a-botella de champagne* se recuestan en el equilibrio de medios y fines. Veamos un ejemplo distinto.

En el sanatorio funcionan catorce servicios y tenemos setecientas enfermeras, y en ningún servicio hay más de cuarenta, con lo cual cada uno pide un nivel diferente de formación, y cada una de ellas tiene una historia de relaciones personales diferente porque las más antiguas no eran universitarias, sino que se fueron formando con los patrones de cada servicio, con sus ñañas, y las más jóvenes son universitarias.

Coordinarlas es un trabajo ciclópeo. Y toda esa información, la tiene ella, pasa por una persona, las normas, los métodos, los horarios. Lo maneja una persona, por cierto extraordinaria. Toma las decisiones de paga, de medicamentos, de pacientes, de formación. Cuando ella falta un día, las cosas no funcionan. Debajo de ella tiene tres personas de su confianza, y ninguna se sabe con capacidad para reemplazarla. Ella es el sol y le rinden culto.

Cuando hubo que jubilarla, porque ya estaba perdiendo fuerzas, todos sabíamos que estábamos perdiendo a una persona valiosa. Y se acercaron varias de afuera. ¿Usted cree que una desconocida pueda manejar esto? "¿Vos me vas a retar?", le dijeron a la primera que se animó.

¿Quién se anima a hacer lo mismo? Lo que habrá que hacer es distinto, quizá más simple, probablemente más eficiente, porque ella tenía toda la información en su cabeza. Las tres que quedan, además, son exigentes. Porque se formaron con ella.

Y ahora quieren hacer las cosas con computadoras. Ya hubo un sobresalto porque antes no las teníamos. Mientras estaba ella, no se animaban, pero ahora Compras y Auditoría insisten.

Ahora bien, si la tarea depende de una persona como en el caso de actividades en las que es vital el conocimiento y la discreción de quienes dirigen, y parece innecesario el aporte de otros, como en el ejemplo anterior, cuyas aristas no escapan al lector, la *pasta frola* se angosta, ya que exige un menor nivel de funciones de soporte calificadas, y se desfonda, en tanto quienes desarrollan tareas menores no aportan al resultado principal de manera sensible. Instala una conducción centralizada, y se grafica como un triángulo agudo, que adopta la forma de un capirote, de un *cucurucho*. En esos casos, sólo el que manda está autorizado a imponer. Es supremacía, es conducción personalista: el dirigente máximo desarrolla y modifica reglas, y lo mantiene la asimetría como práctica. Se descuenta que aquel no tiene reemplazo, quizá sí algún lugarteniente; las personas se disciplinan, y adecuan su conducta procurando alguna ventaja especial. En esa dinámica, callan y otorgan. Están más preocupados por los resortes del poder que por los humores de la gente. Impera el "Tiene razón... marche preso...".

En esos casos, la estructura de niveles y tareas se incluye *como si* tuvieran peso. Pero al depender la gestión de la vitalidad y del ingenio de uno, o muy pocos, desaparecen las normas confiables y adquiere más peso la voluntad omnímoda del que manda. Estos factores provocan la aparición del responsable como persona providencial: en caso de que quien ejerza la autoridad tenga buen trato, su gestión tomará visos paternalistas; en caso contrario, el ejercicio del capricho calificará al soberano de déspota, y es previsible que sus conductas sean intemperantes, arbitrarias, divisivas. En una entrevista reciente un personaje que ocupaba el cargo de mayor jerarquía señaló a un equipo de profesionales: "Aquí el que manda soy yo". Le respondió el silencio autoimpuesto. Donde manda uno solo, no hay normas, el contexto se llama anómico. No es serio, y donde se pierde la seriedad, las personas se cuidan.

La racionalidad es ideológica: el caudillo representa esta figura y se destaca en nuestra región y en las circunstancias actuales. Es figura de culto y de vituperación, porque al considerarse providencial, y cultivar esa imagen, desprecia –en vez de proveer– y no establece relaciones de interlocución. Descarga responsabilidades en el subordinado: tiene el miedo del otro en sus manos, prohíbe el disenso, discurre sobre la soledad del poder, y retiene un lugar mientras está en condiciones de dominar.

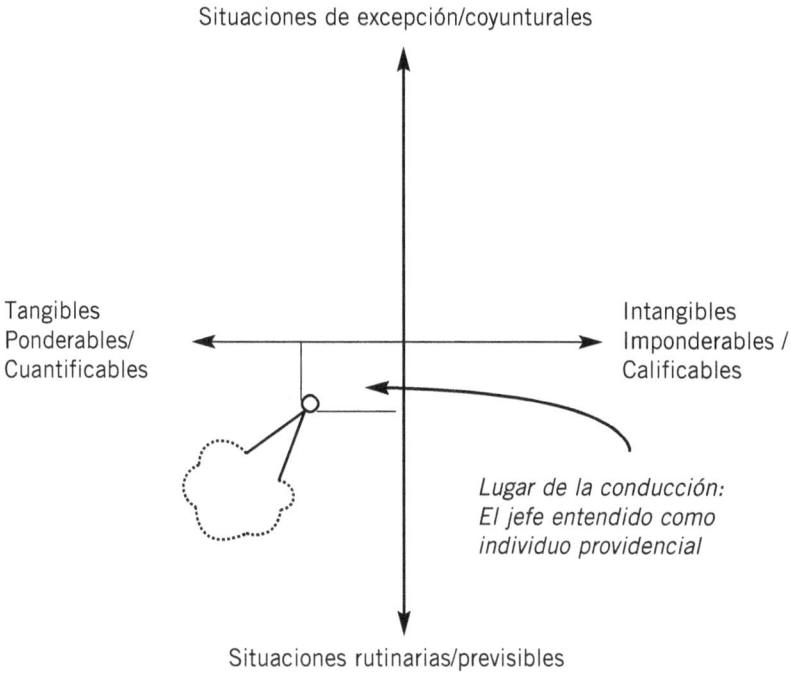

Situaciones de excepción/coyunturales

Tangibles
Ponderables/
Cuantificables

Intangibles
Imponderables /
Calificables

Lugar de la conducción:
El jefe entendido como
individuo providencial

Situaciones rutinarias/previsibles

Figura 5

Cuando organizar sería un engorro

La palabra *negocio* se usa para describir la oportunidad de mejorar ingresos sin necesidad de administrar recursos complejos. Estimula a actuar con oportunismo: el acento está puesto en el beneficio propio, momento en el cual cabe esperar la aparición de los instintos y las fantasías agresivas. Sigue el relato de un director que se retira de la empresa que lo había contratado con el propósito ostensible de introducir un cambio de cultura ligado a una inversión.

No es difícil, porque si compran bien su materia prima, ya tienen el 60% del costo cubierto. Y acaban de abrir una planta nueva. Como por contratos de largo plazo tienen clientes cautivos, que les compran el 80% de la producción y con eso ganan bien, no quieren nada distinto. Pero es una ciénaga, un tembladeral, los juegos de poder son nefastos. Su historia es traumática. Sólo recientemente, con la llegada de nuevos inversionistas, se empieza a pensar en otros clientes para exportar, pero les será difícil.

Por eso me tomaron, pero nadie me esperaba, no tenía oficina y me di cuenta de que no me querían: lo hicieron como un gesto. Mi ingreso salió en la cartelera de las oficinas centrales, pero no lo pusieron en las de la fábrica donde iba a trabajar. Me dieron mi presupuesto y vi que arrastra una desviación millonaria.

Es el tipo de empresa donde nunca se toma una decisión definitiva: todo es improvisado. El organigrama no cuenta.

Hay ocho niveles jerárquicos y se manejan estilo "capanga". Todos dan vuelta en torno a la pelota y nadie la patea. Lo que se hace no es lo mejor, sino lo que te dejan hacer, porque a nivel informal hay tal grado de terror, que todos necesitan cubrirse y se enteran de todo. Tanto es así, que aunque a mí no me conocían, enseguida me dejaron en claro que me tendrían al tanto y que yo tenía que informarlos a ellos. ¿Cómo ser director en esas condiciones? Al entrar te incluyen en el manejo mafioso. Si no entrás, te queman, y si entrás, estás quemado.

Los gerentes que más gente tienen no van a las reuniones y el geren-te general no les dice nada. El de Ingeniería Industrial, que está pre-parando materiales para el cambio, trabaja con cada uno por sepa-rado y cuando necesita coordinarlos se frustra porque pasan meses sin que pueda hacerlo. Tienen muchos proyectos andando al mismo tiempo para asegurar que no se haga ninguno. Las propuestas que se generan en la línea media se interpretan como motín, los opera-rios no tienen formación, ganan poco, tienen miedo de que los des-pidan y hacen malabarismos, sin esperanza de salir adelante.

Les dije que tenían que repensar la compañía y dijeron que lo habían pensado y que habían decidido que no se puede modernizar la plan-ta y hacer el cambio de cultura al mismo tiempo. Cuando les anun-cié que me iba, me preguntaron si me sentía desilusionado.

El caso retrata el poder omnímodo, "para llegar a sus fines hace de todo, e inclusive destruye, es Rambo", y cons-tituye una aberración no accidental. Produce caos.

Conducciones abusivas

¿Qué ocurre cuando la audacia, la imaginación y la capa-cidad de actuar sin frenos se convierten en ecuación gana-dora?

En una sociedad competitiva, los atributos de carácter paranoico y antisocial hacen que una persona brillante en una posición de mando sea adecuada para la conquista del poder. El que manda instala su ley y la quiebra sin desme-dro de su poder, y hace caso omiso de las circunstancias y las reglamentaciones. Surge cada vez que las utilidades resul-tan de explotar una renta, de un recurso exclusivo, o del acceso privilegiado a una fuente, proyectos inspirados en la noción de peaje, accediendo a beneficios a los que poco aportan las personas y menos preocupa la idea de organi-zar. Se los reconoce en todos los campos, en empresas fami-liares, en estudios dirigidos por pocos, en empresas públicas no reguladas de servicios. Cada situación genera un negocio de ocasión que da lugar a un espectro amplio de contravenciones y connivencias.

Se hace hincapié en los resultados inmediatos. El proyecto se maneja en forma sectaria, con hostilidad, indiferencia y letargo. No existe el control de gestión, el planeamiento es irrelevante, la negligencia, habitual; las desviaciones se utilizan en beneficio propio y se contratan auditores, ingenieros y contadores para reducir el impacto de los extravíos. Se instala la ausencia: el que dirige no está, dice que no está, se distrae y se aleja del lugar donde ocurre la acción para volver e instituir lo que en esa ocasión prefiere. En casos extremos, en estructuras facciosas, se ejercita el hostigamiento para lograr acatamiento cerril. Uno se pregunta si acaso las personas están alienadas, son corruptas, o se abandonan a sus fantasías más egoístas.

Se desarrolla la cultura de la subadministración: los aspectos formales no trascienden la irracionalidad de la conducta de quien presume dirigir. El sistema se caracteriza por el activismo y las reglamentaciones frondosas que desconciertan, y a pesar de que exista una estructura formal, la discrecionalidad y la invalidación son constantes.

En este marco, los individuos prosperan y sobreviven en la medida en que prevalece el colaboracionismo. Obedecen por autopreservación, entienden que, de no aportar, sufrirán pérdidas o serán expulsados. Es previsible encontrar prácticas defensivas, mientras se guarda el saber en cuadernillos secreteados. Entonces, se prohíben, postergan y confunden la recolección y el análisis de los datos, su procesamiento y la construcción de sentido. Hay cuidada desatención, se cultiva la dilución de la responsabilidad. Predomina el saber cruel, que recusa, repudia y expulsa.

El nombre de *cucurucho invertido* se debe a que lo lamerá uno solo. La imagen recuerda goce primitivo; si se chorreara, eventualmente un padre podría pasar la lengua al cucurucho de su hijito y, en esos casos los vecinos cercanos volverían la vista. El *cucurucho invertido* alude a exclusión y explotación grosera y burlona.

Un ejemplo

Parece mentira, pero esto empezó hace mucho tiempo. Cuando entre todos hicimos lo que hoy es una empresa de primera línea. Veníamos los sábados, y cuando se inauguró, invitaron a las familias. Se trabajaba duro, las reuniones eran cortas y frías; el contador nos discutía cada arandela que agregábamos al producto: contaban los centavos. Pero nos sentíamos dueños, y cuando nos encontrábamos fuera de hora, seguíamos hablando de trabajo. Nos sorprendían los extranjeros que venían por contrato, para ellos esto era un trabajo como cualquier otro, se iban con puntualidad a las 5:00 y nos íbamos con ellos.

En esa época, uno de nuestros primeros gerentes era un amargo. Nos enteramos de que su mujer tenía muchos problemas, y a pesar de que hizo todo lo que podía para hacerla tratar, le era imposible, y para evitarla él se quedaba a trabajar después de hora. Mientras estaban los extranjeros, no pasaba nada, porque ellos se iban a horario a su casa y nosotros también. Pero cuando se volvieron, varios de los nuestros empezaron a llegar tarde a la mañana y a quedarse de noche para hacer valer su cargo; llamaban a reunión a las 6:00 de la tarde, y creaban trabajo para los que no nos quedábamos.

Así empezó. Hoy, de la boca para afuera, todos hablan de globalización y de la falta de protección a la industria, y cada uno hace su historia, pero la verdad es que hable con quien quiera, le van a decir que preferimos tener jefes extranjeros. Le doy un ejemplo. Uno que está siempre ocupado, dice que la gente anda bien con un tirano, porque es hija del rigor. Entonces, le cumplen por demás: él pide un dato y le llevan ocho carillas.

Le tienen terror. Mientras tanto, él sigue diciendo: "Mi gente no me sirve. No se sube al mangrullo. No se dan cuenta de por dónde va el negocio. Vos podés pensar todo (lo que me decís) porque tenés tres problemas, pero yo que tengo ochocientos, no tengo tiempo para pen-

sar en lo que estoy haciendo. Y justo cuando te necesito me venís a recordar cosas tristes. Sos muy crítico. Date cuenta de que tenés que administrar lo que hay. Porque acá todo es un caos. Tratá de ordenarlo, y no me cambies nada. Movete ahí adentro.

Algún tiempo después, sin embargo, se retiró el presidente de la empresa y se nombró a otro, que al hacerse cargo descubrió que la división principal había ocasionado pérdidas millonarias y que la situación se había encubierto. Los accionistas llegaron a la conclusión de que algunos gerentes se habían beneficiado personalmente. Eso significó el despido del gerente general, del responsable de la región, y de tres gerentes de división. Ante esta disyuntiva, el nuevo gerente general propuso "la toma de la compañía". Era imposible saber quiénes y cuántos habían sabido de la estafa, si eran cómplices o actuaban amedrentados, por lo que el trabajo duró varios años y en ese tiempo alguno preguntó por qué se habría volcado a la bebida la esposa de aquel antiguo gerente. En este caso, sin embargo, la intervención se comenzó desde la cúpula, y se desarrolló un proyecto severo que descontaba que la mayoría serían decentes.

Proyectos posibles de cambio

Es esencial establecer los mecanismos que justifiquen que cada proyecto se organice, y garantice la instauración de mecanismos de conducción sensatos.[10] Introducir relevan-

---

10. Hablando de conversiones, Gareth Morgan sostiene que de un modelo (a) burocrático se puede pasar a trabajar en (b) burocracia con equipo gerencial, a (c) burocracia con equipo gerencial y equipos de proyecto y, con esfuerzo, a (d) organizaciones matriciales, pero que es altamente improbable pasar de ese origen a adaptar (e) organizaciones por proyectos, o bien (f) organizaciones sueltamente enlazadas (*loosely coupled*). *Creative Organizational Theory*, páginas 64-67. Sobre este tema es interesante McGill, M. E., y Slocum, J. W.: "Unlearning the organization". En *Organization Dynamics*, 1995.

cia, efectividad, implica desestructurar un orden que privilegia a pocos. Ahí, el proyecto sirve a algún propósito y encontrará sobresaltos.

En ámbitos en los que lo organizacional no se advierte como proceso interactivo, se desconocen las competencias del especialista, del perito o del estratega. Por otra parte, quienes viven un sistema injusto padecen y se complementan protegiéndose mutuamente. Añoran un cambio, pero tienen dificultad en creer que pudieran beneficiarse si cedieran ventajas existentes.

Vitales para el éxito de un proyecto de cambio en una organización de *cucurucho invertido* es sacar a la luz las crisis; crear actividades fundacionales; trabajar sobre un proyecto estratégico; analizar la propia gestión; crear estructuras colaterales. Para ello será útil comenzar con una limpieza y, a partir de ahí, atraer figuras representativas que ayuden a señalar las condiciones internas y externas que hacen imperativa la asunción de riesgos calculados. Aunque es difícil hacerlo en el vacío: será preciso establecer un ámbito en el que se compruebe el nivel de credibilidad del equilibrio de culturas vigente, las prácticas que lo sustentan, los enclaves que sirven para encabezar un proyecto, y los antecedentes a rescatar y recuperar para movilizar la autoestima, vinculándola con acciones puntuales que afecten a la organización y sus stakeholders. A menudo se espera que la innovación tecnológica incorpore criterios innovadores: expresar lo complejo de manera simple, facilitando el acceso al proyecto; concentrar la atención en pocos elementos; tranquilizar e introducir cambios en forma paulatina, con el concurso de los afectados. El peligro es que esto se haga intempestivamente, con agendas cargadas, nada se aprenda y el valorado sistema se caiga.

El éxito de un proyecto en un *cucurucho invertido* descansa en establecer otro tipo de conducción en base a un posicionamiento estratégico diferente: la tradición tenderá a preferir el cambio cosmético, pero deben detectarse las oportunidades y, sobre todo, las amenazas que lleven a instalar legitimidad en quienes ocupen la conducción. Y esto exigirá transgredir el orden establecido.

El tercer eje: los ideales

¿A quién beneficia la transgresión? Hay que estar atento a que lo creativo no devengue arbitrario. Se podría arriesgar que *estar* líder despierta la admiración y canaliza los deseos y acciones cuando es necesario alcanzar un propósito común. Exige determinación y continuidad en el propósito.

Edgar Schein[11] sostiene que no puede separarse el proceso de liderazgo del de creación de cultura. Y arriesga que la creación y administración de una cultura es la tarea clave que separa la gestión (buena administración), del liderazgo (capacidad de influir sobre otros). Lo que da lugar a otro nivel de consideración. Porque, si las conductas de *estar* líder pudieran ser resumidas, rescatamos con Luis Guillermo Montes de Oca[12] que ello implica: (a) centrar la

---

11. Edgar Schein centra la creación de cultura en la figura del conductor en *Culture and leadership* (Jossey Bass, San Francisco, 1988), entendiendo por *cultura* la manera de considerar que comparte la mayoría de las personas de un lugar y de un momento histórico, y que uno advierte al tomar contacto con las percepciones, recuerdos, principios y actitudes que esas personas incorporaron y que determinan las expectativas de conducta que se enseñan a los nuevos a medida que se integran. La cultura brinda sentido de identidad, garantiza compromiso, otorga estabilidad al tejido social y permite a cada uno darse cuenta de lo que está pasando, también condiciona. Para una visión distinta ver Malfé, Ricardo: "Pertinencia y actualidad de la noción de 'cultura' para la psicología institucional". En *Actualidad Psicológica*, 11, 119, 14-22, 1986.
12. Partiendo de ideas de Pichon Rivière, Luis Guillermo Montes de Oca desarrolló esta idea en conversación. Se la ubica en el marco de un repaso de la noción de conducción, en Altschul, Carlos: "Reflexiones sobre el liderazgo", *Cuadernos de ADPA*, Buenos Aires, 1995.

atención en aquellas situaciones dicotómicas que afectan el proyecto del grupo y conversar en torno a los dilemas, (b) simplificar su problemática de manera de hacerla comprensible a la mayoría, y (c) elaborar hojas de ruta y caminos de acción, y así instalar nuevos significados en las formas de llevar a cabo la gestión y la conducción.

A la noción de cuadrantes se agrega entonces otra dimensión que, del cruce de los ejes, hace emerger uno, tercero, en el cual graficar cuestiones de ideales. Hacia una punta, el bien común; hacia la opuesta, el bien individual. Porque, al enfrentar dilemas y señalar caminos, *estar* líder propone juicios de valor que postulan una interacción más rica que las de los otros cuadrantes.

Este es el motivo por el cual se replantea de cuajo el tema de la conducción, ya que para fortalecer un proyecto se hace imprescindible instalar respeto, integridad, resiliencia.

Tal es el desafío. Porque la naturaleza de los problemas que nos acosan en el mundo de la economía global requiere el valor de asegurar la continuidad del cuestionamiento.

Para ello es imprescindible tener capacidad de observación reflexiva sobre la propia conducta y comprender cómo esta impacta sobre los otros. Así, conducir requiere gobernarse, desarrollar un control sobre sí mismo: cierta medida de autoconocimiento, aplomo y templanza, la capacidad de re-frenarse.

Conducir sería la facultad de percatarse de cómo usar las propias limitaciones y potencial cuando se acomete una iniciativa que a otros intimida, y que se puede asumir como un reto cuando uno se siente acompañado. Canalizando voluntades, dosificando respuestas que atiendan necesidades y tensiones, sin solución de continuidad.

6. TRABAJAR CON GRUPOS

¿Qué clase de trama social puede instalarse
cuando los hechos que producen los que conducen
transmiten que el fin justifica los medios?
Un gerente

Diferentes miradas, desde lo más abstracto
a lo más concreto, dan cuenta de la complejidad.
Un gerente

Se construye sentido entre lo esporádico,
donde inspira confianza el individuo,
y la búsqueda conjunta de una trama de continuidad,
que da lugar a normas.
Un gerente

Cada vez que se convoca a una consulta, se proclama el deseo de cambiar, sin indagar necesariamente sobre las raíces del problema. Por más que se sepa que sin entender será difícil operar, por más que intelectualmente se conciba, con Antonio Porchia, que: "Para ver de qué se llena, tengo que verlo vaciarse".[1]

---

1. Porchia, Antonio: *Voces.* Impulso, Buenos Aires, 1943.

Ahora bien, las empresas cuentan con gente capaz, y toda persona sensata siente incomodidad al entrar a un campo desconocido. Además se las alienta a simplificar, a diseñar matrices de dos por dos, y a ver, en cada nuevo caso, una alteración de otros anteriores. Es natural: cuando el caso refleja parte de los anteriores, se acelera con ello el tiempo de resolución, por más que induzca a error cada vez que la situación es distinta.

Idóneos, especialistas, expertos del Cuadrante 1 remiten lo que ven a lo conocido, cuando no a extrapolaciones improcedentes. Carecen del tiempo y de la curiosidad del investigador, se respaldan en el autoconvencimiento de que su modo de acercarse es el que debe tenerse en cuenta en ese recorte de la realidad en la que vienen viviendo.

¿Cómo generar pensamiento alternativo, capaz de producir entregables? ¿Cuán posible es pretender desarrollar capacidad de análisis colocando el tema a nivel de debate y aprendiendo a tomar distancia de la realidad?

Al encarar la consulta, la dificultad estará en reconocer que se está inserto en un embrollo. No actuar de forma tosca, admitir que, de seguir con el timón firme hacia el mismo norte, cabe el fracaso, y analizarlo con quienes tienen versiones y modos diferentes de aproximarse; contar con el accidente y con la facultad de hacer descubrimientos favorables a partir de él; asignar tiempo y espacio a indagar los motivos de los fracasos anteriores, y anticipar las crisis futuras; conversar con tiempo con quienes, desde su apuesta por el caso, harán las preguntas que detonarán los dislates; alentar la emergencia de "¿Y si esta vez fuera diferente?"; "¿Y si nuestro paradigma fuera incompleto, o falso?", para leer el proceso en función de categorías creadas en los intercambios.

Ante esta construcción de la realidad y sin ser totalmente consciente de ello, quien invita al consultor tiene varias expectativas. Que se ubique en el caso, responda de manera simple y no se asuste, no apunte con el dedo, no se confunda; desafíe el estado actual de las ideas haciendo circular la información; ayude a concentrar la atención en los temas relevantes; canalice la búsqueda de las causas por las que surge aquello que preocupa; recupere valores y forje confianza en la propia capacidad de implementar; instale conciencia en torno a lo que pasa en un espacio de mayor seguridad psicológica; ponga en evidencia el potencial escondido; brinde una opinión independiente sobre lo que está pasando; ayude a cerrar.[2]

Menuda tarea, ya que esto se resume en que sepa resolver problemas, no piense muy distinto y guarde reserva.

Se alude entonces a un rol complejo, en tanto quienes invitan esperan que uno se ocupe de temas que no domina, como, por ejemplo, colaborar en la administración de una crisis, o acompañar un programa de cambio, gracias a lo cual podrá explicar que el aporte se entiende en el marco instituido. No obstante, se espera que su acción provoque, además, un efecto refrescante, incluso transgresor, en esa cultura. Y que se vaya lo antes posible.

Se espera que construyan un refugio para pensarse a sí mismos como seres humanos, y que ese ámbito se convierta en pilar y sostén de una etapa diferente. Lo cual significa que el aporte se referirá a algo que inquieta, aunque al generar espacios de reflexión, no provoque efectos difíciles de revertir. Al mismo tiempo, les disgusta, porque sospechan que no podrán lucirse, ni terceros podrán advertir los resultados de la intervención de manera inmediata; tienen razón: sólo podrá valorarlo quien estuvo ahí.

Esta doble función convalida la recuperación de un espacio inexistente en la organización, salvo de manera informal,

---

2. Altschul, Carlos y otros: *La organización: nuevas perspectivas para su funcionamiento.* Layetana, Buenos Aires, 1978. Sostiene que la relación se confirma en la medida en que el cliente advierta que el consultor (a) "sea buena persona: no lo va a traicionar"; (b) "tenga pericias profesionales probadas: sepa", y (c) "tenga cierta neutralidad ideológica para poder pensar en voz alta sin polemizar".

en los pasillos, y desde el cual se podría constituir un cuerpo que, mientras actúe ostensiblemente en lo operativo, se ocupe de las vicisitudes del tejido social.

La aceptación del consultor descansa en la capacidad de brindar un aporte, que se expresa en entregables, y lo hará logrando consenso sobre la necesidad de darle un espacio a lo informal, aprovechando ese ámbito para trabajar sobre lo formal, articulando aspectos operativos e interpersonales. La relevancia de ese espacio descansará en la conciencia que desarrollen los de adentro de mostrar que esa articulación es imprescindible.

Cada vez que se inicia un proyecto, debe conversarse sobre esta doble contribución, y sobre las condiciones de trabajo que siguen. Es el encuadre y serán los resguardos mutuos que lo harán posible, y quienes mejor lo explican son los psicoanalistas.[3]

Ahora bien: el lugar de trabajo es tanto espacio de producción, como ámbito de relación. En la actualidad, sin embargo, en la mayoría de las organizaciones, el primer componente es excluyente. Sorprende encontrar a adultos jugando a las escondidas, pero hay quienes desprecian la naturaleza del entramado social y las consecuencias son nefastas. Alguna vez interrumpimos una reunión porque los asistentes decían escuchar mientras concentraban la vista y sus dedos en laptops…

Un ejemplo sería el de un gerente general que refiriéndose al personal de su fábrica dijera: "Hace seis meses despedimos al 30% de la dotación. Los otros, ¿todavía no se acostumbraron?". Estando a cargo de una función com-

---

3. Bleger, José: *Psicohigiene y Psicología Institucional.* Paidós, Buenos Aires, 1966. Ulloa, Fernando: "El método clínico". *Ficha de la Cátedra Psicología Clínica,* Facultad de Psicología, Universidad de Buenos Aires, 1970. Altschul utiliza el término *endroit* para identificar espacios de construcción de sentido en procesos de desarrollo incierto como, por ejemplo, ámbitos gestados por las partes para acordar qué corresponde. Altschul, Carlos y Carbonell, Roberto. *Op cit.*

pleja, su consternación denuncia incompetencia. Suponía que habiendo él tomado la decisión, los *recursos humanos* se adaptarían, cual ameba, a las condiciones. Entonces, aceptando que una empresa es un sistema económico, político y social, ¿qué aporta la consulta en los diversos aspectos de la dinámica de la relación en el lugar de trabajo? ¿Cómo opera con personas que no tienen los conocimientos para entender, eligen no comprender, o temen acceder a conocimientos que ponen en crisis sus convenciones?

La trama organizacional

Cada organización se inserta en un contexto social-institucional. En él, las personas se desempeñan en tareas que las ponen en contacto con superiores, pares y supervisados, en un marco de costos, plazos y procesos. También con terceros, afuera.

El ámbito laboral incide sobre cada cual en muchos niveles, y se entiende como una trama de vínculos, cotidianos y ocasionales. Esa trama afecta en lo inmediato a las personas, y se inscribe en un espacio público. Las formas de relacionarse, los modelos de conducción, el humor social, los condicionantes de la economía y la calidad de la existencia ejercen un continuo influjo sobre la vida laboral. El modo en que esa sociedad aborda cuestiones tales como la aceptación de la realidad, la distribución del poder, el manejo de los conflictos, su potencial de avenimiento, la celebración y la reprimenda, afecta el tejido social en la organización y determina los modelos de conducción admitidos y las conductas de resistencia y adaptación correspondientes.

Muchos factores contribuyen a que las personas se sientan hoy cautivas y confusas: la inestabilidad laboral; la angustia económica; la incertidumbre en torno al corto plazo; el temor a dejar de estar actualizado; la fragilidad

de los compromisos; la caída de los contratos; la posterga-
ción de la vida personal y las crisis familiares por la sobree-
xigencia laboral; el bombardeo de estímulos; las redes de
influencia que privilegian los vínculos de afinidad colusiva
por encima de criterios de experiencia, mérito o antigüedad; los prejuicios que cierran la visión de lo singular, lo
nuevo y lo diferente; la anomia, el cansancio y el desaliento.

En estas condiciones, y ante la invitación a pensar en
voz alta con algunos de aquellos terceros, el consultor se
acerca a estar, a conocer, a comprender, a compartir, a compenetrarse. Y observa el nivel de resiliencia de quienes se
mantienen a la espera, su capacidad de resguardar y con-
servan sus principios ante las múltiples variables no con-
trolables que atacan su integridad.[4]

La consulta

El consultor interviene, acción que significa que al irse,
alguno entenderá que el *ahora* que vive es distinto del *antes*
que encontró; que esa diferencia se relaciona con alguna
modificación de interdependencia, la suya con su propio
proyecto, la suya con las de otros, las de otros entre sí, las
de muchos con su futuro. Alude al proceso de resignifica-
ción, de salir del resentimiento, que se basa en "Se repetirá
lo que conozco y me daña" y podrá otorgarse otro sentido
a lo que ocurre: "Esta vez puede ser diferente". Interviene,
no irrumpe, no intermedia.[5]

---

4. La noción de resiliencia viene de la metalurgia y alude a la propiedad de un
material de absorber energía cuando es deformado elásticamente y de reco-
brar más tarde su forma. Por extensión, se aplica a la capacidad positiva de
las personas de enfrentar la tensión y la catástrofe, y es factor de pronóstico
sobre su capacidad de resistencia ante potenciales eventos negativos futuros.
5. Bandler, Richard, y Grinder, John: *La estructura de la magia*. Cuatro Vientos,
Santiago de Chile, 1980.

Veamos un ejemplo. Una persona se agregará por primera vez a una reunión de rutina, a la que anteriormente asistieron muchos otros visitantes que se mantenían indiferentes a la realidad del lugar, requerían información y producían rechazo. Al conversar con quienes asistirán a la reunión, se presenta brindando información. Cuando termina la reunión, recibe doce apretones de mano, tres abrazos y un beso en la mejilla. El dato exhibe costumbres de ese grupo, y constituye una epifanía, una instancia en la que se entrevé un aspecto crítico de su cultura. Cada cual habrá recibido una impresión y la interpretará a su manera, pero ha de ser tomada en cuenta como señal, como entregable. Ayuda a entender a esas personas en ese lugar y en ese momento, y facilita el próximo paso, al poner en evidencia los gestos. Las condiciones del encuentro siguiente podrán ser otras y dependerá de todos qué hacer, pero a partir de la que finalizó, hay un antes y un después.[6]

Entonces, interesa constatar el efecto de la participación que instala otro equilibrio e incluye aspectos postergados que articulan lo operativo y lo social. Hablamos de testimonios, de anticipos y fragmentos de pruebas que, aun siendo menores, son fehacientes y adquieren relevancia cuando el proyecto no está atado a pocos; cuando se instala una cultura de retroalimentación y de aprendizaje; cuando se facilita la emergencia del disenso; cuando se toma conciencia de que cada realización es provisoria y susceptible de mejoras; cuando se siente la libertad para elegir el camino; cuando se acuerda el horizonte; y ese horizonte se corre al caminar.[7]

Es que la intervención no es un experimento al que las personas asisten con afán científico, sino una experiencia:

6. Epifanía es la súbita percepción, o comprensión, de la esencia o sentido de algo, y alude a que quien habla acaba de descubrir la última pieza de un rompecabezas y logra entender el todo.
7. Lewin, *Op. cit.*, señala tres etapas en el proceso de cambio: descongelamiento, aprendizaje y recongelamiento.

idealmente, se aspira a que cumpla una función innovadora, que a menudo supera esa primera intención.

Así, el primer efecto de la intervención es el de construir un cuerpo colectivo, sea un grupo informal, un Comité de Dirección, una asamblea en un playón, un curso de capacitación, o un taller de resolución de problemas. Porque en cada uno, la tarea es conversar críticamente en torno a temas que se desean cernir, interactuando sin saber el resultado al que se podrá ir arribando, reuniendo evidencias empíricas.

Decimos que hubo intervención cuando hay un antes y un después: cuando uno puede decir que tras incorporar al otro en la concepción de un asunto, el aporte hace que algo aparezca con más claridad, que se ensayó algo hasta ese momento inédito, o que algo se modificó. Y que eso ocurrió en el mismo lugar donde opera a diario. Anatema en la empresa, puede provocar la expulsión.

Competencias del consultor

El discernimiento constituye el pasaje de la confusión al esclarecimiento. Y cuando la situación se presenta inalterable, se recogen y contrastan las opiniones y las informaciones para definir los costos de seguir así.

A menudo se constata que, con el foco puesto en los resultados de corto plazo, se abandonó la noción de equilibrio en sus aspectos técnicos y económicos, y en sus facetas éticas. En esas condiciones, los recursos al servicio de un proyecto son inadecuados para alcanzar meta alguna. Como en el caso de aquel campesino que para averiguar cuánto menos podría dar de comer a su burro, reducía día a día la ración de afrecho, también la organización puede ser exitosa y que se muera el paciente. Cuando esto se acepta como si no existiera alternativa, las personas prestan la cara, hacen como si estuvieran, y al principio esperan que alguno asuma el rol de estratega.

Tomar ese rol implica asignar tiempo al embrollo. Que se empieza a hacer. Para el observador independiente, el tiempo es el factor que marca la prioridad otorgada a los procesos que exigen readecuar la gestión en forma significativa. Quien conduce explicita la necesidad de dejar de lado ciertas prácticas, instalar círculos virtuosos, para dedicarse a lo desconocido. De otro modo, hay un solo paso a la desmoralización, al encubrimiento del error, a la búsqueda de chivos emisarios, al fracaso.

Al encarar ese cuadro de situación, el consultor ocupa roles en el espacio que dibujan el cruce del énfasis en el conocimiento técnico-profesional y el énfasis en los aspectos socioculturales: los roles de la diagonal definen el equilibrio entre ambos ejes.

Énfasis en el
conocimiento
técnico

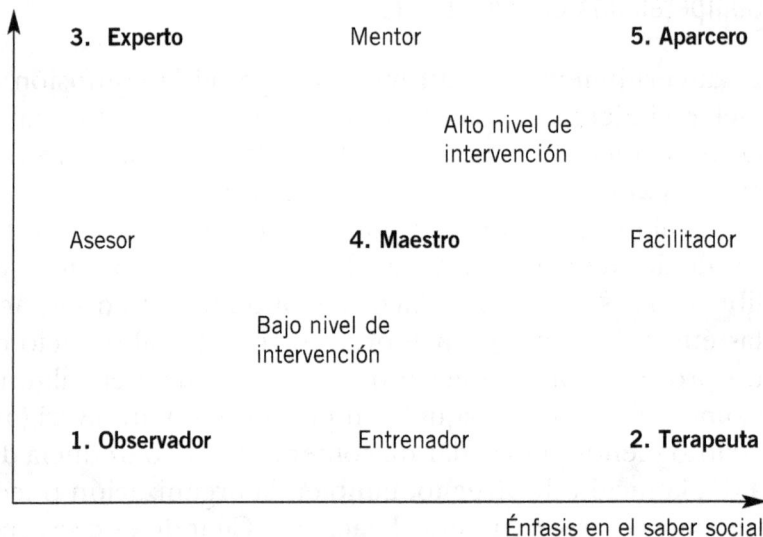

3. Experto	Mentor	5. Aparcero
	Alto nivel de intervención	
Asesor	4. Maestro	Facilitador
	Bajo nivel de intervención	
1. Observador	Entrenador	2. Terapeuta

Énfasis en el saber social

Figura 1

En cada caso, la ocupación de un lugar será temporal. Por ejemplo, cada vez que el proyecto pasa por una instancia de desconcierto, el consultor ocupa el lugar del *observador*, como quien dijera: "Conversemos, acá estoy, tenemos tiempo, ubiquémonos, entendamos, veamos las opciones". Cuando la confianza depositada se debe a su templanza, permite contener al otro, ocupa el lugar del *terapeuta*, que invita: "Haga, cuénteme, lo ayudaré a reflexionar y decidirá con mi silencio y mis preguntas". Cuando sus pericias superan en cierto tema a las de quienes lo convocan, y depositan su confianza porque fue ganada en experiencias anteriores, ocupa el lugar del experto, como quien sugiriera: "Haré, observe y le diré qué hacer".

A medida que crece el nivel de preocupación por el caso, y se legitima la relación con quienes lo convocan y se agregan, se incrementa el diálogo y ocupa el papel del maestro de adultos: "Piensen, prueben estos criterios y estas herramientas, y elijan los que mejor se atengan a sus intenciones". Y cuando crece la credibilidad y la confianza, ocupa el lugar del socio que invita a inventar y a aprender, consciente de la maravilla de los aportes de quienes lo ponían en un lugar de privilegio y ahora ocupan ese sitio ellos mismos.

Además, podrían pensarse cuatro roles intermedios, como el del entrenador que sostiene: "Mirame, hacé vos mismo, fijate qué vas descubriendo en vos que surge con más facilidad y en qué tenés dificultades"; el papel del asesor, que sostiene: "Hago y conversemos sobre lo que voy haciendo"; el del facilitador: "Lo hiciste bien, probá con esto otro", y el del mentor, que preguntara: "¿Qué aprendiste de lo que hiciste? Valoralo, recuperalo". Cuánto de esto se haga dependerá de las condiciones de trabajo que veremos a continuación.

Ser de afuera

Quien se encuentra dentro de cierta realidad, se habitúa a convivir con hechos y costumbres que encubren lo que a simple vista resalta, y que provocan satisfacción y orgullo, pero también padecimiento y desgaste. Esto hace que ni siquiera especialistas y colegas, insertos en la estructura y en los hábitos de cada organización, acierten a distinguir, ni a denunciarlo. En esas condiciones poco puede hacerse.

Mirar exige salir del ruedo. Esta condición permite transitar junto con los de adentro entre incertidumbre, confusión, bifurcaciones y atajos. Porque se puede dejar de invitar a quien lo haga, o este se puede retirar. *Ser de afuera* facilita encontrar concepciones alternativas, no siempre adecuadas, pero imprescindibles si se quiere avanzar. Además, siendo *de afuera* no sabe, no tiene preferencias, no se beneficia ni perjudica de lo que pueda estar ocurriendo.

La condición de *ajeno, pero no extraño,* es requisito de la tarea. Facilita la construcción de dispositivos a través de los cuales se pueda reflejar la situación problemática y, distanciándose, lograr una perspectiva más objetiva. Ahí entonces, los *de adentro,* en la medida en que se sepan parte, estarán mejor ubicados para tomar decisiones que atiendan a la situación. Mientras *el de afuera* acompaña, no juzga, avala ni desmiente, permite a los de adentro ponerse afuera.

Confianza

La confianza funda el vínculo entre las partes y ha de ser recíproca, y se construye: al *abrirse al de afuera,* el *de adentro* corre un riesgo, porque deposita confianza en una expectativa, y es ilusoria. Además, ninguno puede garantizar cómo se comportará el *cuerpo* organizacional reunido en cada ocasión y ante distintas circunstancias. Es un intangible y se descapitaliza en forma perceptible.

La confianza será necesaria, aunque no suficiente, para quien quiera conocer más de sí mismo y del proyecto del que forma parte, promoviendo cada cual un campo de conocimiento interpersonal y social.

Mientras tanto, *el de adentro* nada sabe del *de afuera* y confía a partir de lo que le dicen otros, de la apreciación inicial de sus conductas, de su comodidad con el que escucha y responde. Así arriba a una opinión, por percepciones personales y referencias.

La secuencia de conversaciones, y de recolecciones de experiencias y opiniones, conlleva un proceso largo. Es usual que se tarde mucho tiempo antes de invitar al otro a colaborar y no es raro que el acercamiento se extienda meses y años. Cuando, por el contrario, se reacciona con excesiva rapidez, se descuenta que el apuro no se traducirá necesariamente en un proyecto.

Abrir se topa con las concepciones de organización que descansan en la búsqueda de poder, en la capacidad de conseguir que otro haga lo que uno dice, porque al ser superior, lo necesita, lo desea o así le parece. La noción de autoridad, sin embargo, es más compleja. No descansa en un solo modo de acatamiento. La capacidad de influir depende de varios componentes, a saber: la ocupación de un cargo, la posibilidad de gratificar y sancionar, la competencia técnico-profesional y el ascendiente.

El trabajo de quien conduce y de quien se acerca *de afuera* requiere el ejercicio de la autoridad. De ese entendimiento, sobre qué se espera de cada uno, del *de adentro* y del *de afuera*, dependerá cómo se arriba a codiagnósticos y a elaborar pronósticos, que tendrán en cuenta a los otros. En estos aspectos sensibles se apoya también la infraestructura de la trama entre convocante y consultor.

Trabajar como artesano

Sancho, he venido a echar unos párrafos
e intercambiar pareceres.
Miguel de Cervantes Saavedra

El consultor hace su trabajo con dedicación e imprime a sus obras un carácter artesanal. De este modo provoca eventos salientes, de carácter memorable para cada uno que se agrega, y que es incluido como mandante. Siendo diversas las coaliciones, difícilmente dos procesos sean idénticos.

El rol artesanal alude a ciertos elementos vocacionales que debe tener el consultor, que los otros reconocen, y que hacen posible la construcción de un ámbito de aprendizaje compartido, en el que cada cual aporta insumos para concebir y operar. De este modo, se destraba, desbloquea, abre y cierra por partes; se constata hasta qué punto cada práctica es apropiada y oportuna.

En ese proceso se revisan acuerdos y desacuerdos, conductas, pautas, procedimientos, favoreciendo una mirada sistémica, superadora, abarcando factores técnicos y sociales.

La tarea se desarrollará en las interdependencias de modo de liberar la energía necesaria para construir puentes y miradores desde donde hacer propio lo deseado.

Contribuir requiere partir de la singularidad de los grupos, cada uno único en ese espacio y momento, y en esa organización. El punto de partida es la mirada clínica, que se justifica al otorgar relevancia a las personas, por encima del problema que convoque y de la organización en la que se desempeñen. Consecuencia directa de esta toma de posición es que, para que el problema sea abordado, serán los integrantes quienes se propongan entender la complejidad del caso.

Si, por el contrario, uno pretendiera inferir y aportar a un análisis y a una solución a partir del tipo de organización en la que se desempeñan, o del tipo de problema por el cual parecen preocuparse, la tarea se limitaría a describir un proceso en el vacío, en tanto el problema y la organización son posibles en la medida en que el grupo les otorgue existencia. Habrá quienes sostengan que un buen trabajo académico se desarrolla comparando lo observado en un grupo con lo vigente en otros ámbitos y circunstancias, pero esa labor poco aportaría para encuadrar lo que ocurre con el grupo particular frente al que uno se encuentra.

Esta diferencia es crítica. En general, un gerente supone que, dados ciertos indicadores, empresas similares pueden apuntar a objetivos similares porque, por ejemplo, afectan a filiales de la misma corporación. Viene de un esquema reduccionista, piensa que los elementos centrales para alcanzar mejores resultados dependen de variables sobre las que sabe operar, aunque actúe en un ámbito distinto. El modelo se origina en las ciencias duras, y la pretensión de aplicarlo descansa en la ingenuidad, en tanto desatiende la variable política, que articula la relación entre lo técnico y lo social.

Esto se debate y se comprende a nivel intelectual, pero muchos proyectos fracasan por desconocer el peso de lo social en el pasaje a la acción.

El abordaje clínico valora la información, con su carga de subjetividad, que se expresa por quienes hablan, refiriéndose a su ámbito y a sus circunstancias. Por eso, al intervenir, sea en entrevistas con pocos o en encuentros de trabajo con muchos, la primera tarea es advertir si existen las condiciones para que los participantes entiendan que se reserva espacio y tiempo para conversar en otras condiciones: que en el lugar de siempre se desconocerán los límites acostumbrados.

En una consulta se debate en torno a la posibilidad de crear sitios de construcción de legitimidad, en los que se entienda que se pueden reunir diferentes sin vedas para conversar. Cuando se alcanza esta meta, aparece la intimidad en el trabajo, y se deposita confianza en quienes convocan, en quienes coordinan, en quienes participan, condición que abre el camino a procesos de legitimación, de credibilidad.

En contacto con el grupo-cliente, el consultor facilita un proceso que incluye la recolección de datos a cargo de quienes desean hablar, las explicaciones e interpretaciones que dan, y las expectativas puestas en la escucha. Piden venias cuando se dirigen a sus semejantes, expresan escepticismo cuando se dirigen a los responsables. Esa dinámica incluye las características de ese grupo, pero a diferencia de aquellas en las que priman las jerarquías y la división de tareas, abarcan rescates del pasado, recriminaciones sutiles o abiertas, aportes insólitos y juegos de poder, en el afán de definir su composición de lugar, y los que se reservan su opinión observan el decurso del proceso. A medida que los responsables convalidan, se agregan otras voces, otros votos.

En esas circunstancias, se sentirá incómodo quien espere acceder a lecturas unívocas, ya que el consenso en el diagnóstico tardará en emerger, o ampliará lo conocido. Quien se ubique en esa posición, se sentirá defraudado y soslayará el aporte de tales recolecciones, por rechazar el abordaje y sentirse incómodo con el equilibrio entre el tiempo destinado y el resultado obtenido, incluso cuando acepte que el proceso lo sorprenda porque incorpora otros aportes. Además, esto ha de atribuirse, dependiendo del nivel de dramatismo de la situación, a la carga existente de ansiedad, temor, indiferencia o enojo.

La consulta adquiere credibilidad cuando prevalece la actitud expectante; esta alimenta dispositivos de búsqueda de denominadores comunes que allanen el camino de lo dilemático a lo dialéctico.[8]

---

8. Pichon Rivière usaba esta frase para describir la adquisición de mayor dinámica grupal. Partía de tres momentos del proceso de aprendizaje: confusional, dilemático y dialéctico. Ver Pichon Rivière, Enrique: *El proceso grupal.*

143

Ante un pedido de ayuda, el aporte ha de ser ejemplar. El primer pedido del cliente, hablar y ser escuchado, nace de una sensación de vulnerabilidad, y la consulta se produce en la medida en que responsables y participantes, habituados a separar y fragmentar, adviertan que la inclusión y ponderación de miradas distintas produce resultados insospechados.

Nueva Visión, Buenos Aires, 1980. Para abordar la riqueza de su pensamiento, ver Fabris, Fernando: *Pichon-Rivière, un viajero de mil mundos: génesis e irrupción de un pensamiento nuevo*. Polemos, Buenos Aires, 2007; García, Mercedes, y Waisbrot, Daniel: *Pichon Rivière: una vuelta en espiral dialéctica*. CEA, Buenos Aires, 1981.

7. IMPLANTAR EL CAMBIO

*Dada la ausencia de continuidad institucional,
en nuestra región, cada equipo sabe que depende
de sus integrantes construir el piso
sobre el cual han de transitar.
Y ese piso es de confianza.
Cuando se logra, se transforma en una
ventaja competitiva.*
Un gerente

Emery[1] dice que la tarea vital del responsable es "regular las condiciones de intercambio con el entorno". Es asegurar que se hagan los cambios necesarios para adelantarse y/o adecuarse al ámbito en el cual se actúa. En algunas organizaciones se administrará el proceso en forma preventiva, en otras será más audaz el salto, y en todas se espera adaptar y progresar. Derivadas del análisis surgirán prescripciones y a partir de ellas se intentará consolidar el proyecto. Quienes tomen las decisiones actuarán

---

1. Emery, F. E.: *Systems thinking*. Penguin, Harmondsworth, 1969.

en función de un proceso de recolección y procesamiento de datos, evaluación de alternativas, elección de la que mejor equilibre costos y beneficios, corto y mediano plazo, implementación y seguimiento. Incorporarán el análisis de sus impactos y repercusiones. Generalmente se hace siguiendo el modelo experimental de las ciencias aplicadas que contempla los factores económicos, financieros y técnicos, llamados *duros*; las soluciones incluyen los aspectos clave y dan un resultado. Este abordaje considera que lo *blando,* lo social, se adecuará. Se descuenta un modelo del tipo:

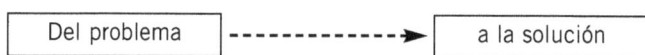

| Del problema | - - - - - - - - - - - -> | a la solución |

Figura 1

En el mejor de los casos, esa concepción es limitada, porque una decisión, por más que su contenido parezca técnico y simple, y la solución inspirada, difícilmente pase las instancias requeridas y se implemente en forma consistente e inmediata, a menos que se tomen en cuenta los factores *blandos.* Emery pide entender la organización como un sistema comprensivo.

Entonces, la información puede circular, pero la comunicación necesita un proceso iterativo de idas y vueltas que, de ser efectivo, incluirá los ajustes requeridos para que se instale lo que se pide. Más y más se sobrentiende este desafío, ya que en una empresa no se instala un cambio como quien mueve una silla de lugar. El pasaje de la situación actual a la buscada debe contemplar las circunstancias que prevean una transición, un juego de adecuación y rechazos en el que se influyan mutuamente lo técnico y lo social.

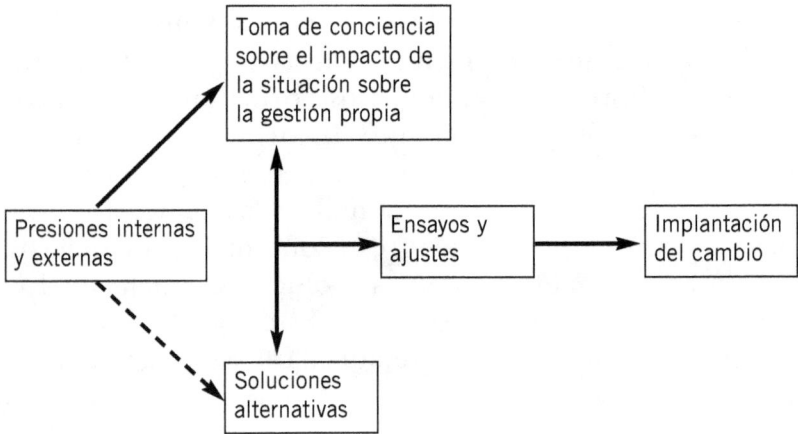

Figura 2

La conducción incluye estrategas y peritos para considerar los elementos técnicos, políticos y culturales, pero normalmente están apresurados, se sienten presionados y tienen dificultad para entenderlos, salvo a través de la lente técnica. En algún caso, manejan la influencia entre lo técnico y lo social como costos inevitables y de limitadas consecuencias; cuentan para ello con que a sus superiores tampoco les importa.

En una empresa con fines de lucro, mientras sea satisfactorio el nivel de rentabilidad, la dirección se mantiene razonablemente satisfecha. Enfrenta problemas de diversas índoles, pero si el control de gestión muestra un panorama que permite tomar medidas para garantizar la continuidad del proyecto, estos se resolverán de una u otra manera; más aún: el nivel profesional de la conducción queda definido por la calma con la que se priorizan los temas técnico-económicos y por la elegancia con la que logra postergar los otros.

Pensar antes de actuar es una verdad evidente: sin embargo, la práctica descansa en la estandarización, la automatización y las mediciones de lo cuantitativo, tal como se entiende en la *pasta frola.* Privilegiar los indicadores cuantitativos abandona la mesura a su propia suerte.

El dirigente sabe que las medidas acostumbradas no ciernen variables *soft*, y desde la globalización limita su atención a períodos cada vez más cortos. Confía en tecnologías contundentes, que aplastan, y las instalan por las buenas o por las malas. El énfasis está puesto en el *bottom line*, el último renglón, que corresponde al ingreso neto que figura en ese lugar de la declaración de ingresos. De ese modo, aprende a desaprender, vale decir, comienza a dejar de tener en cuenta todo aquello que siendo crítico para el desarrollo de su gestión no será considerado en sus evaluaciones de desempeño. Y posterga, niega, desprestigia a aquello que propugnan los textos de conducción y que explican el crecimiento y el sostenimiento de un proyecto complejo: el valor de la reflexión, el debate y la colaboración entre colegas, niveles y sectores, los procesos al servicio de una cadena de valor agregado, el aprendizaje derivado de errores y fracasos. Esto se advierte a poco de caminar, en las entrevistas y en la forma en que quienes convocan abren el campo, definiendo el pronóstico. Se reconoce cuando se ponen en evidencia los guiños y el autoengaño al establecer objetivos, instalar prácticas que burlan los supuestos proclamados y rondar los márgenes del delito en cuestiones de registro interno.

Los protagonistas conocen bien el costo de las prácticas inconsistentes. Esto se advierte, por ejemplo, cuando un distribuidor espera hasta fin de mes para determinar el monto de sus compras aprovechando la tensión que viven los vendedores que deben mostrar cifras de ventas. En esas ocasiones, los vendedores se sienten obligados a despachar productos y a hacerlos llegar a un depósito contratado sólo a tal fin. En esas circunstancias, conceden rebajas indecibles para cumplir con las metas impuestas por sí mismos o sus superiores, sin medir el impacto sobre la credibilidad de los empleados y operarios que se preguntan cómo un directivo habla de valores. Y lo refuerzan cuando en reuniones de trabajo aquel superior pide "cumplir con lo mínimo posible para saber que cumplimos cuando nos niegan los recursos para hacer lo que ellos piden". Nadie ignora que esto se traduce en enfermedad y exceso de consumo de ansiolíticos brindados por el médico que se pregunta sobre su juramento hipocrático.

Implantar el cambio en etapas estratégicamente distintas

Un proceso sigue etapas de crecimiento, consolidación y deterioro: cada una genera períodos de mayor aplomo o de temor creciente, pero el deterioro difícilmente surja sin preaviso. La pregunta clave está en definir si el proceso de cambio requerido se hace en el momento A, el B, o el C.[2]

Desempeño

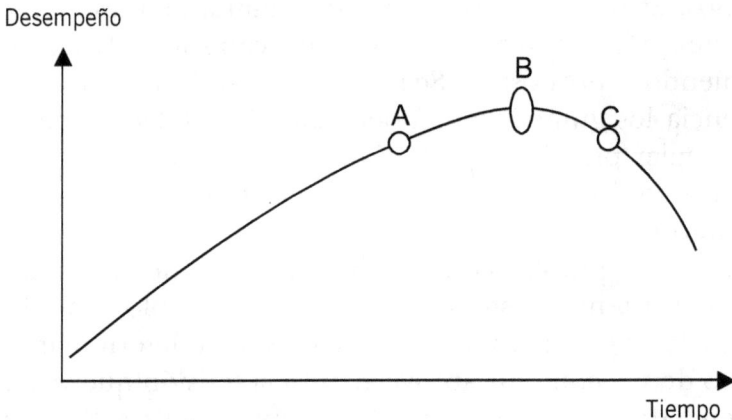

Tiempo

Figura 3

---

2. Charles Handy (*The age of paradox.* Harvard Business School Press, Boston, 1994) llama a esta curva *sigmoide.*

Veamos un ejemplo: tras una serie de incorporaciones de tecnología y reducción de personal, los indicadores de gestión de la fábrica son excelentes, pero crece la insatisfacción porque, al consolidarse la economía en la región, los mejores emigran y los que quedan viven presentando reclamos y reivindicaciones. Todos saben de qué se trata, todos entienden qué hay que hacer, son conscientes de la urgencia, conocen al dedillo las medias verdades usadas para tiempos de crisis y, sin embargo, conociendo las consecuencias de tolerar la inercia, se ponen el cascabel en su propio cuello. Son cumplidores.

Ahora bien, el esfuerzo mayor de hacer un cambio en C incluye la reparación. Y quien lidera está consternado, se ha convencido de que desconoce el camino –porque viene negando su existencia– y no sabe cómo reaccionarán sus superiores, ni cuántos –teme que sólo pocos– lo acompañarán. De decidirse, necesitará alinear a otros y construir una posición sólida, ya que es probable que hayan advertido la conveniencia de encararlo, y eso posicionará ventajosamente a quienes lo hagan. Pero por más que el cambio sea a todas luces imprescindible, puesto que todavía no ha estallado en crisis, la acción será definida como precoz y, por lo tanto, arriesgada. A pesar de que otros entiendan que ya se está en C.

¿Cuándo se está en A? Hay quienes se saben siempre en A; leen los cambios, captan las señales. Otros lo niegan. Hacer el cambio en A muestra lucidez, pero se practica poco: se produce cuando se cambia con los ojos puestos en el futuro. Altera algo crítico para que el cambio se alinee con una meta, difícil de precisar, clara para quienes la quieran ver. Asume riesgos, porque significa (a) centrar la atención en aquellas situaciones que afectan el proyecto y que ellos entienden como excluyentes, y analizar hasta qué punto esa definición se sostiene, o puede abrirse a otras consideraciones que permitan otra opción; (b) simplificar el caso para hacerlo comprensible a quienes no alcanzan a entenderlo en sus justa dimensión; y (c) elaborar hojas de ruta para constatar si se pueden instalar otros significados en la forma de conducir.

Sería maravilloso hacer los cambios en B, pero B sólo se reconoce cuando empieza la pendiente de caída. Verlo marcaría una toma de conciencia lúcida en un momento difícil, o sea, apenas comienzan a transparentarse las evidencias de ineficacia. Señalaría un nivel de rendición de cuentas desusado en organizaciones fisuradas como las actuales. Aludiría a que quienes dirigen se saben responsables, cada uno en parte, de lo que ocurre y que se hacen cargo de adaptarse a diario. Además, tendrían información certera de los costos y sentirán urgencia por tomar medidas correctivas: es el mejor de los casos, cuando se opera en tiempo real, adelantándose a los hechos en medio de los hechos. Es usual, por lo tanto, que se pueda actuar en B en cuestiones técnicas menores que se asemejan a poner a punto una válvula o a balancear la dotación en un día frío de invierno en una línea de montaje. Menos probable será ante cuestiones complejas, en las que se pone en evidencia mayor preocupación por los resortes del poder que por los humores de la gente, el silencio expectante a que se haga cargo el otro… mientras el proceso se acerca al punto C.

La mayoría encara el cambio en C cuando es imposible negar sus consecuencias. Intervienen cuando la crisis se ha desatado. Puede atribuirse a que prima una sensación de conformidad que se torna desidia y soberbia; puede que el entorno cultural privilegie el activismo, instale el agobio y también aliente la pereza. Los costos escondidos son grandes, y es usual que cuando se ponen en evidencia surjan conductas primitivas: puesto que *hay que cambiar*, se cambia todo: socios, tamaño, estructura, dotación, tecnología, productos, con tal de no alterar la forma en que se conduce. O se vende la firma.

Se puede no aprender: superar una situación dramática sin incorporar cambio alguno en la conducta. Cuando un desenlace fortalece costumbres arraigadas, prima el hábito tecnocrático. La inercia permite esconder singularidad, salvo lo que escapa por los poros.

Ante la sudoración, la consulta alienta la reflexión, permitiendo que se valorice lo que se pueda haber dicho antes, a través de testigos, o lo que todavía no se dijo abiertamente. Que se escuche, primer beneficio de la recolección basada en la evidencia. Que se pase del encubrimiento a la develación, y se consiga que la situación se advierta como una oportunidad. Que los involucrados lleguen a decidir qué comparten y encarrilen una acción que se extienda modificando conductas.

El consultor corrobora la idiosincrasia del caso y potencia el alto como quien dijera: "Efectivamente, tienen una dificultad y presenta varios dilemas", reafirmando la existencia de principios y de sentimientos en quienes acostumbran morigerarlos.

Más allá de la información, nunca completa ni imparcial, certifica que lo que ocurre responde a un significado. Y que entender no es consentir.

En condiciones como esta Ulloa habla de *sostener sostenidamente*. Esas personas en ese lugar viven una crisis: la consulta recuerda su categoría de protagonistas, y las coloca en situación de poner en marcha acciones coherentes con sus circunstancias. Ellos decidirán qué hacer, el problema y la solución son de ellos.[3]

Depende de las personas que de una toma de conciencia pueda surgir una modificación política o estructural. En algunos casos, los indicios muestran que se atreverán a actuar de manera distinta, advertir anticipadamente las crisis y acompañar a desarrollar otro sendero. En muchos

---

3. Ulloa habla de re-negación, en *Novela clínica psicoanalítica. Op. cit.*

casos, sin embargo, los fueros adquiridos y los acuerdos preexistentes lo impiden: niegan, y niegan que niegan.

La crisis es una ocasión para introducir una transformación. Los motivos por los cuales se precipita serán distintos en cada caso: las probabilidades de que la ocasión sea aprovechada depende del compromiso de los responsables con el cuestionamiento de las razones por las cuales se produjo el embrollo.

A veces, el proyecto se extiende con actividades que se coordinan entre participantes, pero a menudo las dimensiones del caso los sobrepasan: se paralizan y eligen no poner en crisis sus carreras. Acostumbrados a acatar, entienden el caso como una fatalidad.

8. APRENDER HACIENDO

Esto no es "uno más uno son dos"
y el organismo lo pone usted.
Un médico

Acompañar el organizarse

Ferdinand Tönnies[1] estudió la relación entre comunidad y sociedad, vale decir, entre la organización social natural, y la organización social artificial, o contractual, aquella que surge en base a la necesidad de organizarse, y de ahí la hipótesis de que una empresa es tanto creación jurídica, como necesidad social.

---

1. Tönnies, Ferdinand: *Comunidad y sociedad.* Losada, Buenos Aires, 1947. Sobre la práctica de la intervención, ver Argyris, Chris: *Conocimiento para la acción.* Granica, Barcelona, 1999, e *Intervention Theory and Method: A Behavioral Science view.* Addison Wesley, Reading, MA, 1970; Lippit, Ronald y Lippit, Gordon: *The consulting process in action.* University Associates, 1977; Schein, Edgar: *Consultoría de procesos: su papel en el desarrollo organizacional.* Fondo Educativo Interamericano, Bogotá, 1973; Schön, Donald: *The reflective practitioner. Op. cit.*; Walton, Robert E.: *Interpersonal Peacemaking: Confrontations and Third Party Consultation.* Addison Wesley, Reading, 1969.

Todo emprendimiento incorpora elementos de auto-organización. Esto significa que su existencia supera lo que desean hacer quienes entienden que *organizar* es su pre-rrogativa, ya que lo que hagan provocará repercusiones. Por eso un emprendimiento social puede asimilarse a un sistema, y cuanto mayor sea el nivel de inclusión, mayor será la probabilidad de que el atributo de *organizarse*, gestado por personas y grupos, aporte especialmente en instancias difíciles, cumpliendo una gama amplia de funciones compensatorias o creativas.

En un emprendimiento, *organizar,* a cargo de uno o de pocos, logra parte de lo requerido, mantiene al sistema en régimen mientras no sobrevengan complicaciones. Sea por la sensatez o la sabiduría de quienes organizan, sea por el aporte espontáneo de muchos de *organizarse*, que acompaña informalmente al *organizar* de quienes dirigen, sea por alguna complementación de factores, se cumple sin mayores sobresaltos, y así se incorpora la aceptación de los dirigidos. Este casi equilibrio, sin embargo, se quiebra cuando el esquema no satisface las expectativas de quienes dirigen, ni las de quienes acatan.

La consulta comienza dando cuenta del *organizarse*, incluyendo a otros en el debate sobre lo que pasa, lo que se quiere, lo que lo impide, cómo ocurre. Contribuye que se revelen en conversación ciertas definiciones encontradas en torno a las circunstancias que provocan lo que ocurre, en ese lugar, ese tiempo y con esas personas. O sea, explorar en torno a lo que significa para cada cual la forma que adquiere y los elementos que inhiben el desarrollo del proyecto en ciernes. Esa condición, la de circunscribir y calificar de modos diversos en contraposición a la única mirada de quienes *dirigen*, constituye el núcleo a partir del cual una mayor cantidad de quienes *no dirigen* podrían llegar a una definición operativa sobre lo que sucede. Luego se verá si, a partir de un cierto nivel de consenso, es posible aclarar, consolidar o modificar lo que pasa. Esto es, actuar sobre las causas, no sobre los efectos. Para darle más peso, se habla ahora de causas cruciales, *root causes*.

El consultor entiende la invitación a colaborar como una pregunta responsable, temerosa, pudorosa, para acompañar el *organizar* de quienes dirigen, y el *organizarse* de varios, aporte que deja de ser espontáneo y cauteloso, para ser desordenado y transparente. Ante este punto de partida, se entenderá lo que sigue como una puerta por la que transitan elementos de autogestión, y se fortalece un criterio distinto de autoridad. Es un convite a ayudar y a ejercer un papel para que todos comprendan lo que ocurre, y decidir en torno a qué hacer con una definición que inspire consenso.

Por eso, toda consulta llega a su término anunciado, no necesariamente por el ejercicio del criterio de quien contrata, sino porque en todo emprendimiento que alcanza cierto grado de organización, en algún momento, lo establecido pone límite al proceso instituyente.

La relación entre *organizar* y *organizarse* se liga a cuatro grandes ejes: (a) la tarea central, (b) la experiencia de aquellos que saben porque ya lo hicieron, (c) la inclusión de quienes van aprendiendo lo que hay que hacer, y (d) las consecuencias que tiene ese hacer sobre ellos. El resultado a lograr le da sentido a la tarea.

Conociendo la tarea, en principio, la eficacia depende en parte de cómo, los que *saben organizar,* aportan un esquema tranquilizador abriendo espacios de alineamiento para realizarla. Sin embargo, al tiempo de iniciado el proyecto, se constata que la forma que va adquiriendo la organización se aleja del esquema original, respondiendo a la particularidad del entorno y a los aportes de muchos, sean estos directivos, empleados, trabajadores, clientes, proveedores, gobiernos, sindicatos, comunidades o, incluso, medios.

Al resolver cada dificultad, contribuyen a *organizarse para responder a los requerimientos singulares y a los imprevistos*. Lo hacen en cada situación y, con el tiempo, lo que se instala es distinto de lo que se pretendía al comienzo, unas veces mejor, otras peor; en general, una respuesta provisoria mientras ingresa más información. Como dijera aquel médico, uno más uno no es dos, y el esquema es de quienes deciden darle forma.

Cuando el proceso no avanza según lo esperado, los resultados pueden ser insatisfactorios, o se advierte que *de seguir así* la cosa, pondría en crisis el proyecto, emerge un pedido de ayuda de quienes reconocen que las opciones conocidas del organizar impiden la solución. "Así no podemos más", o bien: "No alcanzaremos los niveles de desempeño exigidos si no hacemos las cosas de otra manera". O, con una justificación: "Debemos cambiar para competir... son cuestiones de economía de escala". En principio, suponen que el problema se debe a que se dejaron de lado las prácticas esperadas, pero al juzgar su propia acción, perciben el atascamiento y eligen actuar sobre él –"No nos hemos dado tiempo para saber lo que queremos"–, y comienzan a hacerlo.

Necesidades y deseos hacen imprescindible tomar otra clase de decisiones, se acepta la existencia de esa dinámica compleja, se develan entre otras motivaciones la falta de recursos, las ganas de crecer, el miedo al despido, etcétera. Para cumplir sus propósitos, se reflexiona en cómo alcanzar mejores resultados y eso exige contar con los más concernidos. Surge la necesidad de *organizarse,* de articular los fragmentos que podrían producir ineficiencia y fragmentación.

Ante el desorden, se gestan intentos de reordenamiento, aparecen contribuciones de expertos –que *saben de ese tipo de trabajo*–; de inventores –que *entienden de ese tipo de tecnologías*–; de peritos –que *operan en ese tipo de cultura*–; y de escandalosos –que *incorporan transgresiones creativas*–. Durante esa instancia, la organización incorpora elementos de *pasta frola*, de *copa de frutillas*, de *cucurucho invertido*, incluso de *a-botella de champagne*.

Desarrollar una forma de organización requiere prestar atención a dos procesos: el de *organizar*, vale decir, disponer cómo se ha de realizar una cosa y preparar lo necesario para ello (los métodos y procedimientos en sí mismos), y el de *organizarse*, que incluye las ideas diferentes, los ajustes y las correcciones que acompañan a la experiencia (los roles y su dinámica interactiva). Consciente de eso, quien opera en un ámbito complejo valora (a) el saber y (b) el aprender a través de la reflexión y el descubrimiento, procesos en los que cada uno afirma su lugar y administra sus aprensiones. Y así, al proponer nuevos significados, construye cultura.

Querer o no querer

Este proceso reconoce que habrá quienes estén instalados en una zona de confort de la cual preferirán no salir. Aun así, alguno convalida la indagación, acepta los términos de la incorporación de la consulta, advierte cuánta conciencia tiene cada cual de sí mismo, en qué medida se sabe parte de un grupo, toma en cuenta a los otros y al medio en que actúan, y restituye o construye las interdependencias que permitirán tejer otro nivel de entendimiento.

> *En una intervención reciente, una persona contó que cuando vivía en la capital, todos los días tomaba el mismo colectivo en la misma esquina a la misma hora y retenía esa llamativa costumbre provinciana de dar los buenos días. Confesó que lo hacía incluso al subir al colectivo en su esquina concurrida. Un día llegó apurado, vio atravesar raudo al medio de transporte y se lamentaba de haberlo perdido y de que llegaría tarde a su destino, cuando observó que este se había detenido cincuenta metros más adelante en medio de la siguiente cuadra y lo esperaba. Corrió, subió, agradeció y el conductor le sonrió diciendo: "A vos te paro".*

Del mismo modo, en los casos presentados se advertirá esta triple tarea de buscar la armonía que surge entre las personas cuando (a) se convalida la indagación, (b) se toma en cuenta a los otros y al medio en que actúan, y (c) se restituye y construye la interdependencia que permite acceder a otro nivel de comprensión. Tras complementar *organizar* y *organizarse*, se desarrollan lazos, sin los cuales el proyecto sería inviable.

En esa tarea surge la *conciencia de lo organizacional*, que significa aprender a utilizar los conocimientos referidos a las organizaciones para alcanzar metas y objetivos. Esto se aprende de diversas formas, y la consulta lo afianza. Las personas conversan en torno a lo que les pre-ocupa, y que desde la racionalidad administrativa exigiría centrarse en su resolución, pero al mismo tiempo se acomodan de un modo más llano a la vida de ese proyecto. Y entienden de otra manera la forma en que actúan las redes en las que están inscriptos.

Durante tal proceso, la consulta recobra las preguntas previsibles de vergüenza ("¿Qué van a pensar de mí, de nosotros?"), de aprensión ("¿Qué me pasaría si aceptara?"), de culpa ("¿Debería haberlo hecho solo, antes, de otro modo?"), y de compromiso ("¿Qué me pueden exigir, qué hubiera correspondido?"). Al mismo tiempo, suspende esas preguntas al trabajar en aquello que provocó la consulta, que afirma una noción de autoridad que surgirá del caso puntual.

Conciencia de lo organizacional

La conciencia de lo organizacional abarca tanto la familiaridad con el modo usado para lograr cometidos en la organización, como las modalidades para hacerlo. Esas competencias incluyen entender los aspectos formales que dan cuenta de la manera en que se establecen objetivos, se toman

decisiones, se desarrollan políticas y procedimientos, se definen procesos y sistemas, se comunica, se conduce; desempeñarse con comodidad en el marco de la estructura, y en
función de todo eso, saber reconocer y dirigirse a quienes
ocupan cargos o tienen poder.

Es indispensable, asimismo, identificar a quienes deben
ser consultados e involucrados para pasar a la acción, comprender el lugar que ocupan y cómo se desarrollan y mantienen las normas y las costumbres, de modo tal de acercarse y manejarse bien con diversos tipos de personas, de
preguntar e informarse, de guiar o dirigir cuando corresponda; saber desarrollar, sostener y defender coaliciones,
equipos y grupos de individuos de distintas formaciones y
culturas a efectos de alcanzar metas e instalar para ello redes
de vínculos que permitan reunir y distribuir información,
lograr apoyo y aceptación para alinearse con sus objetivos,
y comprometer a quienes corresponda en cada etapa de un
emprendimiento, en la preparación, planeamiento, logís-
tica, ejecución y seguimiento de un proyecto para alcanzar
sus metas.

Esencialmente, la conciencia de lo organizacional define la habilidad de comprender y manejar las relaciones
de poder e incluye la capacidad de prever la repercusión
que tendrá cierto acontecimiento, o elección, sobre quienes toman las decisiones e influyen sobre el resto. Por
extensión, alude a la capacidad actual y potencial de ese
grupo humano.

Las personas se percatan de esto día a día. En las organizaciones del tipo *pasta frola*, ese saber se anquilosa; en
las *copa de frutillas* y *a-botella de champagne* se ocupan de que
esta competencia se desarrolle sistemáticamente. Esto se
debe a que estas habilidades potencian la capacidad de
analizar problemas, de acercar y retener personas competentes y sanas, de integrarlas, de mantenerse al tanto, y
de afianzar modos efectivos de trabajo en lo interno y

externo del emprendimiento. Suponen que de esta manera aquella conciencia ayuda a potenciar la gestión: la consulta se sostiene en la confianza depositada, y reconoce que cada retroceso deriva de la vergüenza, del miedo, de la culpa, de la responsabilidad entendida a medias, y debe ser incorporado como parte del conocimiento de lo organizacional.

Cómo funciona esta organización ante este proyecto

Cada persona que se incorpora deposita expectativas en quienes lo pueden ayudar a entender cómo funciona esa organización. Y de modo formal, a través de inducciones, o informal, mediante contactos personales, cada cual (a) comprende la estructura en la que ha de moverse, (b) muestra, a través de sus acciones, que es consciente de las normas y las valora, (c) se ubica en la trama social de la organización, y (d) demuestra que se percata de los aspectos fundamentales que explican las decisiones de quienes conducen.

- Para comprender la estructura en la que han de moverse, los individuos buscan a quienes los puedan informar, para que les hagan conocer las reglas con las que deben comportarse, tanto en lo formal, como en lo que se puede hacer o decir y lo que será prudente evitar; para que los incluyan en redes de colaboración y continencia; para llegar a conocer qué hace cada cual y qué reglas siguen, especialmente las que puedan afectarlo; llevar un registro mental de quienes uno va conociendo de modo tal de poder acudir a ellos cuando sea necesario pedir ayuda o comprensión; y familiarizarse con las metas del propio sector y comprender cómo la propia tarea se relaciona con esos propósitos.

- Para mostrar que a través de sus acciones son conscientes de las normas predominantes, las personas intentan extender su radio de acción y valoran los contactos con quienes tienen experiencia o son considerados líderes informales, ya que ellos contarán historias de trinchera, antecedentes, explicarán decisiones, etc.; harán lo posible por estar cerca de terceros, tanto en el trabajo como fuera de él.
- Para ubicarse en la trama social de la organización, buscarán padrinos que podrán ir guiándolos sobre el peso relativo de las personas y los sectores, acerca de quiénes serían aquellos a los que pueden acudir y cómo operan a diario, o en circunstancias excepcionales; qué valoran esas personas y sectores; de quienes cuidarse; cómo mantener la distancia apropiada en cada caso, y el rol a jugar para incorporarse al sistema, entendiendo quiénes prestan ayuda a quiénes y por qué.
- Para demostrar que se ha percatado de los aspectos fundamentales que explican las decisiones que toman quienes conducen, la persona se querrá familiarizar con los registros de la organización y del sector, asegurándose de ir aprendiendo las cuestiones críticas y separándolas de las de menor peso; intentará ser invitada a encuentros informales y a reuniones de trabajo para ir comprendiendo la dinámica a través del propio filtro; ir reuniendo información sobre la cual desarrollar pericias para aportar y ser considerado; y eventualmente ser invitado a participar de actividades que la prestigien.

Como parte de este proceso de aprendizaje, quien participa de una consulta que valora lo social va otorgando otro lugar a las estructuras formales y a los procesos usados para alcanzar las metas institucionales, y entiende mejor las capacidades y las restricciones del sistema actual cuando se propone alcanzar cierto cometido, pero descubre además el potencial innovador de la consulta interna.

En esa medida, reconoce las modificaciones que cada cual debería intentar para establecer el rango de lo posible. Y además, quien participa de una consulta que valora lo social, también fortalece sus vínculos con aquellos que recuperan el sentido de lo social en el trabajo, reafirma sus sospechas sobre quienes utilizan la ocasión para atrincherarse en lo mismo de antes, incorpora a terceros insospechados en la búsqueda, en ese lugar o en otros, de una manera mejor de hacer las mismas cosas, se fortalece en sus convicciones, y se abre a la escucha de nuevas oportunidades de crecimiento personal.

Como el paciente del epígrafe, uno se da cuenta de la función que cumple cada cosa cuando ya no está. También descubre el placer de desempeñarse en la intemperie y develar sus placeres.

9. ACTUAR COMO UN BUEN JEFE

Tarea dura, ser impecable, justo,
honesto, con los otros.
Raymond Williams[1]

Salimos a trotar,
pero después comemos torta de chocolate.
Un gerente

Cuando en un equipo de conducción se relevan las variables del proyecto añorado, surgen las expectativas que pueden ordenarse en un sistema del tipo que muestra la figura de la página siguiente.

Instalar estos tipos de equilibrio requiere modificar sus-
tancialmente los sobrentendidos y, a pesar de expresarlo,
pocos se dispondrán a hacerlo. El nuevo balance produciría otro tipo de emprendimiento, socialmente responsable,
ágil y plástico. Que brindara otros entregables.

---

1. Raymond Williams al terminar una clase, referido por Alicia Balsells:
Keywords: A vocabulary of culture and society. Fontana, London, 1976, muestra
cómo se construyeron las palabras y los significados clave para la comprensión de la sociedad actual.

¿Con qué valores quieren conducir?
Con integridad: honestidad, lealtad,
transparencia, respeto por las personas,
adhesión a principios,
seguridad por la vida humana, rentabilidad,
profesionalismo, alto desempeño,
pasión, responsabilidad,
la búsqueda de bienestar en la diversidad.

"Necesito sentir orgullo."

*Hablan del **para qué**,
del proceso político*

¿Cuál ha de ser su modelo de gestión?
Menos centralizado, más delegación,
más integrado / participativo,
coordinado, alineado, responsabilidades
asumidas, roles revisados para explicitar
el equilibrio entre autoridad
y responsabilidad,
aprovechar al máximo los equipos y
los sistemas.

*"No puedo hacer mi trabajo solo
y el esquema viejo no sirve más."*

¿Cómo desean tratar a la gente?
En línea con nuestros valores.
Generar lugares para conversar
en forma abierta, honesta,
profunda, respetar los kilómetros
recorridos
y los saberes nuevos,
formar equipos de trabajo,
reconocer las diferencias.

*"Somos responsables de que
vengan a trabajar con gusto."*

*Hablan del **cómo**,
de los elementos de la gestión*

*Hablan de **con quiénes**,
de la dinámica social*

Figura 1

Cada consulta indica que, en circunstancias adversas, los supuestos se cuestionan y, por lo menos temporalmente, se toman decisiones para mantener el equilibrio entre los tres campos. Hacerlo ubica al responsable en el lugar de un buen jefe, el de quien *actúa* como se espera que lo haga un buen jefe.

El buen jefe

La calificación de *buen jefe* y las conductas que exhibe la persona que recibe este apelativo surgen de la investigación GLOBE realizada en sesenta y dos países entre los que se incluyeron diez de nuestra región (Argentina, Bolivia, Brasil, Colombia, Costa Rica, Ecuador, El Salvador, Guatemala, México y Venezuela), y permitió distinguir lo que los mandos medios argentinos entienden como buen jefe.[2]

> *Cuando los consultados dicen "buen jefe" describen a un individuo que ocupa una posición de conducción y mantiene relaciones personales de consideración, vale decir que asume responsabilidad sin*

2. Para conocer el resultado del proyecto de investigación GLOBE en nuestra región, ver Ogliastri, Enrique; McMillen, Cecilia; Altschul, Carlos; Arias, María Eugenia; de Bustamante, Colombia; Dávila, Carolina; Dorfman, Peter; Ferreira dela Coletta, Marilia; Fimmen, Carol; Ickis, John, y Martínez, Sandra: "Cultura y liderazgo organizacional en 10 países de América Latina. El estudio GLOBE". En *Academia, Revista Latinoamericana de Administración*, Bogotá, CLADEA, 1999. El capítulo sobre la Argentina es: Altschul, Carlos; Altschul, Marina; López, Mercedes; Preziosa, María Marta, y Ruffolo, Flavio "Argentina: A crisis of guidance. Leadership and managerial practices in Argentina". En Chhokar, Jagdeep, Brodbeck, Felix y House, Robert J. (eds.): *Cultures and Leadership across the world: The GLOBE Book of In-Depth Studies of 25 Societies.* Lawrence Earlbaum, Mahwah, NJ, 2007. Para acercarse a la problemática de la gestión en nuestra región interesan García Hamilton, José Ignacio: *El autoritarismo hispanoamericano y la improductividad.* Sudamericana, Buenos Aires, 1998, y *Los orígenes de nuestra cultura autoritaria (e improductiva).* Albino y Asociados, Buenos Aires, 1991.

perder contacto con la dimensión humana. Tal persona posee atributos que le permiten desempeñarse en el marco de un sistema de premios y castigos desarrollado con conocimiento técnico y sensibilidad. El buen jefe da continencia, da ejemplo, da trabajo. Inspira deferencia.

Entre nosotros, el buen jefe se preocupa por la persona más allá del trabajo, y si hay un incendio se maneja con tranquilidad, resuelve problemas, se muestra, felicita. Porque le interesa su gente, no le tiembla la mano cuando tiene que echar a uno porque hizo algo que no debía. Para nosotros eso es positivo; el caudillo es negativo, porque es autoritario y sólo le interesa lo suyo. Esta capacidad se advierte en situaciones de crisis: si uno viene de frente, el buen jefe te cubre. Aunque lo permanente es la falta de respeto. Si me preguntan cuál fue mi mejor jefe en veinte años de trabajo, tendría que elegir el menos malo. Porque los jefes acá tienen un sentido de realeza. No trabajan a la par tuya. Trabajan sobre tu control.

Los participantes valoran la capacidad de distinguir: el buen jefe se sabe parte de un proyecto en una estructura compleja que le exige ciertos comportamientos y, por lo tanto, fija los límites de la acción del conjunto. Lo primero en el buen jefe es la elasticidad. Debe saber cerrar los ojos a ciertas cositas. Tiene un sistema de méritos que maneja él y hace la evaluación cada fin de semana. Cuando hay posibilidad de premio, la maneja en función de un puntaje que se va poniendo en un tablero para que lo vean todos.

Se hace cargo de la dinámica interpersonal. La cultura lo valora. Ante todo, un buen jefe debe ser mil puntos. Es un compañero, pero sabe distinguir, sabe que el maquinista no es de pico y pala, es otra cosa.

Animarse a transgredir el orden establecido

El buen jefe otea el horizonte, elige el camino y reúne dispersos; avanza resolviendo, encarando conflictos y asumiendo riesgos. Actúa, y su ejemplo origina legitimidad.

Ciertas circunstancias lo colocan ante una disyuntiva. Es cuando surgen situaciones en las que se hace difícil dimensionar lo que sucede y sus vicisitudes; cuando tiene conciencia de que si privilegiara la opción A, tendría costos, si decidiera por B, los costos serían otros; pero si nada decidiera, los perjuicios serían aún mayores. Cuando articula necesidades de la empresa, de la comunidad, de clientes y proveedores, de organismos públicos, de empleados y operarios, de directivos y de sindicato, etc., instancias en las que sus principios estarán bajo un cono de luz. Serán decisiones políticas, para las que recibirá sugerencias, y por lo que algunos caerán en la reacción conformista, evitando y decidiendo por omisión, o en el activismo, demostrando interés sin luego hacer nada. El buen jefe, por el contrario, se preocupa, asume riesgos, aun ante su propio superior. Son dilemas, aluden a principios y ponen en juego su reputación.

El buen jefe defiende valores y principios incluso en un contexto turbulento, en el que la incertidumbre es condición de borde, y la indiferencia lo acerca a la inescrupulosidad.

La corrección moral es el elemento que permitirá aglutinar las voluntades; cuando se la posterga, abandona, explica retóricamente, sobrevienen desánimo y autoindulgencia.

Crecer como buen jefe alude al desarrollo de conductas que tengan en cuenta al otro: cuando esto parece imposible, se encuentra en la situación de verse compelido a transgredir las normas. En palabras de Fernando Ulloa: "Cuando las leyes del campo no alcanzan a resolver un problema, cabe la auténtica transgresión". Al recuperar referencias éticas, el buen jefe se pone en situación de riesgo, y se entiende que pocos lo hagan.

Competencias requeridas

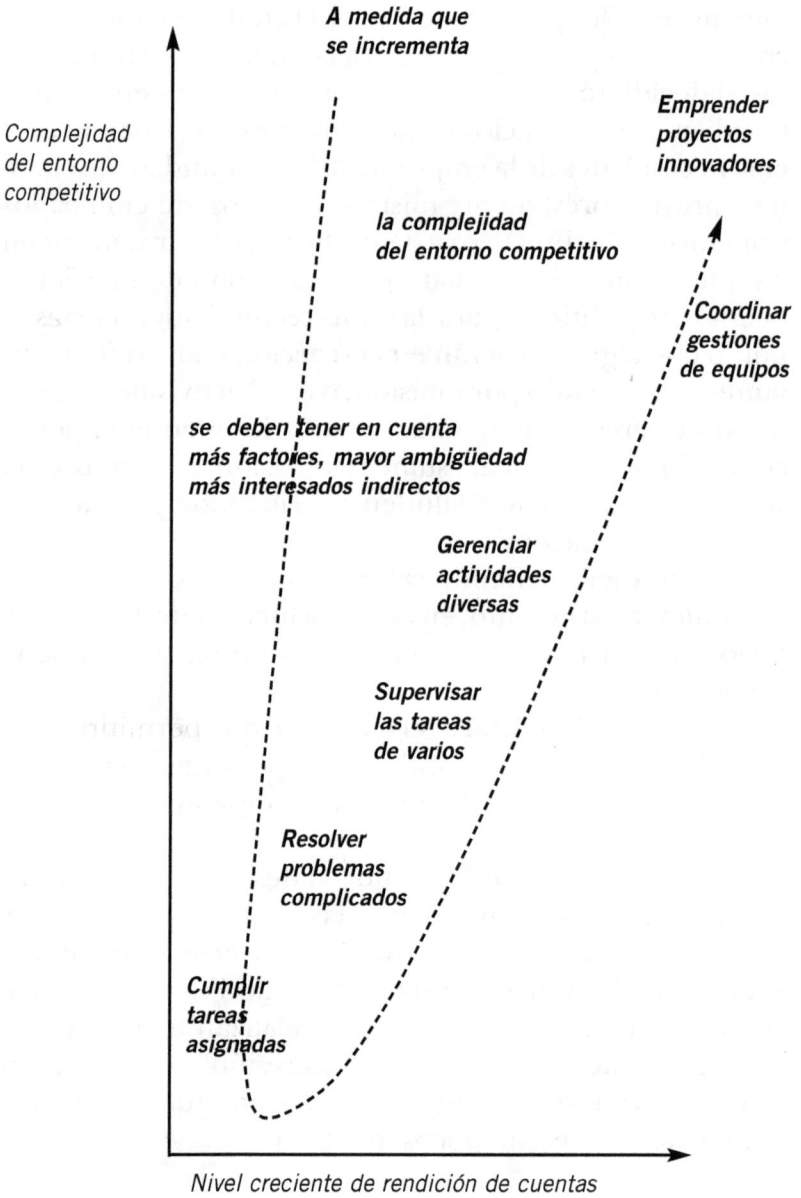

**A medida que
se incrementa**

*Complejidad
del entorno
competitivo*

**Emprender
proyectos
innovadores**

**la complejidad
del entorno competitivo**

**Coordinar
gestiones
de equipos**

**se deben tener en cuenta
más factores, mayor ambigüedad
más interesados indirectos**

**Gerenciar
actividades
diversas**

**Supervisar
las tareas
de varios**

**Resolver
problemas
complicados**

**Cumplir
tareas
asignadas**

Nivel creciente de rendición de cuentas

Figura 2

170

Si este gráfico describiera lo que se espera de un responsable a medida que crece su nivel de rendición de cuentas, y dadas las condiciones en que se desarrollan los grandes proyectos tras la globalización, en la que cada proyecto se degrada como si fuera un negocio de ocasión, ¿cuántos tienen las competencias requeridas?, ¿cómo influye la práctica cotidiana instalada en la adquisición de prácticas efectivas?, ¿o serán estas deficiencias las que explican la torpeza con la que se maneja un emprendimiento complejo?

La experiencia muestra que es interesante aplicar este esquema a las diversas tareas de conducción en cada caso específico y, en el diálogo, constatar cómo se otorga responsabilidad y se gana ascendiente en función de esta diagonal. En demasiados casos se descubre que al desaparecer el equilibrio entre medios y fines, el miedo hace que la mayoría se desenvuelva con desaprensión por reglas que han caído en desuso.

Reconociendo los dilemas y sin tantas palabras, ¿cómo ayudar a balancear la conciencia individual y el emprendimiento grupal?

Mantener el equilibrio en circunstancias adversas

El buen jefe se sostiene en pocas ideas, precisas y simples. Idealmente, dependen de la calidad del ejercicio que haya hecho sobre la razón de ser de la empresa en ese contexto y momento.

El pasaje a la toma de decisiones es complejo y político, y su dificultad será equilibrar opciones no excluyentes como las que se detallan a continuación.[3]

---

3. El texto de la página siguiente se inspira en Stewart, Thomas: "The nine dilemmas leaders face", en *Fortune*, March 18, 1996.

171

- *Dilema estratégico: ¿la intención es transformar, o consolidar la empresa? Cada actividad invitará a los participantes a cuestionar y a desarrollar ideas distintas, pero al mismo tiempo debe reconocerse que el propósito puede ser sólo sobrevivir.*

- *Dilema de criterios: ¿se deseará mantener el control y la disciplina, o se alentará la creatividad y la innovación? El manejo de esta tensión definirá el nivel de apertura que se ponga de manifiesto.*

- *Dilema de conducción: ¿se tenderá a confiar en uno o pocos conductores ejemplares, o se desea valorar la delegación de autoridad en cada colaborador? El mensaje debe ser claro, pero es usual que sean pocos los que asuman las nuevas responsabilidades.*

- *Dilema de horizonte: ¿se quiere priorizar lo operativo y atender la coyuntura, o hacer hincapié en el mediano plazo? La tensión se vivirá entre el deseo de satisfacer excluyentemente al accionista, o consolidar el proyecto con adherentes.*

- *Dilema organizativo: ¿se elige concentrar y centralizar, o se prefiere dar rienda suelta para diseñar? ¿Se preferirán las estructuras simples y probadas, o se reclamarán las ventajas de escala y las competencias que harán posible el aprovechamiento de nuevas oportunidades?*

- *Dilema de estilo: ¿se orientará primordialmente a su tarea primaria, o se ampliará y actualizará la gestión? Sin lo primero, será imposible alcanzar lo segundo, pero las decisiones presupuestarias deberán estar al servicio de oportunidades que sólo surgirán en el mediano plazo.*

- *Dilema de actitudes: ¿el mensaje será de subsistencia y angustioso, o de crecimiento confiado? La turbulencia es previsible y paraliza el pensamiento y la acción.*

- *Dilema de personas: ¿se alentarán la interdependencia, la cohesión y el trabajo en equipo, o la independencia, la delegación y la autonomía? La alternativa habitual ampara la eficiencia, e inhibe el desarrollo de la eficacia.*

El buen jefe dedica tiempo a precisar la relación entre la razón de ser del emprendimiento que conduce, las competencias críticas requeridas, y los valores reafirmados en un debate en torno a los dilemas emergentes.

Además, el buen jefe pone en zona de riesgo la escala de valores convenida porque conviene. Quizá por eso, al referirse al buen jefe, diversos autores utilizan términos que remiten al estadista, así como al superhombre de la tradición protestante. Warren Bennis, Jagdish Parikh y Ronnie Lessem[4] hablan de *más allá de la conducción*, aludiendo a trascender el término, enfrentando lo establecido, asumiendo la rendición de cuentas ante la sociedad. En este texto recogemos actos de buena conducción, que en general parten de acercarse al problema con los otros.

Resolver

La posibilidad de cambio en la empresa depende de la capacidad de cada persona para instalar la interdependencia; el proyecto es exitoso cuando cada uno se percata de que lo importante se alcanza: no lo consiguen los equipamientos, los modelos maquinistas, ni las intimidaciones, sino la sensatez compartida.

El cambio descansa en el arrojo de darse permiso para preguntarle al propio jefe por qué no hacer algo inteligente esta vez. Las crisis aportan su grano de arena, y las tecnologías brindan una vía de acceso a las modificaciones requeridas, aunque sólo construyan un puente en lo instrumental. También sirve tener acceso a dinero, información y

---

4. Para referirse a las nuevas responsabilidades de quienes ejercen cargos de conducción en las organizaciones actuales y ceñirse a las dificultades de administrar desde una perspectiva global, ver Bennis, Warren; Parikh, Jagdish, y Lessem, Ronnie: *Beyond leadership: Balancing economic, ethics and ecology*. Basil Blackwell, Cambridge, MA, 1994.

tiempo, y es más probable hacer una intervención cuando la empresa gana dinero y tiene criterios organizacionales de *pasta frola*, como mínimo, pero se inhibe la posibilidad de progreso cuando se reduce a aquellos componentes esenciales.

Porque ningún proyecto se sostiene en el tiempo sin replantear el lugar que ocupan las personas directa e indirectamente afectadas. Potenciar el desempeño requiere pensar diferente y hacer distinto; salir del encierro, tolerar la ambigüedad, construir la diversidad, instituir prácticas antiguas, como afirmar los vínculos, investigar, legitimar el cuestionamiento, entablar diálogos con quienes son diferentes.

En un caso reciente, en una pequeña empresa, el dueño no confiaba en el encargado, pero temía ingresar en su propia fábrica. La historia lo avalaba en su placer por considerarse libre de hacer lo que quisiera, con los peligros que eso entrañaba, pero no quería ser percibido como incompetente en cuestiones de las que dependía para conseguir su facturación. Esta situación se mantuvo hasta que un técnico aceptó un trabajo mejor en otra firma. ¿Qué hacer ante el cambio involuntario, cuyo origen era externo? Surgieron diferentes opciones y ninguna podía obviar la recolección de información, lo que obligaría al dueño a preguntarle al idóneo cómo funcionaba su propio taller. Entonces declaró: "Salí de la inercia". ¿Cómo? Emergiendo del encierro cotidiano, reconoció que había cambiado la cartera de productos, que debería disponer los equipos de otro modo y reasignar las tareas, y que no lo podría lograr solo, sino que tendría que conversar con el otro. Obligado por las circunstancias, muy lentamente trabajaron juntos en el tema: el dueño confirmó que el encargado no debería haber asumido tareas para las que no estaba calificado y que él mismo debería comprometerse más en algo que no le gustaba.

En este caso, otra vez el cambio se produce por una complementación de detonadores, o gatilladores, o impulsores.

La persona a cargo rompe un hábito, deja de lado sus prejuicios y advierte su responsabilidad en la ineficiencia. Toma
sus precauciones, se retira de su oficina y conversa con quien
debe, reúne información y reconoce que deberá incorporar
a otros para ubicarse él mismo en su propia empresa. Tiene
un proyecto en mente y lo enriquecerá si alcanza a incluir a
otros con él y el encargado; en ese recorrido, quizá alteren
su concepción de lo que pensaban que sería conveniente y
viable. Crecen el sentido compartido, el peso de los vínculos
y las alternativas de solución, todos con costos.

Primer contacto

En una consulta, entre dos reuniones con un grupo de jefes,
conversé con un gerente que me preguntó de qué me ocupaba. Al explicárselo me indicó que "con esa modalidad
usted acá no podrá hacer carrera… Usted tiene que convertirse en un hombre providencial. No puede reunir a
gente distinta, como si fueran todos iguales. En el grupo que
reunió hay gente capaz y gente incompetente". Le pedí
que ampliara el concepto, y agregó: "Usted tiene que ser el que
apaga los incendios… para lo cual debe mantenerse lejos,
ver cuándo están por estallar, esperar a ser necesario y entonces ir a apagarlo". Y cuando pregunté qué haría si pasaba
mucho tiempo entre un fuego y el otro, me explicó que
tenía que tener gente para atizarlos donde podrían ocurrir,
y que si pasaba mucho más sin que los hubiera, "de vez en
cuando hay que provocarlos".
    Cuando uno empieza una consulta no tiene la menor
idea de hasta dónde puede llegar, pero siempre hay alguno que da una pista sobre los límites de ese lugar. Así, una
entrevista puede cerrarse en sí misma, o dar lugar a un trabajo extendido. Es la naturaleza de la consulta, en la que
uno sabe que no sabe y avanza porque, a pesar de falsos

influyentes, logra que repercuta esa magra intervención, y la marca de una huella quede en algún participante. Hablamos de *intervenciones formativas* cuando algo queda de una entrevista, cuando se habló de las restricciones específicas y se avanzó un paso de mula a pesar de aquellas percepciones. En muchas ocasiones se trabaja cierto tiempo y sólo se logra ese efecto, que sigue vivo en la cabeza de quienes estuvieron presentes.

Algo tenemos más claro: el QUÉ y las intervenciones formativas

Llamamos "formativas" a las intervenciones en las que algo se esclarece para algunos. Se dan cuenta del peso de ciertas circunstancias de las que quizá se hablara en los pasillos, o que se consideraban vedadas, sin que el reconocimiento los lleve a emprender acciones que modifiquen el problema que ha originado la consulta.

Por ejemplo, en una organización se convoca a dos jornadas de planeamiento estratégico y se sugiere utilizar los formatos de la corporación, que son excelentes. Por sobrecarga de trabajo, sin embargo, no se logra preparar los materiales requeridos, varias personas clave se muestran disconformes porque sostienen que "trabajar con sus colegas los pondría en una situación incómoda", y el encuentro se posterga. Cuando finalmente se realiza, la mayor parte se dedica a la cuestión central de la problemática organizacional, los debates son francos y encendidos, y se cierra con la mayoría convencida de que ha sido la primera vez que pudieron hablar sobre temas reprimidos. Un año después, dicen que el lunes siguiente a aquel encuentro, la vorágine volvió a envolverlos en su red y los borradores de planes de acción ni siquiera se repartieron. Flota la sospecha de que no son parte de una organización formal, sino de un agrupamiento circunstancial en torno a una oportunidad comercial. Todos guardarán el recuerdo de esa manera de actuar. Se sabrán cautivos, el aprendizaje incorporará el descrédito del momento pasado, y en otra ocasión, alguno analizará si acaso esta vez puedan cambiar los hechos.

Porque tras aquel diálogo, se creó una relación entre personas que operaban en un espacio cerrado y plantearon alternativas al monólogo como explicación de lo que ocurría. Dichas alternativas requerían entregables. De esas revelaciones se habló en forma abierta mientras duró la intervención. No obstante ello, al cerrarse la ocasión, dos resultados quedaron explícitos: el tema volvió a los pasillos y las relaciones habían cambiado.

En la medida en que el trabajo es eficaz, la reflexión volverá a surgir ante algún hecho aleatorio, que será utilizado para evocar lo dicho y, desde la memoria, quizá cambiará la historia. En esas circunstancias, algunos reposicionarán lo aprendido, otros reconocerán su complicidad, el hecho de que algunos callan cuando otros operan.

Una intervención es *formativa* cuando, cumplida la recolección y el procesamiento de datos, los participantes no conciben que se pueda modificar el modo que tienen de ordenarse, pero aceptan que saben algo que no reconocían, se percatan del modo en que se ponen límites en ese lugar. Y ese proceso nunca es sólo cognitivo, tiene un componente moral y visceral.

Se aprendió que la forma en que se ejerce el poder hace improbable afectar el estado actual de las cosas, y trascendió socialmente lo que está pasando. Pequeña historia, huella en la memoria.

La intervención formativa se caracteriza por centrarse en una toma de conciencia y brinda espejos para mirarse. Quizá antes alguno estuviera absorto en lo que llamaba su realidad y hubiera naturalizado la tontera; tal vez lo supiera y deseara salir del ensimismamiento. La intervención provoca frases del tipo "Ahora no vamos a poder decir que no sabemos", las cuales no garantizan el próximo paso, pero hacen circular el conocimiento sobre lo que importó a los que estuvieron y pone al criterio de autoridad en la palestra.

Quizá la dificultad en pasar a la acción también se deba a que la capacidad de mirar con asombro la propia realidad exista sólo en forma incipiente en esos individuos, apasionados por su tarea inmediata. La consulta contribuye a acusar recibo del proceso que puedan hacer, aunque no dé lugar a la continuidad de la iniciativa que produjo la consulta y el proyecto se detenga, por otra multitud de razones: que la intervención sea ineficaz o prematura, que haya sido mal manejada por el consultor, que despierte temores, que reavive fantasmas, etcétera.

La consulta intenta mantener abierta esa oportunidad, equilibrando la sed de reconocer y el miedo a lo que pueda circular, porque en las intervenciones formativas subyacen cuestiones tales como por ejemplo:

Darse cuenta de que algo los inquieta
(¿Qué hacer cuando los resultados no son los esperados?)

Incorporar sensatez
(¿Es posible salir del laberinto en el que se encuentran resignados?
¿Habrá quien prefiera un modelo conocido, sofisticado y erróneo?)

Reconocer que existe el mediano plazo
(¿Cómo responder a los indicios de problemas potenciales?
¿Cómo dar cuenta de que las personas y las organizaciones se proponen proyectos distintos?
¿Qué hacer cuando el éxito está atado al ciclo vital de una persona?)

Percatarse de que es bueno escuchar otras voces
(¿Cómo responder cuando el otro se cierra a toda visión que no sea la propia?)

Puntos de acceso y obstáculos para intervenciones formativas

En el desarrollo de una intervención formativa, cada una de estas preguntas pone sobre la mesa tanto un embrollo, como una ocasión para investigar. Porque abre el camino a operar sobre la recolección de sobrentendidos, contradicciones e inconsistencias. Porque produce elementos reveladores, gravitantes.

Por un lado, se requiere que los protagonistas toleren la consulta, y por otro, que reciban continencia y el soporte metodológico necesario para que incrementen su probabilidad de responder a la situación que los aqueja.

Esquema general de las intervenciones

Qué Intervenciones formativas	Cómo Intervenciones normativas	Qué + Cómo Intervenciones re-cambio
• Salir de la encrucijada.	• Establecer reglas, procesos e indicadores de gestión, yendo de "quintas" a ámbitos de valor agregado entre sectores.	• Transformar el proyecto en un caso testigo que respete la compleja realidad institucional y cultural.
• Comprender la necesidad de recuperar valores, reconstruir la trama social y replantear el modelo de organización requerido con todos los involucrados	• Contar con una estructura viva alineada con las necesidades del negocio actual y futuro.	• Desarrollar acciones de sostenimiento.
• Reducir significativamente el nivel de conflicto.		• Advertir nuevas situaciones y adelantarse a resolverlas.
Entregables derivados de	• Operar sobre resultados críticos en interfases.	**Entregables derivados de**
Dar preeminencia a la escucha	**Entregables derivados de**	Instalar lo escuchado y lo hecho en la estructura y la memoria.
Reconocer los límites y aceptar lo desconocido	Poner en práctica cambios significativos en ese lugar.	Incorporar a los distintos.
Crear el espacio para incorporar a terceros	Esbozar el proyecto viable.	Divulgar cómo se va haciendo lo que se hace.
Construir bases de datos propios	Debatir entre diferentes. Hacer por partes.	Agradecer, celebrar, preguntar por qué no se puede seguir avanzando, reabrir el circuito.

© GRANICA

179

Dar los primeros pasos y asegurar la continuidad exige colegas que faciliten la creación de espacios de debate. Además, cada vez que se reúnan, agregar a alguien más, cuyo testimonio alimente la propia indagación, señalando lo insólito que provoca una pregunta cuya respuesta otros dan por descontada. Y la intervención se valida en tanto aporta elementos insólitos, jamás descabellados.

En esas circunstancias, la consulta ocupa el lugar de un tercero no comprometido con la dinámica interna, un referente donde cada uno puede verse a través de la comunidad que se crea en los intercambios.

La trama se descubre a partir de una variedad amplia de dispositivos de encuentro, búsqueda de acuerdos funcionales y herramientas para el diálogo. Cada dispositivo favorece el develamiento que permitirá que cada cual haga su aprendizaje.

En algún momento, el silencio da lugar a aportes que se utilizan como materia prima de valor crítico para ver, y hacer ver, y así luego poder hacer juntos. En otros casos, aparecen justificaciones para seguir en un mundo cerrado en sí mismo, incapaz de comprender "cómo hacen en otros lados" y esperar de afuera la instancia objetiva que abra un horizonte. Reconocen, pero se limitan a condolerse.

En las intervenciones formativas, eso es quizá todo lo que pueda hacerse. En algún caso, incorporar cambios menores, o que alguno ensaye cierta conducta por primera vez. "Entonces, ¿le habló? Háblele. ¿Le escribió? Escríbale. ¿No lo había pensado? Haga lo impensado. Y hable de esto, difunda, divulgue, a ver si se da cuenta todavía…" Para que no quede en lo cosmético.

Algo ensayamos: el CÓMO y las intervenciones normativas

En los casos en los que, a partir de la reflexión, se prepara, se ensaya, se lanza un proyecto piloto, los entregables incluyen hallazgos a nivel individual y aplicaciones en lo organizacional. Como resultado de los descubrimientos compartidos se actúa sobre la situación-problema, habiendo generado un escenario en el cual todos se percatan de que, poniéndose fuera del sistema, contribuyen a introducir miradas distintas, desde donde los participantes ven lo que ocurre y se sienten en condiciones de actuar sobre ello. Ayudan a aprender un nuevo CÓMO.

La consulta facilita el descubrimiento cuando construye espejos que reflejan el modo en que se opera como grupo social; muestran cómo se articula lo operativo con lo interpersonal. Y se toma una decisión a partir de la constatación: se modifica algo que está establecido y no funciona porque es inefectivo, y porque atenta contra el tejido social.

En una intervención normativa hay un reconocimiento, acompañado por una decisión de resolver alguno de los problemas mencionados. En aquel momento, parece un cambio; con el tiempo, si no se extiende, queda en normativa. El método queda presente.

En cierta ocasión, recibimos el llamado de un gerente que había asumido un cargo en una nueva empresa y quería capacitar a su personal. Habiendo participado de un proyecto en su empresa anterior, le interesaba nuestro abordaje, y después de un par de entrevistas enviamos una propuesta. Pasaron los meses y no fue respondida, hasta que recibimos el llamado de una persona de Recursos Humanos que preguntaba cuándo haríamos los talleres porque de otro modo se perdería el presupuesto, cosa que haría que al año siguiente se lo rebajaran. Preguntamos si acaso otros sectores requerirían ese tipo de capacitación y nos dijeron que los directores habían pedido ser capacitados en el mismo tema.

181

Al iniciar el programa con el primer nivel gerencial, el gerente de Finanzas fracasaba en todas las ejercitaciones: preguntó quién había encarado ese curso, con esa modalidad, y respondimos con la información que teníamos hasta que el gerente comercial explicó que su sector operaba de este modo desde hacía años y que muchos conflictos internos podían deberse a que el personal administrativo operaba con otro modelo de administración, que no se ajustaba a las necesidades de los intercambios.

Los talleres superaron ese escollo y a lo largo de tres años coordinamos numerosas actividades de capacitación y de resolución de conflictos internos. Al tercer año me topé con el director de Fábrica, a quien conocía de otro proyecto: me invitó a conversar para contratarnos en su planta y cuando dije que nuestro estudio capacitaba en su empresa, salvo en su sector, le interesó, comprobó cuál era nuestro abordaje y se aseguró de que no brindáramos más ese servicio en esa empresa.

Denominamos intervenciones *normativas* a aquellas que, además de hacer un quiebre que permita entender y cuestionar los límites, llevan a la comprensión de las razones de la situación y las prácticas requeridas para implementar el cambio, e incorporan un proyecto piloto de lo que podría ser. Lo que no significa que se instalen definitivamente en ese lugar. Dejan evidencias, no sólo huellas.

Sin embargo, crean una instancia que permite apreciar el valor de la innovación. Lo hacen apalancando la oportunidad para no quedar al arbitrio de la estructura de poder ni del nivel de voluntarismo existentes. Sin embargo, son temporales, parecen no prosperar más que cierto período.

Origen de la consulta y situación del cliente

Cada entrevista es precedida por una pretarea, y seguida de postarea: es conveniente explicitarlas para que se participe en la creación de condiciones favorables a la consulta.

Porque el "cliente" no es una persona, sector o nivel jerárquico. El vínculo se establece con el proyecto, con cada participante, y ponerlo a prueba y renovarlo es materia de trabajo. Sin ello no hay eficacia posible y esta es crucial, ya que lo propio de la intervención normativa es que todos los que se acerquen a la consulta recojan el primer *fruto al alcance de la mano*, se beneficien de un aprendizaje puesto a prueba por ellos.

Sin embargo, en ese esclarecimiento, quien presenta sus inquietudes experimenta ambivalencia entre la satisfacción por sus logros y el malestar por el hallazgo. La ambigüedad sobre la necesidad de ser ayudado y el reconocimiento de esta necesidad se juega en las emociones en este punto.

Al acercarse a la posibilidad de llevar a la práctica algo de lo que se conversa, queda al descubierto la puja entre avanzar en el terreno del descubrimiento o dejarse arrastrar por la inercia y sumirse en el fracaso. De algún modo, es la confrontación entre el bien social y el bien particular, a menudo el costo de llegar al origen de la problemática en la que uno se sabe involucrado.

En una intervención normativa subyacen cuestiones tales como, por ejemplo:

Introducir pautas
(¿Qué hacer ante pactos de silencio cuando se desea operar?)

Hacer duelos
(¿Cómo separarse de lo que se sabe inservible pero se mantuvo tanto tiempo?)

Sopesar los factores estimuladores del cambio
(¿Cuáles son las presiones que alientan a modificar la forma en que se opera?)

Lograr el compromiso con el cambio
(¿Qué lineamientos, recursos y apoyos se necesitan, y quiénes los pueden brindar?)

Determinar el estado actual de la organización
(¿Con qué indicadores se cuenta para entender fortalezas y debilidades?)

Adicionalmente, se agregan cuestiones políticas de vinculaciones y presiones de personas, afectadas o temerosas ante la creación de precedentes.

En cualquier caso, la impotencia y vulnerabilidad que experimenta quien consulta, tienen fuerza para neutralizar y superar los obstáculos, pero puede ser superada por estos, lo que es capaz de dificultar, interrumpir o impedir la intervención, según su intensidad y cualidad.

La tensión entre los interesados primarios y los terceros se funda en la resistencia que despierta quien descubre una situación en la que hay otros implicados. Quien convoca es consciente de ello y sabe que por ser parte del sistema limita alcanzar por sí mismo quizá no la comprensión de la situación, pero sí el pasaje a la acción.

Algo modificamos: el QUÉ y el CÓMO y las intervenciones de cambio

Hay, sin embargo, proyectos que entran en la historia y se instalan como quiebres en la memoria, porque su inclusión se formaliza, se modifican aspectos estructurales. Hay una secuencia de entregables, tangibles e intangibles, que pasan a ser recordados como hitos, a los que Andrew Pettigrew denomina dramas.[5]

Incluso puede hablarse de fracasos exitosos, porque hacen sentido, dan cuenta del pensamiento autónomo que

---

5. Ver Pettigrew, Andrew: "Strategy formulation as a political process. En *International studies in Management and Organization*. 7, 1977, 78-87; y "On studying organizational cultures". En *Administrative Science Quarterly*, 24, 1979, 570-581.

se construye colectivamente. Siendo intervenciones episódicas, tienen impacto organizacional; tienen fronteras níti-
das que buscan forzar el contorno. Aun así, pocos terminan por institucionalizarse, y sería raro que lo hicieran,
porque no reflejan los fines centrales de una empresa.

En una intervención *de cambio* se parte de las preguntas
que se hacen los interesados con la esperanza de que, a partir de la capacidad de darles respuesta y volcarlas al trabajo cotidiano, quede instalada la capacidad de cambio, la
capacidad de renovarse. Cada vez que se logra es a través
de un bien superior común, sostenido por una cultura de
interdependencia y de realimentación.

Este tipo de intervención surge cuando entra en crisis el
modelo establecido y los directivos tienen competencias diferentes de las requeridas para conducirse con pericia en el
nuevo escenario. También hay quienes entienden que para
tornarlo sustentable es necesario adelantarse a las dificultades y ensayar nuevas prácticas en instancias críticas de la propia historia. De hecho, se incorporan cuando es evidente
que el modelo actual esconde ineficiencias palmarias.

Ponen de manifiesto la conciencia de lo organizacional,
y se administran sabiendo que se debe prestar atención a
(a) los equilibrios de poder, (b) las relaciones entre las partes, y (c) el manejo de las transiciones[6], por lo cual es menester operar con (d) criterios de corto, mediano y largo plazos. Son casos en los cuales el proceso organizativo procura
esquemas del tipo de la *copa de frutillas*... En cada una de
esas opciones, surgen inquietudes para:

Definir la situación requerida
(¿Qué resultados abrirán el camino cierto para desarrollar los
cambios necesarios?
¿Qué emociona a/valoran los stakeholders?)

---

6. Sobre el manejo de la transición ver Nadler, David: *Feedback and Organization
Development: Using Data Based Methods.* Addison Wesley, Reading, Mass., 1977.

Entender las bases de sustentación del proyecto
(¿Están definidos y se comparten la misión, la visión y
los valores?)

Priorizar las mejores estrategias para lograr los cambios deseados
(¿En qué temas debe mejorarse para que se sostenga
el proceso?)

*Desarrollar planes de acción para instalar los cambios
deseados*
(¿Qué temas incluye el plan de acción?)

Implementar las acciones para el cambio
(¿Qué nivel de preparación tiene cada equipo
para participar, criticar y ejecutar
las iniciativas?)

Evaluar los avances e introducir mejoras
(¿Cómo se sabe que se avanza en la dirección
correcta?)

Aprender del cambio y mantenerlo vivo
(¿Cómo asegurar que el aprendizaje se instale y extienda?)

Respondiendo a este tipo de preguntas, en los casos que
siguen veremos pequeños cambios y alguna transformación
en lo estratégico, organizativo, estructural y cultural, y en
cada caso se hará patente el impacto de actuar sobre una
variable en lugar de las otras.

Las intervenciones de cambio encaran el desafío de
modificar lo existente, que suele ser más complejo que partir de cero, donde todo estaría por hacerse: la modificación
puede darse, por ejemplo, en la estructura, en la tecnología, en el modo de asignar responsabilidades, en la manera en que se distribuye la información y, de ser eficaz, redun-
dará en la estrategia y en los valores.

Quizá por su mayor experiencia manejando proyectos,
es usual que estos se desarrollen en organizaciones con-

solidadas, con estructuras amplias y dotaciones de personal calificado, por lo que la intervención puede abarcar
varios niveles y sectores en forma simultánea, y alterará el
trabajo cotidiano. Al estudiar el abordaje y los dispositivos
aplicados, los obstáculos se advertirán al analizar los
supuestos vigentes en cada caso, como por ejemplo el
pasaje de lo informativo-individual a lo constructivo-gru-
pal en reuniones de conducción; el proceso de desarma-
do de los feudos enquistados a raíz del cambio estructu-
ral-cultural; el desarrollo de organigramas entendidos no
ya como sumas de descripciones de funciones sino como
contratos de coordinación de aportes; o bien el valor del
mecanismo de la compulsa cuando se la utiliza como herramienta de cambio.

La consulta acompaña los tropiezos de quienes se plantean caminar con paso firme. Es una tarea cooperativa y el
disfrute está en hacer. No obstante ello, no es fácil divulgar
cómo avanzó un proyecto y se calla porque parecería insostenible consignar que un grupo de profesionales destacados dedicó dos meses a pasar de la compra de un equipo a
usarlo como decía el fabricante, "sin alambritos". Porque la
reserva es una forma del afecto. De ahí la necesidad de desarrollar estándares y procesos y buscar su cumplimiento
(*compliance*).

Entonces, la consulta valora lo hecho; cuenta lo que se
hace; atrapa la experiencia; extrae el caracú; toma conciencia de lo que pasa ante quienes harán preguntas incó-
modas y serán incluidos en la próxima etapa.

Los casos descansan en los elementos centrales de la
práctica: aun los más modestos tienen validez porque incorporan valentía, incluyen reflexión, para poder hacer distinto, sabiendo que algo que se hacía antes ya no se podrá
hacer más del mismo modo.

Nadie sugiere que se pueda hacer un cambio significativo sin modificar la forma de pensar. Michael Champy

reconoce que "la revolución que iniciamos con la reingeniería sólo llego a la mitad del camino, porque para cambiar una empresa, los factores clave son el liderazgo, el trabajo en equipo, el empoderamiento, el cambio cultural".[7] Este texto aborda el desafío distinguiendo intervenciones formativas, normativas y de cambio.

7. Champy, Michael: *Re-engineering management: The mandate for new leadership.* Harper Business, New York, 1994.

10. ELABORAR DISPOSITIVOS

Si escribimos como escuchamos, ¿por qué en castellano
el ladrido del perro se escribe "guau guau"
si en inglés se registra "uf uf"?
Y pienso: ¿quién garantiza que lo que digo
se entenderá como lo digo?
Un gerente

Como no se cree en lo ambicioso, se hacen
muchos proyectos cortos.
Y aun así, a veces es laborioso poner
en práctica lo elemental.
Un gerente

Recordar el dispositivo que utilizaba el psicoanalista Lemoine.
Entraba a la sala de espera donde aguardaban varios pacientes
e independientemente de la hora de llegada,
elegía uno cualquiera y lo escuchaba unos minutos.
Al llegar cierto momento, le decía: "Ahora, salga y haga".
Un psicólogo

La racionalidad administrativa aspira a encarrilar voluntades
instalando el modelo de la *pasta frola*, pero un modelo de trabajo efectivo requiere protagonismo, y significa reconocer la

integridad de cada individuo, valorar sus diferencias, desarrollar credibilidad y confianza, brindar oportunidades para conocerse, contar con relaciones interpersonales fuertes. Solamente en esas condiciones pueden acordarse objetivos particulares y compartidos ambiciosos, analizarse problemas, tomar decisiones e implementarlas, y lograr resultados en forma sostenida y de alta calidad.

Sin embargo, los contratos se quebraron, los lazos están destrozados. Hoy se trabaja en lo efímero, como si no tuviera vigencia el mediano plazo, gana peso la concepción mercenaria, las personas se disciplinan y alienan, y se ciñe la reflexión a lo propio como si de nada sirvieran las coincidencias. El activismo provoca errores que se disfrazan a la vista de todos y, sin reglas, asoman la malicia y la codicia. Se ha extendido el modelo del *cucurucho invertido* y cuando alguien sugiere reunirse para trabajar en equipo, se escucha la reflexión incisiva sobre "si se puede cambiar". Se identifica al antilíder, a alguien que desmerece todo aporte que no sea el propio. En esas circunstancias, los individuos se ensimisman en una presentación exhaustiva de su recorrido, como queriendo desafiliarse del ámbito en el que transcurre la entrevista, y mencionan los mecanismos de protección mutua que desarrollan ante aquel: con lujo de detalles, señalan qué hay que hacer y qué no, cómo abordarlo, capacitando al *de afuera*, extendiéndole la protección que han creado para sí. Ulloa llamaba *conducción negativa* a la de quien con sus acciones cohesiona a los otros en defensa de su integridad personal. La primera recolección permite volver al pedido, trabajarlo en su justa dimensión, y quizá instalar un dispositivo que, a partir de la convocatoria, permita definir *si acaso, en este lugar, esta vez pudiera ser diferente.*

Al acercarse, es fundamental recoger sus necesidades para determinar qué hacer: la recolección definirá el abordaje más recomendable para cumplir con las necesidades y determinar el tiempo necesario. Este abordaje crea dispositivos para centrarse en la relación entre problemas *duros* y *blandos*, para derribar barreras, conocerse e integrar un equipo en menor tiempo que el que tardaría en la empresa. Por eso, por ejemplo, cuando se invita a coordinar una actividad de trabajo en equipo, se conversa con los que serán invitados para diseñar la actividad en base a sus necesidades. La recolección incorpora las ideas y prevenciones de aquellos, establece vínculos, y define los alcances del proyecto en consistencia con otras iniciativas en curso. La mayor parte de las veces, además, se han hecho experiencias anteriores, por lo que la actividad toma en cuenta lo aprendido y construye sobre eso: no se trata sólo de ejercicios esforzados al aire libre, sino de metáforas de la realidad interna y rescates que los ligan a la ocupación de ese grupo. E incluye el repaso de la experiencia a efectos de decidir qué hacer, qué dejar de hacer.

Esto recuerda el caso de una empresa de servicio singular, en tren de consolidación en un segmento competitivo. El lanzamiento exitoso de la firma había estado a cargo de un personaje maduro, extravertido y locuaz. Lo secundaba un equipo joven, formado a su sombra y acostumbrado a sus modos, si bien este concentraba poder en desmedro de su cuadro gerencial. Luego de asumir su reemplazante, una persona de características opuestas, se producían largos períodos de silencio, difíciles de interpretar, menos aún de acompañar, en una empresa que debía distinguirse por la calidad de su atención. Cuando, en esas circunstancias, el nuevo gerente general pidió diseñar una actividad de pensamiento estratégico, la primera imagen que cruzó las mentes fue el terror a aburrirse tres días seguidos en un hermoso lugar distante de la ciudad; la segunda imagen recordó que el anterior jamás había contemplado debatir idea alguna con ellos.

Una vez en el lugar, tras un largo viaje en avión, desde la primera hora del primer día, este hombre se sentó en una ronda y avisó que quería abrir el diálogo en torno a preocupaciones suyas y que esperaba que si alguien lo consideraba oportuno hiciera las observaciones y preguntas que le vinieran a la mente. Habló de pocos temas: de qué estaba pasando en el mundo, en la región, en la actividad; de cómo afectarían estas situaciones al proyecto que los unía; sobre cómo podía influir todo eso en cada uno; mediante qué iniciativas estratégicas podrían aprovechar las oportunidades, a través de qué gestiones podrían protegerse de las eventuales amenazas, sobre qué esperaba cada cual aportar en esas condiciones.

A partir de esas preguntas, el calor del debate abrió el camino a la segunda etapa del proyecto, desde la idea de que, ante un problema, lo sensato sería buscar entre los presentes las opciones posibles, incluso las más extrañas, dejando de lado las jerarquías. Esa conversación explicó el trabajo de ese grupo en los años siguientes. También explicó su éxito sostenido. Al cerrar, habría dicho: "Conflicto sí, trauma no".

La expectativa de lograr algo más con el trabajo en equipo parte del reconocimiento de quien dirige en el marco de la pasta frola y divide para conducir, valora el trabajo individual, se sostiene en relaciones de causa-efecto simples, y se desentiende de la interdependencia. La esperanza remitiría a alcanzar los atributos de la *copa de frutillas*. Lograrlo exigiría legitimar otra forma de escucha, de reflexión, de comunicación, de concertación, prácticas reconocidas como infrecuentes en aquel lugar de trabajo. Que convoca el *espíritu de cuerpo* añorado, y depende del ejemplo de quien conduce, y no ya de la inclusión de una actividad de reflexión.

Para que un proyecto sea aceptado, y quizá entonces compartido, el responsable instala las condiciones que le permiten invitar a un esfuerzo. Es su obligación y el modelo de autoridad que imprimirá a su gestión se entenderá en el orden que construya. De ese modo, cada cual podrá aportar alineado a un propósito y a un esquema de tra-

bajo. Así, el responsable se maneja dentro de los parámetros de aquel orden, con un control de gestión coherente con su estilo que se abre a los de otros. Por ejemplo, en el modelo de la *pasta frola*, el supervisor incluye a
las personas como recursos que encajan en un sistema: les
informa, apenas les comunica; les señala, apenas les pregunta; les paga, apenas los reconoce. Aun haciendo todo
bien, ese orden sostenido en la racionalidad administrativa aspira a lograr, pero difícilmente supere, la instalación de una rutina. Vale decir, que garantiza el buen mantenimiento de las máquinas, que los números cierren, que
las personas estén sanas, despiertas, cuerdas. Aunque a
veces, centrado en el cumplimiento burocrático, olvide
que es ineficiente operar con personas cansadas, des-
prestigiadas, enfermas, iracundas…

Ahora bien, si más allá de la eficiencia, el responsable
se propone metas que requieren que las personas se desempeñen en roles protagónicos, como cuando desea satisfacer al colega y al cliente; mejorar la calidad y la productividad; tomar decisiones difíciles; adelantarse a problemas,
o manejar varios temas simultáneamente, aquel orden simple no le permite acceder a metas ambiciosas. Porque las
personas deberán detenerse a pensar, animarse a actuar distinto, con autoridad delegada, escuchar opiniones e ideas
que las sacarán de la conducta estandarizada y las pondrán
en zona de riesgo.

De persistir en hacerlo, se deberán instalar espacios de
intercambio, característicos de la comunicación horizontal; se deberán incorporar condiciones que los acrediten a
mostrar aplomo y dudas, criterio, e ideas propias; además
de pagarles, se habrán de reconocer errores, como es norma
entre adultos. Esto requiere acercarse a la *copa de frutillas*,
en una cadena de valor agregado, y darse cuenta de que va
más allá de dirigir, en un ámbito funcional, como si conducir fuera una técnica.

193

Las expectativas se alcanzan en la medida en que se generan liderazgos transparentes, en el marco de proyectos creíbles y consistentes, que originan relaciones efectivas. La clave quizá sea darse cuenta, a nivel de conducción, de que sólo las personas son capaces de potenciar un resultado más allá de lo que puede una máquina.

Dispositivos

Sin embargo, hay quienes descuentan que, por ejemplo, al incorporar un equipo nuevo, las personas cambiarán sus conductas para adecuar sus acciones a las exigencias del fabricante. No es lo que muestra la evidencia, pero es lo que piensan algunos cuando toman una decisión, o incorporan políticas, procedimientos o cambios estructurales. Creen que por si solos producirán un resultado eminentemente lógico.

La experiencia dice que cuando una persona advierte la presencia de una tecnología nueva, la modifica y altera. Este proceso explica entonces por qué es insuficiente descansar en la capacitación para lograr cambios, y se habla de la necesidad de atender "lo cultural" con una mirada abarcativa.

La consulta comienza cuando el cliente desea convertirse en agente de cambio, pregunta cómo trabajar en la trama que une lo tecnológico y lo social, y hace alusión a ligar estrategia y valores, personas, tecnología, estructura, e información. La siguiente enumeración tiene sólo carácter pedagógico, ya que en un proyecto se opera con metodologías que remiten a cada uno de los campos en forma simultánea, y cada dispositivo funciona como un espejo, en tanto devuelve información e imágenes a quienes los quieran ver.

- Los *dispositivos del campo de la estrategia y los valores* se centran en la entrevista, el diálogo, la indagación y la reflexión, ahondan en la trascendencia de un proyecto, en el desarrollo del posicionamiento estratégico, en la cadena de valor agregado, en la redacción de una visión, en el desarrollo de criterios de conducción, etcétera.

- Los *dispositivos del campo social* tienen como propósito producir aprendizaje a través de la capacitación, de la incorporación de otras personas, de talleres de integración, de encuentros para la resolución de conflictos, de desarrollo de equipos autodirigidos, etcétera.
- Los *dispositivos del campo tecnológico* se sustentan en la incorporación de nuevas herramientas y sistemas de sensibilización, formación, comunicación, informatización, coaching, etcétera.
- Los *dispositivos del campo de la estructura* atienden al desarrollo de nuevas formas de organización, reasignaciones de responsabilidad y de funciones, replanteos en relaciones entre sectores, mudanzas, etcétera.
- Los *dispositivos del campo de la información* descansan en la recolección y realimentación de datos a ser procesados para generar cambios, de modo estructurado o no estructurado, a través del manejo de la dinámica de grupos, el rediseño de cuestionarios, encuestas, etcétera.

Los dispositivos constituyen espejos que devuelven información a debatir. Devuelven datos e información para que cada cual se haga cargo de lo que se va produciendo desde la óptica que ofrece estar conversando en un espacio distinto. Permiten que cada uno tome conciencia de los supuestos que explican por qué cada cosa se hace como se hace, y provocan sorpresa en los integrantes de los sectores convocados, si no entre quienes se agregan, aunque no compartan su historia ni su construcción de la realidad. Por eso, cuanto más amplia sea la convocatoria, más probable es que se aborden temas que cada cual da por inabordables y que iluminan de otro modo.

El abordaje descansa en construir dispositivos singulares con la participación activa de los destinatarios para generar el contexto favorable al debate y al aprendizaje, de modo que sientan y sepan que la información documenta procesos del día a día.

Cada dispositivo es un instrumento para el diálogo, y da lugar a cambios de sentido que impactan en las formas de trabajo y en el sistema de valores. Los hay de diversos tipos:

- *De recolección y procesamientos de datos.* En organizaciones se reúne y procesa información cuantitativa, y se desarrollan criterios alfanuméricos para abordar los resultados de entrevistas, reuniones de trabajo y encuentros de debate, o recoger información sobre clima interno, satisfacción del personal, o efectividad. Tanto la recolección como el procesamiento de datos se benefician con el intercambio, cuando los participantes se habilitan para analizar excepciones y tomar decisiones. Esto también lleva a desarrollar instrumentos de medición cualitativos, en torno a señas, evidencias y consensos, que abordan lo organizacional de modo integral.

- *De manejo de conflictos.* Un proyecto complejo requiere poner sobre el tapete los conflictos y las rivalidades, y operar sobre ellos en forma llana. Para eso se diseñan políticas y procedimientos, con reconocimientos y sanciones, pero es prudente adelantarse, desarrollar transparencia, debatir la eficacia de los sistemas en uso, y la calidad de los vínculos interpersonales. De hecho, el eje central es la concertación que significa ponerse de acuerdo, acercar, armonizar los intereses de diversos aparceros, socios, interlocutores. Con este encuadre se realizan intervenciones puntuales para analizar conflictos y avanzar sobre ellos por medios pacíficos, dramatizaciones en talleres de concertación con participantes de grupos enfrentados, etcétera.

- *De integración.* Quienes realizan una tarea compleja admiten que ciertas cosas se hacen mejor a nivel individual, mientras la mayoría se reconoce inserto en un campo de interacciones. Se define qué hacer a nivel individual y qué atender a nivel de equipo: no es sencillo y no conviene descansar en el talento de un dirigente, en la fuerza monolítica de sus hábitos, ni en organigramas y tecnologías para determinarlo. A ese fin se organizan jornadas de alineamiento, talleres de trabajo, encuentros de debate abierto, etc., en condiciones movilizadoras.
- *De capacitación.* Las actividades de capacitación contribuyen al desarrollo personal y organizacional y son el medio más extendido para propender a cambios de conducta. Son efectivas cuando responden a una necesidad específica, se diseñan a medida, respetan el nivel de formación de los participantes y se programan para ser aplicadas con la colaboración de superiores y colegas. Bien administradas, benefician a la persona pero, a veces, se desaprovecha el esfuerzo, porque el modelo prevalente es jerárquico y los responsables temen que, de aplicarse lo aprendido en el aula, se afecte la distribución del poder.

Pautas de trabajo

- *Cada dispositivo es singular* y se ajusta a una necesidad específica. Su aplicación tiene principio y fin. Se desarrolla con consignas claras. La actividad genera tensión creativa por emprender acciones novedosas, porque la tarea es placentera, los plazos exiguos y los recursos escasos. Además del desconocimiento, sentirse exigido por el compromiso que se crea con los otros puede hacer que una persona se esfuerce y se comprometa.

- *El aprendizaje en un equipo se centra en el individuo*, en torno a un resultado a cumplir sin plazo establecido. Para que aprenda de una experiencia, debe estar en control de sus decisiones en un ámbito en el que ensaye conductas que a diario deja de lado porque podrían tener costos y malas consecuencias. Las actividades trabajan ese nivel de tensión, basándose en situaciones que uno no elegiría, por lo que deben tener la certeza de que no serán evaluadas.
- La *actividad evoca situaciones cotidianas*. Al iniciar se presenta la razón por la que se la incluye, la relación que tiene con la tarea, se conversa para incorporar las preocupaciones del momento, se explicitan la modalidad, las normas y restricciones con las que se sugiere abordarlas, porque se entiende que la intención es transferir el aprendizaje a la cotidianeidad.
- El *rescate es crítico* tanto para equipos en proceso de formación como para aquellos que llevan años trabajando, porque en el debate se dialoga en torno a los supuestos de esa cultura respecto de normas de conducta –qué se admite, qué se prohíbe, y a quiénes–; criterios de autoexigencia –cómo se establecen objetivos, cómo se da feedback, cómo se utiliza un criterio de evaluación–; concepciones sobre colaboración y competencia –a quiénes se incorpora, a quiénes se rechaza y con qué criterios–, etcétera.
- La dinámica tiende a encarar situaciones de complejidad creciente, en las que el que habla *asume la responsabilidad por lo que dice*, lo cual exige distinguir cuándo operar en forma individual, cuándo hacerlo con otros, y cómo. Para avanzar, es imprescindible dedicar tiempo a planificar, analizar, monitorear y evaluar, recuperando esas prácticas en forma sistemática. De esta manera, articulando aspectos individuales y colectivos, se experimenta, observa y comprende cómo

actúa cada uno por separado, y cómo lo hace en concierto.
Esto obliga a la persona a *salir de la zona de confort*[1]: la
figura grafica la posición de quien se ha acostumbrado a resolver problemas de su campo razonablemente bien y evita el contacto con un afuera amenazador escudándose en su reducto jerárquico o profesional.

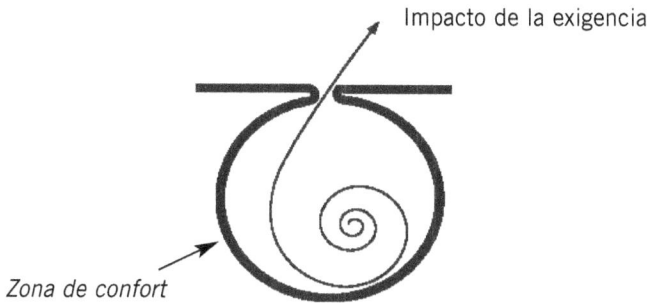

Figura 1

- Al participar, cada persona se entrena para *exponerse a una variedad de tomas de decisiones*. El encuentro permite que *las personas comiencen a conocerse* más allá de lo que saben de la experiencia cristalizada en el ámbito cerrado del que provienen. Dependiendo del proyecto, es usual organizar múltiples encuentros a lo largo del tiempo, en reuniones espaciadas para transmitir el deseo de implementar nuevas prácticas.
- Al finalizar la actividad se hace el seguimiento con involucrados directos e indirectos contra los aportes/

1. *Zona de confort* describe la sensación que tiene una persona cuando percibe que existe congruencia entre la noción que tiene de algo y su composición de la realidad. Ver Bardwick, Judith: "Danger in the Comfort Zone: How to Break the Entitlement Habit that's Killing American Business". En *American Management Association*, New York, 1995.

entregables acordados. La intención es dejar constancia de la actividad. Como resultado, surgen preguntas que cargan cierto nivel de absurdo: ¿puede ser eficiente y efectiva una empresa en la que las personas no se conocen? ¿Hay conciencia en el nivel de conducción sobre los costos de la desconfianza? ¿Cuál es el peso del poder y del prestigio? ¿Cómo desarrollar valor para instalar el aprendizaje extraído de esta experiencia en el trabajo de todos los días?

- A menudo, una vez terminada la intervención, los participantes le dan un nombre, queriendo señalar que en esa ocasión, o a partir de ella, algo conocido adquirió otra perspectiva, se la ve en escorzo. En un caso representativo, los participantes llamaron "Ranelagh" (una localidad) al proyecto y explicaron: "Ahí nos escuchaban" aludiendo al lugar donde se habían sentido respetados. Al salir de los sitios acostumbrados y al crearse otro espacio de intercambio, lo conocido pudo verse con ojos nuevos y generó otro tipo de conversaciones. Vaya entregable...

Presentación de los casos

Cuando invita, el interesado espera que nos ocupemos de ciertas cosas para las que estamos calificados y que otros aceptarán como válidas, gracias a lo cual él podrá explicarles que nuestro trabajo se articula con las metas fijadas. Esto es lo requerido, y quizá sea la razón por la que, en una primera etapa, los médicos sean quienes hacen tareas de extensión en lo psicológico en hospitales, que los maestros o las asistentes sociales lo hagan en sus ámbitos naturales de pertenencia, y que en las empresas sean administradores, contadores o ingenieros industriales los que a menudo se encarguen de este tipo de tarea.

Depositan cierta esperanza en que la acción provoque un efecto adicional, con tal de que no sea excesivo. Esto lo atribuyen a alguna magia, y le llaman hacer trabajo "medio de psicólogo" tal vez porque es más fácil decirlo, que sostener que cierta formación califica en cuestiones difíciles de incorporar al mundo que piensan cerrado. Sin embargo, ya hay quienes saben que lo anterior no es faena de bien intencionados multidisciplinarios, sino tarea de psicólogos. No de conocimiento, sino de comprensión, y de verificación de la comprensión.

De hecho, trabajamos en lo que desconcierta e inquieta, porque al crear espacios de reflexión para pensarse a sí mismos, la consulta provoca efectos adicionales al paso a paso esperado de quien viene de las ciencias naturales.

Así, al ocupar un espacio que antes parecía inexistente, uno pasa a formar parte de una *organización colateral*, una red transitoria que trabaja en las interacciones sociotécnicas del proyecto. Los interesados, y quienes ellos inviten, ocupan cargos en la red permanente del emprendimiento y se los reconoce por su rol formal. Todos saben que cada cual ocupa un rol en las redes informales, pero como apenas entienden de esos temas, los invisibilizan, se ponen de acuerdo en dejar de verlos.

Cada vez que uno ingresa, entonces, aporta ese doble rol, el de investigar antes para hacer después, que la organización prefiere negar, porque de reconocerlo debería quebrar las pautas acostumbradas. Al ocupar un espacio, aunque sea temporalmente, la gestión descansa en la capacidad de lograr consenso sobre la necesidad de darle un espacio a lo informal íntimo, de aprovechar ese espacio para trabajar sobre lo formal público, y de articular los aspectos económicos y políticos del campo de lo privado.

La autoridad del consultor muestra que esa articulación es posible aun ante los juegos de poder, las tradiciones instaladas y la inercia, y de producir mayor nivel de acercamiento, de esclarecimiento y de reparación.

Por eso, cada dispositivo se sostiene en la recuperación y la circulación de la información. Al colocar un espejo ante la situación, surgen los aportes: se afirman principios y estrategias, y se rediseña el proyecto al servicio de metas acordadas. Acercar datos sobre la situación actual, ahondar esa realidad hasta comprenderla abre el acceso a la problemática a resolver.

El abordaje parte de la comprensión del campo, que se sustenta en *historias de trinchera* que ayudan a explicar cómo se han ido adaptando las conductas y se expresan en la situación actual. Cada cual dimensiona la capacidad de respuesta de los protagonistas para operar con fluidez respetando las reglas explícitas e implícitas del lugar, para observar y comprenderlas con más rigor, y poner en práctica, con los otros, su propia capacidad transformadora.

La Tabla 1 sintetiza los contenidos de los episodios seleccionados para este texto. Van de situaciones simples a proyectos integrales de empresa. Sin nombrarlos, cada uno permite otear una trama abigarrada de cuestiones que se llaman *técnicas,* o *duras* (costos, plazos, calidad, seguridad, salud, medio ambiente), y otras que se denominan *sociales,* o *blandas* (entorno del negocio, estilos de conducción, pautas culturales, procesos, competencias gerenciales).

Lo notable del pedido de consulta es que acepta que para operar sobre los primeros, debe partirse de los segundos. El cliente lo entiende como punto de vulnerabilidad y, mientras dura la consulta, siente la presencia del consultor como un peso innecesario y bienvenido.

En una ocasión, un gerente presentó su problema, acordamos que debíamos averiguar qué pasaba, aceptó la idea de convocar a encuentros de debate y cuando preguntó qué haríamos, dijimos no saber, y además pedimos no poner nombre a la intervención. Alertado sobre tan extraño comportamiento, trabajamos con grupos grandes, y él participó en muchos debates. Pasaron los meses, se encauzaron ciertas cuestiones y en un encuentro informal se mostró sorprendido y agradecido, pero volvió a preguntar, esta vez, "¿Qué hicieron?". Su contribución fue abrir la puerta, escuchar, ocupar un lugar, usar la información para corregir prácticas ineficaces; dejó en suspenso el conocimiento, pero seguir en el mismo puesto parecía inhibirlo para llegar a otro nivel de comprensión. Sin embargo, aquel proceso fue crítico, por más que la mayoría se seguía preguntando si se podía cambiar, por más que la situación ya la habían modificado ellos...

Así, entrelazadas en los relatos, se develarán las estrategias de abordaje usadas, planteando el mismo ejercicio que se realizó con los protagonistas, con un fin resolutivo para ellos, y reflexivo para el lector.

Sus preguntas señalarán el camino que conduce a un cambio distinto del que se habría reconocido de mantenerse en el marco del paradigma de los pragmáticos. Acceso que requiere dejar de lado cierto conocimiento, y que llevará a la comprensión en la medida en que haya pasado por circunstancias parecidas. Y quizá en vez de "¿Qué hicieron?", pudiera entonces aquel gerente decir: "Me abrí, lo vi, lo dejé de mirar, lo empecé a ver". El siguiente paso será registrarlo.

Los casos 1 a 4 narran intervenciones formativas, que surgen como reacción ante una urgencia, o como emulación acrítica "de lo que se está haciendo", trabajo de apariencias en el que el logro es modesto: "Nos dimos cuenta de algo". Generalmente, van de arriba abajo y se restringen a un sector. Los casos 5 y 6 están más alineados con una intención estratégica, procuran ir a las causas y narran intervenciones normativas, esencialmente adaptativas, en las que el logro es puntual: "Lo ensayamos y es posible". Por último, los casos 7 y 8 son descriptivos, y narran intervenciones de cambio, proactivas, en las que la concepción es sistémica, participativa, inclusiva y tiene garantías de continuidad. Ahí, el logro es significativo: "Hicimos un programa, y la trama social sostiene el desempeño".

Tabla 1

Casos	Temática central	Breve descripción de contenidos
1. Armen: asustarse, mirar para otro lado	La consulta se produce en los márgenes, y muestra indicios de ansiedad y de coraje.	Análisis de un drama generado por vivir aislados, tolerar la intrusión, la fijación de metas desmedidas, y deshonrar los vínculos construidos en el tiempo.
2. Marzo: pensar en voz alta	La consulta genera un proyecto de consultoría en la medida en que se converse.	Desarrollar otras reglas, fundar una empresa distinta e incorporar un nuevo socio a través de entrevistas y debate sobre reuniones de gerencia.
3. Omnia: crear el espacio	Se instala y legitima otro orden articulando cuestiones formales e informales.	Entrevistas y trabajo sobre roles fortalecen el criterio de autoridad y replantean las relaciones entre lo informal-familiar y lo formal-organizacional.
4. Garza: depender del otro	El cambio no se produce en todos los sectores porque la empresa no es monolítica.	Serie de intervenciones que apoyan al equipo de una división que se desarrolla clandestinamente en una empresa que rechaza el cambio.
5. Gigas: poner límites	El cambio descansa en la calidad de la relación entre supervisor y supervisado.	Conversaciones con un directivo que se hace cargo, actúa de manera profiláctica para conminar crisis y reinventa el proyecto de una empresa.
6. Ombús: mostrar cómo se hace	El cambio crece cuando cada actividad refuerza y alimenta a las anteriores.	Secuencia de intervenciones que crean el Comité de Dirección y se suceden a nivel integral, sectorial, grupal e individual para rediseñar la empresa.

Casos	Temática central	Breve descripción de contenidos
7. Dante: incorporar a los diferentes	Se trabaja con grupos naturales y se reconocen los celos profesionales.	Ejemplo de aplicación de un dispositivo con personas en cargos vinculados, para rediseñar procesos y sistemas de trabajo entre sectores.
8. Cerros: desplegar las velas	A veces se trabaja bien en un proyecto complejo, con gente desconocida que se sorprende a sí misma.	Programa de intervenciones que instalan un sistema de gerenciamiento en un equipo compuesto por personas de diversos orígenes, desconocedores de la tecnología del negocio.

Quizá lo notable sea que todos ellos, aunque no se propongan cambios, los logran porque no se puede intervenir en una organización social sin afectarla.

II. Valorar las voces, decidir sobre las prácticas, instalar en la historia

1. Armen: mirar para otro lado
2. Marzo: pensar en voz alta
3. Omnia: crear el espacio
4. Garza: depender del otro
5. Gigas: poner límites
6. Ombús: mostrar cómo se hace
7. Dante: incorporar a los diferentes
8. Cerros: desplegar las velas

1. ARMEN: MIRAR PARA OTRO LADO

Nunca confíes en las organizaciones:
no tienen ni un alma que salvar, ni un trasero que proteger.
Un gerente

No es cuestión de hablar de los hechos,
sino de que los hechos hablen por sí mismos.
Fernando Ulloa

Toda consulta se desarrolla en los márgenes y abre los pliegues: estas limitaciones son condición de borde. La consulta no trabaja en la empresa, sino que presta atención a
las voces de personas que se desempeñan en ella porque
están atormentadas: trabaja con esos hombres.

Asimetría e inestabilidad caracterizan la época. La
atención se dirige al corto plazo y a las utilidades; muchos
objetivos se fijan desatendiendo el equilibrio entre medios
y fines, se exacerba la centralización en la toma de decisiones, y se quiebra el contrato psicológico entre empresa
y empleado.

En esa realidad, ¿cómo instalar condiciones de seguridad
psicológica? Por prudencia o temor, a mayor intranquilidad

cada cual *encubre sus conocimientos* porque la evidencia le demuestra que cualquier información puede ser usada en su contra; puesto a responder *dice que desconoce,* porque el otro no está en condiciones de comprobarlo, y actuar de este modo le permite analizar el comportamiento de aquel, pero además, *no dice porque no sabe,* en tanto ha sido marginado del flujo que el superior supone debe haber seguido operando.

La consulta abre el cerco y al salirse del centro que los protege del contacto con elementos turbadores de su realidad, esas personas ponen en evidencia cuestiones de la ortodoxia de la empresa y, a veces, cuando hay voluntad de seguir adelante, la consulta se transforma en proyecto de consultoría y contribuye a influir sobre algunas prácticas. Para que tal cosa ocurra, las personas deben haber concluido que perderán más si siguen en lo de siempre que si cambian algo, o en otros casos, deciden mirar de frente. Deben darse ciertas condiciones para salir de la zona de confort en que se encuentran. Deben tomar cartas en el asunto de marras.

En el siguiente caso se activan dos detonadores, uno, interno: la temprana muerte de un amigo; otro, externo: el descubrimiento de un fraude. Pero ¿eso significaría resistirse a seguir en lo acostumbrado?

En una empresa con fines de lucro, mientras la rentabilidad sea adecuada, todo lo otro pasa a tercer nivel. Se trate o no de una fábrica, el pensamiento íntimo se reflejará en la frase: "¿El turno entró? ¿Están saliendo los camiones? Entonces está todo bien...". Podrán surgir problemas de diversa índole, pero si el control de gestión muestra un panorama que permite garantizar la continuidad de la operación, aquellos se resolverán de uno u otro modo en el marco de lo aceptado. El nivel profesional de la conducción se definirá por la calma con la que se prioricen los temas, y el componente *negocio* primará sobre el componente *emprendimiento.* Estaremos olisqueando el *cucurucho invertido* bajo el manto de la *pasta frola*. Porque mucho de lo organizacional descansa en la conveniencia de automatizar la actividad, a través de la medición y el establecimiento de rutinas. Con ello se desaprenden y postergan elementos del tejido social: lo que no afecta las utilidades de este mes del ejercicio es negado, postergado, desprestigiado.

Todos conocen el costo de esas prácticas. En una ocasión, vi desmejorada a la persona que convocaba. Ante mi mirada dijo resignado: "Viene con el puesto".

Armen resume el desarrollo de una entrevista con un grupo de ejecutivos que desatiende una crisis moral, una situación en la cual pensar pone al grupo en pánico porque enfrenta la distancia entre lo que desearían alcanzar como personas y lo que admitieron como directivos.

La firma estaba en decadencia. Cuando la gente pensaba en productos químicos, ligaba sus imágenes mentales con propaganda que había visto de esa marca, pero quienes actuaban a diario en la empresa conocían dificultades conspicuas. Las frases que siguen fueron registradas en una reunión a la que asistieron todos los directores que se expresaron sin cortapisas en el marco de la política de apertura tradicional de la empresa.

En el pedido telefónico, el directivo de mayor antigüedad había dicho que querían encarar un análisis organizacional, e iniciada la reunión, se constató que los motivos eran urgentes. Las frases siguientes se hilaron en la primera hora de la extensa entrevista.

Hace un tiempo esta organización tuvo un gran desarrollo, pero se está parando.

Tiene la imagen de ser moderna, de traer al país tecnología nueva y de hacer productos distintos.

Su fuerte es la tecnología y el fuerte de la gente que trabaja aquí es la tecnología. No les vaya a pedir nada que tenga que ver con relaciones humanas.

211

Si saben que estamos hablando con usted, más de uno va a sonreír.

Se promueve a la gente por sus conocimientos técnicos. No sabemos nada de administración. Ni de conducción, por más que hayamos hecho todos los cursos.

Ahora esto está detenido y se van a ver las cosas que discutimos tantas veces y nunca pudimos corregir.

Hablamos muchas veces. Aquí, en medio de una reunión, volviendo del golf o con una visita del exterior.

La gente piensa que sabe mucho, pero en realidad es la estandarización la que mueve a la empresa.

Algunos creen que son gerentes, porque aquí son gerentes. En otro lugar pronto se dan cuenta de que sin el respaldo de la organización no saben nada. ¡Es duro eso!

No niego que soy uno de los pocos gerentes de Relaciones Industriales a quien no le gusta la gente. Lo sé, aunque toda mi vida hice este trabajo. Algunos [de mis colegas] se salvan, pero la mayoría son egoístas.

No nos entienda mal. Armen es el súmmum. Todo lo que yo aprendí, lo aprendí acá. No era más que un técnico de la Escuela Industrial y ahora soy gerente de Programación. Todo lo que soy se lo debo a esta empresa.

Cada uno inicia su participación hablando de la necesidad de formular un plan de análisis que abarque a toda la organización. Dicen que debería empezarse un proyecto a nivel superior y bajar en cascada, incluir a todos, pero enseguida introducen elementos a través de los cuales se comprende su desazón: al hablar de "la compañía", hacen hincapié en el padecimiento.

Cuentan cómo se sienten. No se sabían capaces de cometer actos viles en los que habría engaño, traición o cobardía, y navegan ese mar pensando en alguna absolución. Cada uno se incorpora a la conversación diciendo cómo se desempeñó en diversos cargos y fue progresando. Se advierte que las rutinas de trabajo moldearon sus vidas y les atribuyen todo lo bueno y todo lo malo de sus carreras: sus vidas personales están íntimamente articuladas con su progreso en la firma, y se advierte también cómo fueron modificando sus criterios al desarrollarse. Viajes, mudanzas, vida familiar fueron fuertemente condicionados por el trabajo, pactos tejidos por los que ganaban como gerentes y perdían como personas.

Es evidente que conversaron muchas veces sobre la influencia de la empresa, pero en las últimas semanas dos hechos los trastornaron. Acaba de morir un colega que había ingresado en la empresa en la misma época que ellos y simultáneamente el vicepresidente ejecutivo de la región criticó su gestión por no superar sus pronósticos de ventas durante dos períodos. Están consternados sin poder aceptar que les pueda ocurrir algo así, como si el acuerdo implícito los protegiera de contratiempos y descubrieran que aquel contrato fáustico era fantasioso. El mensaje traicionado era: "Adoptamos esta forma de actuar a cambio de protección de por vida".

Hablan de la dificultad de pertenecer a una organización que brindaba sueldos altos, prestigio en su medio social, estabilidad y conocimientos, pero imponía una disciplina férrea. Esta parece haber sido una vieja preocupación, y la charla refiere que las tensiones llegaron a un límite cuando murió el amigo y recibieron la crítica: los dos hechos los sacan de quicio. El pensamiento subyacente alude a que "la situación era llevadera mientras vivía el amigo y las ventas seguían creciendo". Rememoran sus primeros tiempos.

Había una época aquí en que se venía a trabajar con camisa blanca y corbata oscura. Era la costumbre. Todos iguales. Eso lo cambiamos nosotros.

Antes usted no podía tener su personalidad. Acá ahora usted puede venir con barba, y tampoco le van a objetar si es divorciado. Los títulos tampoco cuentan: lo que cuenta es ponerse a trabajar.

Son todas cosas que hicimos nosotros.

Ahora hay otro problema. Los auditores descubrieron que dibujamos datos de producción en un proceso y estamos involucrados.

Desde la oficina regional nos ponían metas y no siempre se podían alcanzar. Nosotros lo explicamos porque en procesos continuos es muy difícil establecer cuánto da el equipo, y discutíamos, pero terminábamos aceptando la imposición: las metas nos las ponían los de la región. Como en la práctica a veces esas metas se alcanzaban, y en otras no, se las discutimos una vez, nos mandaron a la cucha, y desde entonces se anotaba la cifra deseada en las planillas y no se discutía más. Sabíamos que estaba mal.

Fue un error. En vez de resistirnos en ese momento, quisimos pensar que no tendría consecuencias.

Con el tiempo hubo que cambiar datos sobre existencias y desechos; dibujábamos los números que querían. Acá estábamos todos enterados.

Cuando aumentaba el rendimiento, se tenía que corregir, porque esos aumentos compensaban los préstamos contra futuro que nos habíamos hecho.

Al principio, algunos jefes llevaban doble registro: uno real con la producción y otro donde anotaban el nivel del desvío. Lo que había comenzado como un reto y había sido reconocido como imposible, se convirtió en una ristra de mentiras, se hizo laborioso sostenerlas, dejaron de hacer los registros que podrían haber documentado el fraude. Pasaron varios años, algunos de los responsables fueron transferidos a otros destinos y, a medida que eran reemplazados, los nuevos aceptaban el sistema y se había vuelto imposible corregir los hechos. "Ahora se vino abajo toda la estantería".

Uno pregunta "si en realidad esto será verdaderamen-
te un problema. Porque en esta empresa somos tan per-
feccionistas que quizá estemos exagerando cuando es una
situación típica en otras empresas". Se discuten estas ideas,
aceptan que la situación es seria, y elaboran soluciones posibles dentro de su marco actual.

*Un buen sistema de doble control nos puede ordenar esto. Lo mejor
será avisar que hubo un error de criterio.*

*Será fácil poner un sistema nuevo. Aunque a mí la gente no me
quiere. No sé si podremos imponerlo.*

*Somos muy disciplinados, pero los de abajo saben que cometemos
errores y que se enmiendan.*

*Nosotros éramos muy capaces. Los que vinieron después usaron las
mismas mañas, con otro criterio, y de ahí surgen todos estos problemas, pero se van a corregir.*

*¿Nos rodeamos de incapaces? ¿Nos tienen miedo? ¿Pensarán que
somos nosotros los que no queremos cambiar?*

*Y ahora echamos al supervisor del sector... Juan nos lo había adver-
tido.*

La reunión se extiende varias horas. Uno interviene
poco, escuchando, tratando de ordenar en la propia mente
lo que serán aspectos personales, grupales y organizacionales. Mantienen largos silencios, un gerente no lo tolera,
cree que utilizaron mal el sistema de Dirección por
Objetivos, los directivos regionales pretendían que fijando
metas ambiciosas se produciría más de lo que podía la planta industrial, el amigo muerto había sido el que había lide-
rado la resistencia, pero ellos admitieron que les colocaran
metas exageradas y cada año se hacía más difícil encubrir
la doble contabilidad hasta que los auditores descubrieron

el fraude del cual todos eran conscientes y nadie quiso asumir su responsabilidad. La mayoría sigue en silencio y uno pregunta: "¿Estamos desahuciados?".

Esta frase gatilla otra ronda de comentarios y cada uno da su versión. Discuten y se centran en las necesidades de sus supervisados. Están destrozados y deben enfrentar la situación, decidir cómo salir del encierro y "limpiar la pizarra". Se preguntan cómo hacerlo; alguno dice que por eso está ahí y se queda en silencio.

Cada cual valoriza lo que se dijo, se habla de lo que no se había dicho abiertamente. Cada cual da su testimonio, y la figura es la de un círculo cerrado. Como si se quisiera recordar que ciertos valores persisten, permitirían encarrilar un cambio informado sobre el caso, dando un paso atrás en las decisiones tomadas que afectan a todo su personal. Que se pongan al frente reconociendo su responsabilidad es en vano...

Los cinco gerentes se reunieron y se escucharon hablar a viva voz: frente a la confusión que los rodeaba, convocaron a un tercero en nombre del amigo, reunieron los datos, pero se resistieron a movilizar esfuerzo alguno para salir de la trampa en que habían aceptado colocarse. La crisis era intolerable, y quizá pudiera resolverse si varios quebraban el compacto. Sin embargo, nada hicieron: se sabían imputables y protegidos en la medida que callaran, entonces se sometían.

Enfrentaban un dilema, pero carentes de convicciones, desvalorizaban su impacto. Hacían el gesto, pero no eran capaces de darle vida. Decían que tenían un problema, la terminología de la tecnocracia moderna se había apoderado de ellos y las palabras habían perdido el sentido. Que de la toma de conciencia surgiera el paso para reparar el despido del supervisor hubiera exigido un nivel de solvencia moral que no mostraban. La decisión estaba en sus manos, pero sentían que las sanciones serían duras. Acostumbrados a acatar, entendían el caso como una fatalidad que sufriría otro. Las pautas corporativas aconsejaban reprimir la angustia: podrían minimizar su participación, atribuyendo los errores a subordinados, a quienes se podría seguir despidiendo, por culpas que sabían suyas.

Estaba en ellos tomar la decisión, y como funcionarios elegían sus carreras por encima de otras opciones. Algún indicio surgió, pero se cerró y pusieron fin al encuentro.

Armen devela la construcción de un drama y la emergencia de un gesto. De hombres que se asustaron tras verse arrastrados a una situación de vergüenza. Cruzados por la mezquindad, a pesar de ocupar cargos directivos, ante la fijación de objetivos desmedidos, toleraron la intrusión, y quebraron los preceptos que sostenían su posición. Cometieron un error garrafal; el relato describe la encerrona y sus conductas repiten que no están en condiciones de restaurar las ideas que proclaman. No advierten resquicio alguno para salir del nicho en que se refugiaron. Para ellos, las cosas están dadas, e impulsados por el recuerdo de un amigo, dan testimonio de su fracaso y sienten repugnancia.

La crisis no sirvió. No hubo gesto categórico. Debieron haber sido capaces de poner límites y superar las vicisitudes que refirieron, pero fueron incapaces de dominar sus circunstancias. No ejercieron autoridad. Aceptaron las condiciones de un trato perverso, carecieron del mínimo grado de libertad para ejercer su propio criterio, advirtieron que lastimaban a otros, se dañaron a sí mismos, se paralizaron cuando se reunieron y lo confirmaron. En esas condiciones, ¿qué hacer, si no asentir, sin avalar ni desmentir?

Una crisis permite introducir procesos de transformación: en cada caso serán distintos los elementos puestos al servicio de ese proceso. Uno ayuda a entender las condiciones de la cultura que sustentará, u obstaculizará, el cambio, y acompaña mientras los de adentro van evaluando los posibles caminos. Eso pasa por una comprensión de los motivos que llevaron a la situación anterior y de las prácticas a instalar para que surja un proyecto legítimo, porque, de otra manera, librado el proceso al azar, centrándose en el ejercicio del poder, o el de la mera voluntad, la crisis no será más que otra oportunidad desperdiciada.

Armen ejemplifica situaciones de vulnerabilidad en las que un grupo se siente marginado, víctima de circunstancias ajenas a su voluntad. A diferencia de este, los casos que siguen muestran la capacidad de sobreponerse al desconcierto y crear espacios para tomar distancia, reparar y avanzar. En cada uno de ellos, la figura de autoridad surge asumiendo costos.

Las situaciones conflictivas son inherentes a la condición humana. Sin embargo, no es usual topar con gerentes que encaran sus demonios, ya que la mayoría relame sus heridas en la oscuridad y no reflexiona. Entonces, ¿qué hacer? Escuchar con la mente en blanco, tarea improbable y estimulante. Ante expresiones de confusión, predomina una cultura cerrada, arrogante, dogmática; la consulta investiga si pueden crearse las condiciones de seguridad que permitan hablar al que lo desee y escuchar al que lo elija como interlocutor libre; cuando el camino está cerrado a la iniciativa, propone indagar sobre el grado de sensatez imperante, constatar las evidencias sobre los niveles actuales de efectividad y satisfacción, averiguar en torno a qué hechos existiría el consenso o se toleraría el disenso. Cuando reconoce las restricciones en las que las personas admiten operar, analiza las consecuencias de las pautas de conducta prevalecientes y pregunta de dónde surgen las certidumbres con que se opera en esas circunstancias; al escuchar las evidencias de padecimiento, recupera experiencias del pasado y del presente en que otros, en las mismas circunstancias, hacen de otro modo.

En esos casos, se acuerda el horizonte; y el horizonte se corre a medida que progresa el diálogo. A veces, a través de esta ubicación, se contribuye a que las personas encuentren el sentido de aquel contacto, le otorguen otro significado. Contemplen formas distintas de incidir, dejen de sentirse en posición aventajada, se hagan cargo y se permitan la desobediencia.

La consulta es para quienes hacen acto de presencia. La interdependencia que se gesta pone sobre el tapete la realidad de ese pequeño colectivo, y construye sentido sobre ese material, que es común porque resulta de la charla: la suma de datos reúne un saber que se llama diagnóstico operativo, y que servirá para dar el siguiente paso, quizá cada cual por separado, seguramente en otro momento y en otro lugar. Porque queda latente el sentido construido, descubierto, develado, palabra mirada, todos despiertos.

En otra instancia similar y en el desarrollo de una jornada plagada de incomodidades, escuché decir:

Bienvenido a nuestros errores.

Todos somos pecadores.

Sería desafortunado permitir que esto descarrile.

Aceptémonos con nuestras tonteras.

El nivel de ambición no es, en sí mismo, una meta.

Surgirán oportunidades importantes si abandonamos los fundamentalismos.

Empecemos por los hechos por más que los sintamos incómodos.

Tampoco en esa ocasión este otro grupo humano pasó de un diagnóstico que iba leyendo en los hechos, a la construcción de un pronóstico distinto. No cambió su línea de conducta. Creyó purgarse al hablar ante un extraño. Había material suficiente para avanzar, pero aplazaron la toma de una decisión, no aceptaron la mezquindad de su posición, y conozco el papel que jugó mi impericia en el desarrollo de ambas reuniones.

2. MARZO: PENSAR EN VOZ ALTA

Como buenos ingenieros, no saben escuchar.
Te paran y no te dejan hablar.
Quieren siempre lo mejor,
siempre que lo mejor vaya acorde a sus pensamientos.
Parecen inteligentes, pero no te dejan hablar.
Les estás hablando y ya te quieren dar la respuesta.
Pará, dejame terminar, pensás vos,
pero ellos se fijaron el panorama, el plan, el objetivo
y cuando ya hicieron las cosas, se dan cuenta de
que las podrían haber hecho mejor,
de otra manera, con otra cordialidad.
Un gerente

Ante un problema, hay quienes salen a conversar con un amigo al que le cuentan lo que ocurrió o hicieron. Preferiblemente, no debe tener la misma especialidad, sólo prestar atención y escuchar. También es mejor que no hable y, sobre todo, no aconseje. Cuando esto se produce, el monólogo en presencia de la oreja amiga arrastra datos y acercamientos al tema que se habían olvidado, y formas de resolver lo que antes parecía imposible de atacar.

Conversar es una instancia elemental de aprender: la consulta rescata la herramienta para iniciar la indagación. Mide si acaso se puede avanzar más allá del gesto que comporta el llamado; distingue el nivel de voluntad de abrirse a lo impensado, coloca sobre la mesa la capacidad de acercarse en forma paulatina, procesal, a la constatación de que "esto no coincide con lo que creo, con lo que esperaba, con lo que quería" y sin embargo sigue la plática.

La ayuda se realiza creando un espacio en el cual se observa, sabiendo que, en torno a un tema pertinente que desasosiega, la tarea tiene comienzo y fin. Por eso, muchas veces cuando uno pregunta al final de una intervención qué se hizo distinto, la mayoría dice: "Nos escuchamos". Y esta decisión es esencial cuando afuera rugen las tempestades.

Marzo

Marzo tiene tres dueños: los señores Resnik, técnico electrónico; Bertolucci, ingeniero con estudios de posgrado en los Estados Unidos; y Cordero, quien posee una vasta experiencia comercial. Son de la misma generación: tienen entre 30 y 40 años. Antes de formar su empresa, se conocían pero cada uno trabajaba por su cuenta. En cierto momento surgió la posibilidad de presentarse a una licitación de una corporación y decidieron hacerlo juntos. Al año de fundar la empresa se inicia la consulta. Fabrican aparatos de medición de alta precisión para la industria química, concentrando su actividad en la producción de una línea de instrumentos. Esta restricción se debe, en parte, a la importancia del contrato logrado, pero también a la imposibilidad de atender otras oportunidades garantizando el nivel de calidad requerido. Les preocupa la inestabilidad y el alto nivel de competitividad del mercado. Además, debido al monto de una inversión adicional en equipos de control, en los últimos tiempos han tenido muchas dificultades en cumplir con los pagos.

Reciben con la frase: "Lo invitamos para que nos ayude a bajar bien la cortina". Indican que el futuro de Marzo es incierto, porque al completarse el siguiente bimestre, se terminarán las entregas correspondientes a la licitación, y a menos que se confirmen pedidos pendientes, las ventas se reducirán en un 40 por ciento. "Enfrentamos una crisis de desastre económico, financiero y productivo".

Marzo ocupa un taller en un barrio industrial. Bertolucci supervisa la fabricación y mantiene los aparatos: cuenta con el apoyo de dos estudiantes que lo pueden reemplazar. Los trabajos de armado los realizan con la ayuda de quince operarias. En una oficina del centro, Resnik se ocupa de la administración y los bancos, con una dedicación de medio día, mientras Cordero se encarga de las ventas. Todas las decisiones financieras son analizadas por los tres en conjunto. Se reúnen semanalmente, pero en general actúan con mucha autonomía. En la primera entrevista coinciden en definirse a sí mismos como "muy activos". Dicen: "Preferimos hacer, a consultarnos todos los días... aunque luego tengamos que corregir cosas".

En el momento de la fundación, los socios acordaron hacer retiros mínimos para invertir la mayor parte de las utilidades en el crecimiento de la empresa. Tenían, también, un programa de desarrollo en base a instrumentos de líneas complementarias, pero sucesivos inconvenientes imposibilitaron ese desarrollo: los aparatos de Marzo no tienen ventajas competitivas sobre los de otros fabricantes, y las ventas se hacen más por promociones personalizadas que por marcadas diferencias en calidad o servicios; y no se ha cumplido con el programa de inversiones previsto.

Esto provoca trastornos en el trabajo y en las relaciones. Por efecto de estas circunstancias, creció el peso relativo de

Cordero. Ante todo, porque sus vinculaciones personales pueden hacer prosperar o quebrar el proyecto; en segundo término, porque tanto Resnik como Bertolucci efectuaron retiros mayores que los convenidos, y esto convierte a Cordero en socio principal. Además él tiene un fuerte patrimonio familiar: cuando lo necesitan, presta sumas a la firma en condiciones bancarias.

Frente al pedido de ayudar a cerrar la empresa, se propone realizar un par de entrevistas para mirar la situación en perspectiva. El nivel intelectual de los socios imprime a la relación un tono particular: son todos profesionales, se psicoanalizan y la charla incorpora elementos de lucimiento. Sienten la exigencia de desarrollar una solución equilibrada y quieren pensar; desean comprender; necesitan aclarar los puntos oscuros e integrar elementos nuevos que puedan ser útiles; coinciden en que "dedicamos muchos esfuerzos a la empresa, quizá desordenados", y concluyen: "Si cerramos sin analizar qué ocurrió, se va a destruir la amistad".

Desde el comienzo se advierte una alianza: Resnik y Bertolucci hacen profesión de fe en la capacidad del otro; Resnik dice que Bertolucci es un buen ingeniero y este muestra por qué piensa que aquel lleva bien la relación con los acreedores. Se defienden mutuamente. No hablan de Cordero y este tampoco lo hace, pero es posible que se proteja de la confabulación intentando establecer otra alianza con el consultor. Aclaran que no es el primer momento difícil por el que han atravesado. Dicen que nunca pudieron trabajar bien juntos. Sin embargo, "como nos necesitábamos, nos impusimos el compromiso de defender la empresa. Solos no podemos comprender nuestros errores: estamos demasiado metidos para entender lo que nos pasa".

No dicen todo lo que les preocupa; no pidieron la consulta sólo para "comprender sus errores" y se ponen a prueba las expectativas. La consulta se inicia centrándose en el proyecto de cada socio, y comienza a salir la información. Por un lado quieren entender "por qué hemos fracasado", de manera que si deciden cerrar podrán aprovechar la experiencia en beneficio de su amistad personal. También les interesa analizar cuáles serían los mecanismos correctores que evitarían la repetición de sus errores y el cierre de Marzo. Por último, aluden a cerrar Marzo y abrir, en mejores condiciones, otro proyecto en que estuvieran reunidos. No está claro si el nuevo proyecto uniría a los tres, o a alguna pareja entre ellos. Son sus pedidos; las respuestas se irán definiendo no bien se constate si la consulta los puede atender.

Se trata de propuestas ambiguas. En ningún caso se menciona que Cordero es el socio más comprometido, pero cuando se explicita, se analiza qué significa cada objetivo mencionado para cada uno de ellos. A medida que se desarrolla el trabajo, el clima es menos forzado. Al comienzo, el diálogo entre Resnik y Bertolucci es fluido y cuando uno se detiene, el otro retoma la idea central en su propio discurso. Cordero participa más, aunque siempre en forma medida: sus comentarios son breves, ordenados y precisos. Los tres equilibran, poco a poco, su participación. Puede suponerse que al comienzo Resnik y Bertolucci sobreactuaron su parte y Cordero utilizó la ocasión para observar al consultor. A partir de la segunda reunión, el clima remeda la modalidad de trabajo diario.

Durante las reuniones que siguen, los tres socios ponen de manifiesto su capacidad para trabajar en varios temas al mismo tiempo como quienes se desafiaran en una sesión de jazz. Analizan cada tema en profundidad y descubren distintas posibilidades de comprensión. Al completarse cuatro reuniones, se centra la atención en la continuidad de la empresa y la idoneidad de los socios: se llega a la conclusión de que la dificultad que entorpece el proyecto es producto de esos dos elementos. A partir de este esclarecimiento, comienza a cuestionarse el motivo por el cual han llamado al consultor: cerrar Marzo.

La competencia que existe entre los tres socios determina una dinámica particular en las reuniones. Se suceden discusiones recriminatorias entre Resnik y Bertolucci. Cordero evita la polémica tomando una posición distante. Esta dinámica imposibilita el diálogo, y es usual que los dos contendientes principales se alíen más tarde para enfrentar al tercero. En cada reunión se constata la misma rutina. Sin embargo, este nivel de acuerdo no dura hasta la reunión siguiente. Al comenzar el quinto encuentro se denuncia la estrategia y los socios la reconocen y la analizan. Se pregunta si la competencia entre los tres los impulsa al fracaso: se habla de fracasos con las mujeres y de fracasos en la amistad. Cuando aparece el tema de la amistad, Cordero se incluye con más franqueza: "No creo que usted sepa que a Resnik y Bertolucci los presenté yo, son amigos míos... no quisiera volverme atrás".

A partir de la quinta reunión, los socios planifican sus tareas habituales de modo de tener su reunión semanal inmediatamente antes de encontrarse con el consultor. Así la entrevista se transforma en la continuación de la reunión entre los socios. Esto les permite reconocer y poner en común las estrategias que utilizan en cada contexto. Cuando están solos, se asignan distintas tareas para cumplir, pero no comparten lo que cada uno realizó individualmente hasta la reunión. Se plantea la importancia de un cierre que los reúna. Dice entonces Cordero: "Lo que ocurre es que usted funciona como nuestro antagonista y hace que nos juntemos".

La reunión siguiente presenta una característica diferente. Cada uno trae papeles escritos "del final de nuestra reunión de trabajo". Anuncian que estudiaron la situación y piensan que ya no es desesperante. Surgió un proyecto nuevo compatible con la forma actual de Marzo, pero que necesita algunos cambios para formalizar la participación mayoritaria de Cordero. El proyecto presenta, además, la eventual incorporación de un cuarto socio. Se ríen de sí mismos cuando sostienen que "trabajamos bien porque cobramos dinero atrasado y pudimos pensar".

Este primer ciclo de reuniones marca la constitución de un equipo: el pasaje de grupo de amigos a relación de cierta formalidad entre socios. El proceso de esclarecimiento permite que, mientras se incluye otra forma de conversar entre ellos, se desplace el centro de interés: cuando se discutía el cierre de Marzo, los tres socios se alternaban uno frente a los otros dos. Al indagar sobre sus maneras de relacionarse, aceptan la existencia de un campo de acción compartido y se crea el proyecto-empresa. La relación establecida a través de la consulta cimienta un nuevo vínculo. Tras una oportunidad que aprovechaba un grupo de profesionales amigos, surge la probabilidad de un emprendimiento complejo, y necesitan organizarse. Esto se formaliza: "Ahora ya conversamos bastante; pongámonos a trabajar en serio", y las reuniones siguientes se ocupan de los proyectos posibles.

En la nueva etapa, las notas que trae cada uno hacen hincapié en necesidades personales: se empieza a hablar de conducción y asignación de tareas. Resnik trae una lista de las que prefiere no hacer; Bertolucci identifica sus responsabilidades y se organiza alrededor de cada producto; Cordero pide que le digan qué esperan de él. Se aclara que antes de hablar de tareas debe definirse el proyecto que los reúna: surgen cuatro opciones, a saber: (a) cerrar Marzo, (b) mantener Marzo sin innovar, (c) agregar nuevas líneas sin el cuarto socio, y (d) agregar la nueva línea con un cuarto socio, y se trabaja sobre la necesidad de definir la organización que mejor respondería a cada caso.

Cada opción se analiza a partir de los datos recogidos, y por sus méritos se selecciona la última. Sorprende la nitidez con que surge y la unanimidad de los comentarios.

Descartan la primera posibilidad de inmediato y dicen que la incluyeron porque pensaron "que cualquier experto nos iba a decir que no sabíamos manejar una empresa y entonces lo dijimos nosotros, aunque esa solución no estaba en los planes de nadie".

Así queda elegido el camino, y por la necesidad de definir acciones en el menor tiempo posible, se realizan tres reuniones en el curso de la semana siguiente para concertar cómo implementar el nuevo proyecto. Así se concluye esa etapa y se suspende la consulta para dar tiempo a encarar las dificultades de la nueva situación; se acuerda otra reunión a tres meses.

En ella participa el cuarto socio, y el nuevo proyecto está en plena vigencia: avanzan en los criterios de organización, sin innovar en responsabilidades. Puesto que el recién incorporado es técnico especialista en la nueva línea de productos, se debaten las responsabilidades que pueden conferirse a cada uno y se excluyen (a) las que ninguno conoce a fondo, (b) las que exigen consulta y (c) aquellas de las cuales son responsables dos o más socios. Las tareas en que se pueden reemplazar mutuamente son registradas por separado.

Durante el trabajo, se pone de manifiesto la intención de que sea el cuarto socio quien se encargue de las tareas que pueden ser hechas indistintamente por cualquiera; no es una decisión ingenua. Se analiza la estrategia y se advierten los peligros que esto acarrearía: al hacerlo, se crea un círculo vicioso que permite el resurgimiento de los problemas que habían existido cuando sólo eran tres. Superada está *impasse*, se establece un esquema de trabajo en función de las responsabilidades individuales. Así, cada socio realizará una tarea particular, pero también colaborará en el seguimiento y control del trabajo de los otros tres. Se establecen mecanismos de rendiciones de cuentas, como en el caso de la fabricación: Bertolucci queda a cargo de la primera línea, y el nuevo socio, de la segunda. Ambos compartirán programación y despachos.

Los cuatro diseñan un programa que les permita identificar índices de avance para controlar su gestión, lo que los obliga a cumplir con un esquema que en principio rechazaban, porque exige que cada uno asuma tareas postergadas, y descubra que la postura inicial de "muy activos" era probablemente falsa y se basaba en considerar a Marzo como un negocio que sólo ocuparía sus horas libres.

Pequeña organización, pasaje de negocio a empresa, en la que conviven alianzas políticas, lazos familiares y puros negocios, en la que se acepta abrirse a pensar, a entender cada situación como oportunidad de invención, a superar contratiempos en función del sentido común, y a adelantarse a las crisis.

En un entorno competitivo feroz, descansaban en sobrentendidos de amistad para comunicarse, y mantenían silencio o utilizaban anteojeras ante cuestiones delicadas. El diálogo era impensable. La crisis los hizo *quedar en evidencia*, y la ponderación de cada situación permitió *buscar evidencias*. Alterar la estructura de solidaridades.

En los antiguos intercambios, asimétricos, siempre se juntaban dos y el tercero aparecía escindido, en la vereda opuesta: no sabían manejarse, cada uno mantenía su lugar, y aprovechaba al tercero para debatir. Cuando agregaron primero la consulta, y luego al cuarto socio, pudieron dejar de lado las costumbres de la antigua forma de trabajar y pasaron a *organizarse*, a aportar desde las discrepancias a un mismo problema.

3. OMNIA: CREAR EL ESPACIO

Si querés que hable mal, hablo mal,
pero yo elegí hablar bien.
Un gerente

¿Usted qué hace? ¿Qué quiere de mí?
¿Sabe lo que necesito?
Un gerente

¿Cómo articular roles y relaciones en un proyecto laboral?
Cada uno tendrá su opinión. En las empresas grandes intentan desligar afecto y función, pero en las pequeñas, aunque se brinden servicios excelentes, el conflicto es cotidiano y es difícil ocultar su impacto. A veces, sin embargo, se
manejan bien. Viendo qué se junta y qué se separa, porque
si la inteligencia y el afecto van por carriles distintos, sólo
se consigue vender productos de ocasión…

En ese marco, Omnia enfrenta la disyuntiva asumiendo
el reto de crear espacios de reflexión para cuestionarse cada
cual a sí mismo, construir autoridad donde existía poder
consentido, descubrir el sentido del trabajo, y valorar al
otro. Es un ejemplo modesto, y como ocurre en estos casos,

da lugar a un cambio en la experiencia de los cinco protagonistas, no bien se explicita lo que hace cada uno y lo que espera del otro.

No obstante, no es fácil de llevar a la práctica, y en otra ocasión fue inusualmente arduo. Fue con el dueño de una perfumería-farmacia de Buenos Aires, en Las Heras y Pueyrredón, en una época en que había tres importantes a metros de esa esquina. El dueño era un hombre mayor, sabía qué tarea delegar a cada uno, y sus hijas le pedían que dejara parte de su trabajo a un encargado, pero eso implicaba darle la llave de la puerta y no tenía una persona de confianza.

Quizá convenga comenzar preguntando: "Usted, ¿qué aporta y a quién lo entrega?", "¿Es lo que el otro necesita?", "¿Podría hacerse de otro modo?".

Primer contacto

Pugliese ha sufrido un infarto e inicia la consultoría al ver complicada la situación de la empresa: "Porque si yo me muero, se pierde Omnia". Afirma que pasó el susto, que retomó la actividad, dejó el cigarrillo y cambió su dieta; dice que todas estas decisiones no le resultaron difíciles de tomar en virtud de que es indispensable para la empresa. Interviene Santillán: "Me plegué a la idea de la consultoría, porque si Pugliese lo cree conveniente, me parece bien". Gallo acota: "Todo lo que se hace aquí lo decide Pugliese, pero yo lo acepté porque esto hay que modernizarlo".

> *Soy sólo el presidente, de Comercialización; no sé nada y en lo intelectual no soy una luz. Estoy aquí por afecto a Pugliese. Él es más cerebral, más capaz, más tenaz. Él trabajaba con su padre, que murió joven, y a partir de ese momento tuvo que mantener a la familia: una familia grande, con hermanos y primos.*

232

De día estaba en la Cooperativa del pueblo conmigo y de noche nos encontrábamos en el Comité. Ahora ya estoy viejo y por eso los que más se ocupan son Pugliese y Gallo que son primos. Viven peleándose.

Por eso lo habrá llamado Pugliese a usted. En cambio yo tengo mis choques con ellos, porque no hago nada. Tomo café y me amargo. No aporto nada, pero soy el que más pesos se lleva, aunque en la firma no tengo peso. Ya sé que no puedo salir a comprar como antes. Me canso mucho, pero acá no hago nada. Si hay que morir, que sea viviendo.

Así se presenta Santillán, el presidente de Omnia. Pugliese ha aprendido el negocio de Santillán y por eso, cuando reunió el dinero para abrir su propia empresa, lo invitó a trabajar con él. "Fundamos el aserradero hace diez años". La oportunidad de la explotación forestal trajo consigo la necesidad de convocar "a alguien joven y de confianza". Llamaron a Gallo, primo de Pugliese, que no sabía nada de maderas, pero conocía mucho de máquinas y tenía experiencia en el trabajo del campo. Así, si bien la empresa se encuentra en un suburbio industrial, la tarea y las personas que la realizan impusieron la racionalidad particular de la vida rural, su ritmo y relaciones. Actualmente Pugliese se ocupa de todas las tareas que se realizan fuera de la empresa y Gallo, de las relacionadas con la explotación forestal y el aserradero.

Entre cada socio hay una diferencia de edad de diez años, y si bien el mayor tiene alrededor de 50 y el menor orilla los 30, los tres aparentan ser más grandes. La problemática generacional se perfila como un punto donde la relación entre lo organizacional y lo afectivo complica la operación. Aporta Pugliese: "A Gallo lo traje yo y le enseñé a trabajar. Es joven y está aprendiendo". Poco después se establece que a Gallo le interesa la música, hace el trabajo con desgano y comete errores que Pugliese debe corregir.

A lo largo del encuentro, los socios construyen una trama en la que el conflicto queda circunscripto entre ellos, lo que reduce la complejidad organizativa a la de un emprendimiento presidido por un hombre que no es viejo ni enfermo, pero a quien se le impide trabajar; dirigida por otro que convalece de un infarto, y donde actúa un tercero que no muestra interés ni habilidad, pero que sin embargo va casi todos los días al aserradero. Son amigos, tienen un negocio, descubrieron que es difícil llevarse bien.

Omnia es una empresa sólida. Pasó sobresaltos, pero el manejo es prudente y no tiene dificultades económicas, técnicas, ni financieras. Es el aserradero de mayor crecimiento en la zona y, a través de sus múltiples actividades, Pugliese tiene acceso a empresarios y funcionarios. El problema queda centrado en el grupo humano y en aspectos de la realidad que eluden. Se indica que los encargados del aserradero tienen dificultades con Gallo, "a quien le han perdido el respeto", siendo ellos quienes mantienen el funcionamiento del negocio. Gallo calla y acata sus decisiones. Pugliese y los encargados manejan la empresa: pareciera que ningún otro cumple actividad relevante. Pugliese los ha incluido por una necesidad personal que daña más a los supuestos beneficiados de lo que estos toleran. Gallo sostiene irónicamente:

> Pugliese es demasiado bueno. Todo lo que yo hago, él lo hizo mejor. Me tiene paciencia. Él me metió en esto. Yo no tenía un peso y me regaló mi parte, pero ahora quiere que trabaje como él. Mejor hubiera sido si me daba la plata y me dejaba tranquilo.

Día a día, los amigos se encuentran y las desavenencias interfieren en la operación. Para evitar presuntos errores de Gallo, Pugliese se adelanta a tomar decisiones por él, dando órdenes a los encargados, mientras Gallo, por no tener en qué ocuparse, invade la esfera de acción de su primo. Se desautorizan recíprocamente generando una maraña ante la cual los supervisores callan. Santillán asume su lugar de presidente y ejerce una función moderadora, aunque minimice su intervención "porque no tengo poder". A lo largo del encuentro se reúne esta información que permite diseñar una estrategia para ayudar a los socios a plantearse las cuestiones que prefieren evitar, y que eventualmente les permitirán aclarar el alcance del conflicto que los preocupa. Se les pregunta qué ocurrió durante la hospitalización de Pugliese.

"¡Ahí fue diferente!", acuerdan Santillán y Gallo, "Pugliese volvió a su casa a los dos días pero no queríamos molestarlo y actuamos por nuestra cuenta. Las dificultades se resolvían". Santillán y Gallo se vieron obligados a asumir responsabilidades y piensan que en ese período su gestión ha tenido mayor vitalidad. Describen una situación que resolvieron y aclaran que "en realidad, las dificultades que se presentaron eran las que derivaban de asumir decisiones que, hasta ese momento, habían sido de Pugliese".

"Éramos otros, yo me sentía veinte años más joven", sostiene Santillán. Gallo agrega: "Yo vi que era capaz de tomar decisiones" y ejemplifica: "Una vez tuvimos que alterar una decisión de los supervisores, y tuvimos razón. Y cuando volvió Pugliese, nos volvimos a guardar, pero el primer fin de semana largo que se tomó para hacer sus análisis en la Capital trabajamos como lo habíamos hecho durante los días de su reposo. Y era mejor".

Santillán y Gallo modificaron sus conductas habituales y fueron capaces de cumplir con sus funciones formales. El relato de lo sucedido muestra un ánimo diferente, pero también allí surge la pregunta que cifra el destino de la intervención: ¿cuál sería la reacción de Pugliese? La encrucijada plantea dos opciones: en un primer caso, Pugliese podría darse por traicionado y tratar de cerrar la consulta. Si fuese así, se podría suponer que la entrevista habría tenido una función catártica y Pugliese retomaría la conducción de Omnia relegando nuevamente a los otros. La segunda pondría en evidencia otra motivación: quizá el llamado estuviera fundado en la intención de replantear la forma de trabajar y de vincularse afectivamente. Podría suponerse que Pugliese habría exagerado su dolencia para poner a prueba a sus socios y, una vez comprobada su capacidad, querría formalizar el estado de cosas con el aval de la capacitaduría.

Cómo siguió

En función de la dinámica, se realizaron encuentros para examinar dos situaciones diferentes: una reunión para reflexionar sobre la realidad de la empresa cuando "trabajaban" los tres, y una segunda centrada en la organización tal como se puso en evidencia cuando Pugliese estuvo ausente. En cada caso se trataría de hacer hincapié en las diferencias, ya que *Omnia con Pugliese* y *Omnia sin Pugliese* constituían propósitos diferentes. Cambiaban la visión que se tenía del proyecto y las misiones de cada integrante. El primer caso llevaba la impronta personal de Pugliese, mientras que cuando este estaba ausente, Santillán y Gallo se sentían libres e imponían sus criterios. Eran dos *organizaciones* y al compararlas, se veía que las conductas, los sentimientos, las actitudes y las prioridades eran diferentes. Lo que no se sabía era cuál sería la reacción de Pugliese al enfrentarse con la posibilidad de una Omnia con participación activa de los otros.

Pugliese moderó la discusión. Se analizaron los proyectos personales de cada uno y cómo afectaban la relación de trabajo. Santillán decía que lo consideraban viejo porque había comenzado a trabajar a los 12 años y cuarenta después tenía nietos. Expuso sus condiciones: "Yo me quedo si tengo trabajo: no soy figurón de nadie".

La situación de Gallo era difícil. No acertaba a combinar su trabajo con la música. Cuanto más dinero tenía, más la descuidaba. Durante el tiempo que trabajó sin el apoyo de su primo, había aceptado que no era necesario pelearse con nadie: aun su relación con los encargados había experimentado una mejora.

Pugliese, por su parte, aclaraba que "siempre se había trabajado como si la empresa fuese una familia". No tenía vida personal: toda su actividad giraba en torno a la firma. Explicó que la remuneración que los otros recibían se debía a "su situación familiar" y no a circunstancias laborales, y esta afirmación explicaba no sólo el hecho de que Santillán y Gallo tuvieran mujer e hijos, sino que Pugliese les "reconocía ser su familia". Durante la ausencia de Pugliese, Santillán y Gallo descubrieron que la situación los ponía bajo tensión y que no debían aceptar ese deterioro por más que Omnia les brindara seguridad económica.

Pugliese quedó deslumbrado con el descubrimiento de lo que llamaba las "dos empresas". Sin embargo, Santillán y Gallo, que se habían sentido halagados por las respuestas de Pugliese, no estaban seguros de poder mantener la forma de actuar que habían adquirido durante su ausencia, una vez que se incorporase a sus actividades.

Todos tenían la certeza de que Omnia debía ser un proyecto que incluyera a los tres. Cada uno había mostrado su necesidad de afirmarse en un lugar propio y no deseaban revertir la situación. Había que diseñar una estructura que respondiera a criterios sustentados en otros supuestos. Diseñar para sí mismos. ¿Para quiénes? ¿Para todos los que operaban ahí?

Dar forma a un nuevo proyecto requería incluir a los dos encargados. Hasta ese momento, se había trabajado como si la empresa se redujera a los socios y, acordada la conveniencia de replantearse cómo redefinir sus propias tareas, era necesario reconocer que estas serían distintas en la medida en que se incluyera a los encargados. Sin ellos, la recolección quedaba incompleta.

En un comienzo, se resistieron a la inclusión de los encargados. Decían que Ferrándiz y Guzzeti "no se asustan por nada, pero no tienen educación y se sentirán incómodos sentados a la mesa con un psicólogo". Santillán asumió la responsabilidad: "Los invito como presidente. Conocen las dificultades. El trabajo propuesto me parece bien. Juntémonos el sábado".

Aparece la autoridad, surgen los roles

El trabajo es artesanal: no existe una respuesta única y tipificada para cada problema previsible en un proyecto. La labor parte de herramientas antiguas y se diseña el dispositivo que resulte útil para ese caso. La reunión se realiza en un clima informal, lejos del trabajo. Los socios han puesto a los encargados en antecedentes y se utiliza la primera parte del encuentro para comunicar lo que se ha conversado. Se analizan las tareas de cada uno, a través de un ejercicio cuyo propósito es relacionarlas con las características individuales de cada persona.

1. Cada uno de los presentes indicó qué propósitos cumplía su cargo: se hizo una descripción sucinta, referida a la realidad actual.
2. Cada persona indicó qué actividades realizaba en su cargo.
3. Los otros comentaron en ronda agregando y quitando lo que les pareció: no se discutió, y se anotaron los elementos polémicos para procesarlos más tarde.
4. Cada persona indicó qué necesitaba de cada uno de los otros para cumplir mejor sus funciones.

5. Este mecanismo se repitió con cada uno de los presentes hasta completar la vuelta.
6. Se analizaron los materiales de todo el grupo para constatar si quedaban tareas olvidadas.

El ejercicio atendió la singular complementación de aspectos afectivos y laborales con un esquema sencillo. Cada uno podría reconocer las implicancias que tenía su cargo sobre los otros. Se obligarían a sí mismos a tener claro qué querían como individuos, qué parte de ese proyecto podría canalizarse a través de Omnia, y si los propósitos personales y laborales eran compatibles. Además, con las reglas claras y los límites precisos, se circunscribió la discusión a las cuestiones de trabajo.

Una vez finalizado el ejercicio, quedó anotado lo que cada uno entendía como propio de su tarea. Se debatió si lo documentado era correcto, si representaba la situación real, y se indicó en cada caso *aquello que se debía hacer*, normatividad, y el *margen de maniobra en cada caso*, discrecionalidad.

Naturalmente los cargos que menos discrepancias mostraban con respecto a la realidad eran los de Ferrándiz y Guzzeti. El análisis de los directivos, por el contrario, demostró que para satisfacer las expectativas con relación a sus funciones, sería necesario introducir modificaciones mayores.

En este análisis, fue crítica la participación de los encargados. Aportaban ejemplos concretos para ilustrar lo hecho por cada uno, en presencia o ausencia de Pugliese. A partir del debate se advirtió cómo introducir los cambios y cuáles podrían ser las relaciones con cada uno de los encargados. Se reduciría la responsabilidad de Pugliese limitando su gestión en los asuntos de los que podría encargarse Gallo. Este y Santillán se harían cargo de las funciones que hasta entonces sólo ocupaban formalmente.

La discusión siguió y se acordó poner en práctica un esquema distinto del que había surgido en el breve ejercicio.

239

Agregaron, además, que los cinco responsables analizarían los eventuales desacuerdos en torno al trabajo de cada uno, y tres meses más tarde realizarían la evaluación del nuevo sistema.

El programa se completó, con ajustes sucesivos, después de varios meses. Al ponerse en marcha, se constató que, en la primera reunión, Guzzetti y Ferrándiz habían callado una serie de situaciones en las cuales dos de los socios tenían opiniones encontradas. Al estudiar caso por caso, surgieron diferencias de criterios, más allá de preferencias personales, y del peso de la costumbre. Ínterin, se hizo otra reunión con los cinco, para discutir las razones de un conflicto entre dos de ellos. La solución fue elaborada en función de las pautas desarrolladas en el primer encuentro.

Parece improbable que este tipo de proceso pueda darse sin la presencia del consultor. En esas circunstancias pocos tienen la buena voluntad y toman la distancia suficiente como para debatir la eficacia de sus prácticas en presencia de colegas y dependientes. Cuando se lo hace, aun en el territorio familiar, en el cual son previsibles el acostumbramiento y la aceptación de la fatalidad, estas dificultades comienzan a atenderse sólo tras repetidas crisis.

Por último, las dos estructuras de Omnia, con y sin Pugliese, recuerdan que el cambio no pasa sólo por las actitudes. Esto se entiende cuando se compara la forma de trabajo de una misma firma en los diferentes turnos de una planta fabril; en las guardias de los fines de semana; o bien tras una mudanza o una reestructuración. También al cambiar los sistemas informáticos o al ingresar un nuevo empleado o un nuevo jefe.

En cada caso, el objetivo es, por una parte, que personas que anteriormente se entendían de cierto modo cumplieran con enterarse de que lo que hacían no era lo que necesitaban; por otra, complementar el *organizar* con el *orga-*

nizarse, vale decir aprovechar el saber formal y el sentir informal. Y para ello es necesraio disminuir la presión, fijar metas
alcanzables, dar instrucciones claras y oportunas, asignar
tiempo y recursos, mantener consistencia entre lo que se
dice y lo que se hace, atender las variables de una organización compleja.

Dos tipos de entregables, por lo tanto: el proceso de la
conversación, el producto de esas charlas, ambos intangibles y fáciles de medir en sus efectos.

4. GARZA: DEPENDER DEL OTRO

Cuando es a todo o nada, al final es nada.
Un gerente

Tiene que saber que acá siempre se pierde.
Otro gerente

¿Es imprescindible que un proceso de esclarecimiento y cambio sea consistente en todos los sectores de la empresa para que tenga efecto? ¿Acaso no coexisten maneras diversas de trabajar en una misma empresa? ¿Cómo incluir a los incrédulos?

Puesto que ninguna organización es monolítica, las preguntas jamás tendrán un solo sentido, siempre habrá alternativas, siempre habrá posibilidad de generar algo diferente, a menos que se trabaje en la modalidad tradicional que proyecta que cada esfuerzo pueda canalizarse sólo de una forma: a favor del proyecto principal de la empresa.

Más aún: a nadie se le escapa que en cada organización hay subculturas, por un sinnúmero de motivos: el negocio en el que se desenvuelven, las tareas que desempeñan, la generación a la que pertenecen los integrantes, la formación profesional, etc., lo que habilita a pensar que lo natural sea la existencia de cursos distintos de acción, a partir de lo que hace cada cual.

Por ser una división nueva, dirigida por un creativo heterodoxo, Garza desarrolló un plan de trabajo ambicioso contrario a las pautas generales de Marco, la empresa madre, amparado por el gerente general. Todos lo sabían, tenía algo de experimento, jamás alguno pensó que acarrearía consecuencias organizacionales serias, y sin embargo mostró que era posible.

Porque la consulta instala reglas que, en ese espacio, podrán generar interés y atención.

Garza era la división más pequeña y el proyecto más reciente de Marco, líder en la mayoría de sus mercados. La corporación se caracterizaba por descansar en tecnologías de punta para introducir productos de alta calidad en mercados establecidos, captando clientes de grandes firmas.

La conducción de Marco era técnico-administrativa, el personal superior era elegido en base a haber cursado carreras tradicionales, y concentraba la totalidad de las decisiones de acuerdo con un sistema jerárquico. El director general y su equipo mantenían una pesada carga de trabajo que manejaban con el apoyo de un reducido equipo de asistentes técnicos. Se coordinaban bien, pero el resto de los empleados distaba de seguir este modelo. Eran idóneos que realizaban tareas de rutina, cumplían órdenes y estaban acostumbrados a consultar a sus superiores por detalles y a menudo. Los superiores administraban en base a pautas estrictas y no había movilidad entre puestos: este esquema se mantuvo muchos años, y la inflexibilidad preocupaba al director general, que conocía las limitaciones del modelo.

Los ejecutivos se ajustaban a un esquema paternalista, los empleados "ofrecían su vida a Marco", y tenían la certeza de estabilidad laboral y de ayuda económica en casos de necesidad. Este trato había sido puesto a prueba infinidad de veces: cada empleado descontaba que el cumplimiento de su tarea le merecería reconocimiento, por más que el contrato fuera demandante.

El director general invitó a un almuerzo con el cuerpo directivo y detalló sus inquietudes vinculadas al crecimiento. Detectaba falencias operativas y sentía que estaba capacitando a un grupo importante para acortar distancias entre el equipo superior y los empleados: participaban sesenta personas en talleres de desarrollo; además, un equipo técnico de la empresa venía revisando las políticas de Recursos Humanos porque se vislumbraban conflictos no bien se replantearan las descripciones de funciones, los niveles de atribuciones y el sistema de remuneraciones.

Al invitar a colaborar en el proceso de cambio, el gerente general manifestó:

> A pesar de nuestros éxitos en el mercado con las líneas principales, la eficiencia operativa de Marco es baja, y en muchos sectores nuestra gente está insatisfecha.
> Creemos condiciones para delegar. Las acciones de los próximos meses deben dirigirse a conseguir esa meta. Los pocos que tomamos decisiones no damos abasto.

Alcance del proyecto

Los directores estaban acostumbrados a resolver problemas en forma rápida, compitiendo entre sí. Los que dirigían Operaciones y Finanzas, las divisiones importantes, descreían de que se pudiera modificar el modo de trabajar y se oponían a las ideas del gerente general. Explican que "eso ya se intentó y con pésimos resultados, porque hay dos tipos de gente: los que piensan y los que no", aunque "se someten a su criterio, puesto que lo propone su superior y no corresponde enfrentarlo", pero "dada la oportunidad de expresarlo", señalan inconvenientes basados en su conocimiento de "la empresa".

Al mismo tiempo, apoyan sus argumentos con cifras y provocan el silencio de los otros que sólo atinan a mencionar los motivos que los alientan a desear la transformación. De hecho, se explicita que, mientras que el director general es nuevo en el cargo, ellos llevan varios años "aquí". Por otra parte, las críticas encubren otras dificultades. Recién después de un silencio, el gerente de una división menor manifiesta la insatisfacción que le provoca cumplir con horarios extendidos y actuar con criterios restrictivos cuando la empresa cuenta con personal preparado que lo ayudaría a resolver muchas situaciones. Quedan planteadas dos posiciones irreductibles, entre los que dirigen las divisiones clave y conforman un subgrupo poderoso, y los que actúan con autonomía porque, marginados del grupo de decisión, se descuenta que sus opiniones no importan para los resultados. Los dos que dirigen las divisiones más pequeñas e involucran proyectos de riesgo "tienen poco que perder".

En vez de expresar sus prevenciones, fundan su posición activa en hechos recientes que los preocupan. Dos jefes jóvenes se han retirado, hecho insólito en una empresa en la cual se alienta la permanencia del personal. Esto es más grave porque habían completado estudios en el exterior y se los consideraba "delfines". En ocasión de su retiro, conversando con el gerente general señalaron "la impermeabilidad del grupo superior", a pesar de que les esperaba un brillante futuro.

El director general anuncia que quiere hacer una lista de los problemas de la empresa, pocos muestran entusiasmo y reúne un grupo heterogéneo de jefes para operar sobre sus causas. Del grupo participan algunos que trabajan en apoyo a la Dirección, y otros, que son excluidos. En el encuentro, hay diferencias en la forma en que se expresan según su grupo de pertenencia. Cada grupo describe a la empresa de otra maner, diferente: los que forman parte del equipo de apoyo a las gerencias son optimistas y los siguientes comentarios son típicos de esta predisposición.

> *La Dirección ha tomado el toro por las astas.*

> *Esta era una empresa en la que, si no se robaba, uno se podía jubilar avanzando de puesto en puesto. Así se cometieron infinidad de errores de criterio, que nadie quería reconocer. Esto se está acabando.*

> *Algunos tienen miedo de que los echen, y es verdad que sería una injusticia hacerlo de un día para el otro, pero como está el país, no se podía continuar sin hacer cambios.*

Los que no participan asiduamente del trabajo gerencial conciben a la empresa como un lugar "al que hay que acostumbrarse".

> *Usted está acá para ayudarnos y tiene que saber la verdad: esta es una empresa en la que todos pueden progresar. Hay lugar para todos. Nunca se negó nada a nadie. No es una empresa fría e impersonal. Nunca lo ha sido.*

A partir de esta ubicación, los integrantes de uno y otro grupo destacan problemas distintos y defienden sus posiciones con argumentos tenaces; unos los sostienen en cuestiones de mérito profesional, los otros en hechos del pasado. La recolección convalida la existencia de los dos agrupamientos que subsisten en difícil equilibrio. El gerente general, consciente de la existencia de los grupos, se sorprende de la línea divisoria tan marcada entre ambos. Describe esa situación como "una bomba de tiempo", propone que cada director elabore planes de acción, pero dos semanas después, los que dirigen las divisiones de "menor importancia relativa" presentan sus ideas en forma conjunta, y los dos que dirigen las divisiones de mayor prestigio alegan exceso de trabajo y no aportan propuesta alguna. El gerente general no acusa recibo de la desobediencia.

Primeros contactos

A partir de esa primera actividad, la consulta se concentró en Garza, cuya problemática representa mejor el enfrentamiento entre las subculturas. Garza comercializa una línea de productos reducida intentando quebrar la dominación de firmas tradicionales con una estrategia que combina tecnología de avanzada, con procesos de buen nivel de trazabilidad; productos de alta calidad, y promoción, publicidad y propaganda novedosas. Aun así, los índices de penetración en el mercado son menores que los esperados para esa fecha.

El trabajo en Garza se inicia con una entrevista a Ricardo Oddone, responsable de los aspectos financieros, comerciales y administrativos de la división. Autodidacta experimentado en comercialización, no teme equivocarse, pero es un marginal. Caracteriza su actividad como "un tránsito constante al borde del precipicio". Dice:

> *Siento que me podrá ayudar un poco. Veo la oportunidad de capacitar a los jefes de esta división. Todos hicieron su carrera aquí y nunca fueron capacitados.*

Tiene la convicción de que "todos los proyectos propuestos para nuestra división naufragaron, los dejaban morir". Ve la existencia de Garza condicionada por las actitudes del director general: "Está indeciso al respecto. En ningún momento nos apoyó, y en cualquier momento nos descontinúa."

Habla de su temor a fracasar. La conducción tecnocrática le presenta serios obstáculos y en un encuentro con el director general, Oddone concede que su división no produce los volúmenes requeridos, pero su superior responde que las cantidades producidas cumplen con las pautas fijadas para el período de lanzamiento: "Las cifras a las que usted hace referencia corresponden a una alternativa que fue rechazada". Del diálogo surge que ambas posiciones sustentan su argumentación en datos valederos porque, por cambios en el mercado, las pautas acordadas han sufrido modificaciones. Las diferencias se zanjan, pero el diálogo se hace cuesta arriba, aunque se tienen respeto. Hay un mensaje implícito: cumpla con lo que pueda, y aun así quizá sea insuficiente. La alusión del director general parece referirse a las expectativas de los otros directores, y cierra diciendo que tiene confianza en que "se resolverán las dificultades".

Otro factor preocupa a Oddone: Márquez, uno de los jefes jóvenes de su división, tiene un pésimo carácter y utiliza su antigüedad y el cargo de su padre en la misma firma para evitar recorrer la línea jerárquica, amparar infracciones jurisdiccionales y operar con procedimientos de excepción. Cada vez que esto se produce, pone en crisis las relaciones entre divisiones. Oddone sostiene que Márquez es capaz, pero que su estilo es imperdonable. Cada vez que surgen conflictos, los grupos enfrentados hablan de la "irrespetuosidad" en Garza, oponiéndola a su propia "lealtad".

Ninguno de los jefes de Garza forma parte del grupo de los "elegidos": es un grupo encargado de una línea nueva, lo que supone que es un proyecto de poca valía. Oddone tiene el apoyo de sus supervisados en un proyecto que siente abandonado por la Dirección, pero el director general plantea exigencias que considera desmedidas y él está convencido de que los directores principales lo desprecian.

La situación en Garza

El director general deseaba instaurar cambios, y el personal de Garza no fue invitado a capacitarse, pero sí a incorporar al consultor a colaborar en el análisis de la situación. Aceptaron a medias, diciendo "obedecemos a nuestro gerente que lo convocó a usted" y en entrevistas individuales agregaron cosas como:

Todos nosotros nos formamos en esta compañía y ahora que tenemos un proyecto de envergadura no nos dan recursos.

Los productos están mal acomodados a este mercado, y la línea [está] condenada de antemano. Y mandan, en cambio, a este consultor que va a informar si somos capaces.

La situación es insostenible. Lo que necesitamos es apoyo comercial y financiero. No necesitamos organizarnos y menos aún que nos motiven con palabras.

Las diferencias entre Marco y Garza eran notables:

En Marco	En Garza
Las divisiones eran líderes consolidadas	La división era nueva
Las personas se conocían	Las personas apenas se conocían
Se aceptaba el esquema de operación: elegidos y réprobos	No estaban condicionados por un esquema previo de operación
Los directores eran autosuficientes	El director era un heterodoxo
No sentían necesidad de cambiar, ni se sentían presionados	Deseaban afirmarse en contra de la cultura predominante

Para dimensionar la situación, se trabaja con el grupo asistiendo a sus reuniones operativas, actuando como observador no participante y debatiendo en ronda tras cada sesión. Después, se canaliza la discusión sobre los factores que contribuyen a esconder o mostrar problemas a partir de cómo trabajan. Frente a lo cotidiano, se comportan con decisión e ingenio. La imagen que surgía de las entrevistas mostraba un sector paralizado, mientras que a diario operan con tranquilidad, aun frente a dificultades. En cada reunión se centra la atención en un problema, y se acuerdan acciones a analizar en la siguiente, con lo cual se desmitifica: no hay tantos problemas, el grupo se enorgullece, y usa el autocontrol para trabajar en equipo. Tres meses después, se dedica una reunión a analizar los logros.

"Tendríamos que hacer un diagnóstico", indica uno. Otro señala que el diagnóstico se hizo a lo largo de ese período y que, al comparar lo hecho con lo dicho en las entrevistas, surgía el peso de los problemas que habían resuelto. Un tercero acepta estas ideas, pero aduce que:

> *El consultor presenta la información en forma vaga y no tengo seguridad de que hayamos cubierto todos los puntos importantes. Por ejemplo, yo no sé qué piensan en Ingeniería de nuestro trabajo: cuando va bien, no dicen nada y sólo los oímos quejarse cuando hay una dificultad. Además, el consultor no dice qué tendríamos que hacer. Y no puede saber que en el calor de la discusión, cargamos las tintas para defendernos, o que de otros temas [importantes] sólo se conversa al salir de la reunión.*

Otro pide "que se oficialice el diagnóstico": quiere saber si a partir de los resultados de las discusiones se podrá hacer el trabajo en forma distinta. Alguno propone que, al material ya acordado, se incorporen los acuerdos personales tejidos en los pasillos, al salir de las reuniones "oficiales". De esta forma, el grupo convalida el trabajo realizado y construye otra relación interna incluso con el consultor, con quien quieren ellos "contratar el trabajo" entre su propio director y el consultor. Lo que más los impresiona es que "no hicimos nada que no se haga todos los días".

Quedaba pendiente una recolección que incorporara las ideas de otros sectores y se acordó diseñar una herramienta que ellos mismos pudieran usar en el futuro, cuando quisieran. Todos los responsables debían participar en su elaboración para asegurar que se dedicara atención al tema de objetivos, se incluyeran temas polémicos, y aprendieran esa nueva tecnología. Como estímulo se tomó un Cuestionario de Likert y se rediseñó con ítems referidos a objetivos de la división; relación con objetivos de la empresa; recursos;

planes y proyectos; calidad de la información; y estructura organizativa. Esto significa que cada ítem de Likert se volvía a redactar hasta contar con una pregunta que interesaba en Garza.[1]

A cada ítem se debería responder dos veces: la primera indicaría *dónde estamos hoy*, la segunda, *adónde queremos llegar*. Quienes contestaran el cuestionario, marcarían con un tilde a qué sector pertenecían, sin identificarse. Se distribuyeron copias a ser completadas en forma voluntaria y anónima, y el consultor devolvería el perfil de las respuestas a todos. Con ese material se haría una reunión en la que se discutirían tanto los aspectos que se pudieran expresar numéricamente (tendencia, valores medios, dispersión), como aquellos que requerirían acordar cómo evaluarlos, y definir los entregables (connotaciones, significado del tema en el momento, etcétera). De esta forma, se relacionarían las respuestas de los ítems y, entre todos los participantes, se profundizaría el análisis. Respondieron 17 personas sobre 18: quien no entregó su formulario se dio a conocer y explicó que prefería responder de viva voz al discutir los resultados. Seis cuestionarios llegaron firmados, aun cuando se aclaró que se trataba de una recolección anónima. Garantizada su autoestima después de tres meses de trabajo, y frente a la oportunidad de dar sus opiniones sobre temas que propusieron ellos mismos, rechazaron los recaudos para proteger su identidad. Asumieron su responsabilidad y se convirtieron en garantes del diagnóstico.

Las respuestas ponían especial énfasis en tres campos críticos: los objetivos, las relaciones entre sectores, y el personal. Con esta información se realizaron dos reuniones de

---

1. Likert diseñó la escala psicométrica más utilizada para reunir opiniones y actitudes. Al responder, la persona indica su nivel de acuerdo con una frase: en Garza, la escala de cuatro puntos evita la posición intermedia. El diseño se explica en Likert, Rensis: "A technique for the measurement of attitudes". En *Archives of Psychology* 140, 1-55, 1932.

análisis de medio día, para preparar un Plan de Acción que respondiera a los problemas que combinaban características de urgencia, gravedad y tendencia, y la dinámica reprodujo el esquema seguido en los meses anteriores. En un principio, se ponía toda la responsabilidad "en otras divisiones":

> No olvidemos que si estamos hablando tanto, no es porque las cosas estén mal aquí. En todas las empresas es así. Es porque nos mandaron al consultor y con él se nos suelta la lengua.

> Si comparamos con lo que vivimos en otras épocas, las mejoras son enormes, aunque si fuese sólo por lo que hace la Dirección mucho no habríamos avanzado...

Hubo comentarios sobre la responsabilidad individual, en que se dramatizaba la etapa anterior:

> Para mejorar, lo importante es no actuar como censor del que está al lado, ver cómo el otro mete la pata y esperar a que lo haga sin levantar ni un dedo. Hay que resolver y no tomarse el desquite por broncas anteriores.

Paralelamente, se hacían referencias a aspectos personales:

> Es evidente que en cada área hay personas que se ponen en el camino: algunos lo hacen porque fueron agredidos y otros porque son agresivos.

> Hay muchas cicatrices y puntos sensibles en todos nosotros.

> Sí, muy bien, pero dicho de esa manera no significa nada: hay que expresarlos por sectores. El objetivo comercial, el de Producción, etcétera. Acá los objetivos por sectores más o menos se entienden, pero es como si no pudiésemos juntarlos aquí y nos los juntan arriba.

> Por ejemplo, yo me peleo con usted porque conozco el objetivo mío y me imagino que el suyo debe ser diferente porque lo escucho a su gerente.

Se produjeron enfrentamientos entre el personal de los diversos sectores y al centrar la atención en un ejemplo cada uno defendió su posición hasta que se mostró que *los de Fábrica* se resistían a ocuparse de los productos de Garza porque eran nuevos, exigían un esfuerzo mayor y tenían menores márgenes de utilidad. Además, la línea productiva de Garza incorporaba instrumentos de control a cargo de un ingeniero electrónico que deseaba trabajar como lo indican las instrucciones, lo que hacía que los ingenieros electromecánicos que habían supervisado los procesos más modernos resintieran su ingreso y se negasen a colaborar. Poco a poco se centró el análisis en puntos específicos, lo que se logró atacando, por separado, las dificultades internas de cada división, para lo cual cada director comenzó a reunirse con sus reportes directos para aclarar sus metas, las asignaciones de los cargos, los sistemas con los que operaban, las formas de colaboración que necesitaban; se advirtió que la autoridad no devenía de la ocupación de un cargo, sino de cómo se resolvía un problema: no se basaba en su descripción de funciones, sino en los aportes que realizaba.

En las reuniones posteriores se intentó resolver algunas de las incoherencias detectadas en los análisis de cada división; y debieron reunirse antes por separado los directores para acordar criterios, un efecto insospechado, la influencia de un trabajo en una división menor sobre la gestión de la empresa... Cuando más tarde se trabajó sobre objetivos, se entablaron diálogos que les permitieron involucrarse.

> —*Para mí el tema se reduce a un solo punto: ¡no hay claridad en los objetivos de Garza!*
> —*¿Cómo que no?, la hay. Quizá no sean los objetivos que nos gusten, pero están claros.*
> —*Puede que los haya, pero no están claros. Falta explicar adónde se quiere llegar. Hubo cambios de rumbo y no todos se debieron a que vendíamos menos.*

—*Lo que pasa es que uno no participa de las decisiones y no conoce qué estrategia se está favoreciendo. Cambia el mercado y cambian las disposiciones, y aparecen las incoherencias.*
—*Yo no sé si hay incoherencias o si parece que lo fueran porque hay
tantos cambios. Lo único que sé es que a mí me llega la mitad de
la información.*
—*Te cambian el libreto. En música se sabe que cada director de orques-
ta imprime un tempo distinto. A veces una sinfonía termina tres
minutos antes de lo que tarda con otro. Tenemos que sincroni-
zarnos.*

Marco presenta aristas dignas de análisis por la presencia del mito de la diferencia entre los *réprobos* y los *elegidos,*
y de su importancia como detonador de la toma de conciencia de que eso debía modificarse si se pretendiera hacer
un cambio. Un sinnúmero de conflictos tenía su epicentro
en la dinámica que surgía de esta alentada oposición en la
que se caracterizaba a los primeros como dedicados y sober-
bios, y a los segundos, como silenciosos e incompetentes,
concepción maniquea que reflejaba los deseos de dominar
de los directores de las divisiones mayores, y encubría la
realidad del campo.

El modelo desarrollado en Garza partía de la idea de
que cada integrante del equipo influía sobre otros para el
mejor aprovechamiento y la implementación de recursos
compartidos. Esto hizo que en torno a la resolución de problemas específicos, y en función del caso particular, se logra-
ra que cada persona cooperara en la toma de decisiones
importantes y se aseguraran resultados insospechados.

En este nuevo marco, todos parecían desempeñarse bien
al resolver sus problemas. Se partió del sobrentendido de
que un problema se podría encarar instaurando interdependencia. De esta manera, algunos jefes descubrieron el
trabajo en equipo, cada cual se hizo cargo de lo que dependía de él, y se mostró que no se justificaba la imagen que los
jefes habían tenido de sí mismos, heredada de la socializa-

ción de los gerentes de división. Se destruyó un mito: en Garza no se veía la distinción entre réprobos y elegidos que se había proclamado como el problema.

En el ínterin, el director general no pudo avanzar más allá del programa de formación que profesionalizara la gestión e introducir transparencia en el manejo. Había dos proyectos en pugna: los directores de Operaciones y Finanzas se enfrentaban al intento transformador del director general. Comprobar que la pretendida división entre gente capaz e incapaz no se sostenía en los hechos era menos importante que los intereses en juego. El experimento mostró que se podía trabajar en forma interdependiente, pero la Dirección no logró instaurar el modelo. La experiencia quedó instalada en la historia como un esfuerzo clandestino; todos lo supieron, y ese fue el entregable.

5. GIGAS: PONER LÍMITES

*Si usted me cumple a mí,
yo a usted no le voy a dejar de cumplir.*
Un gerente

*Si se exige de más, la gente promete
lo que no podrá cumplir.
A veces hacemos complicadas las cosas sencillas.*
Un gerente

El caso Gigas parte de una conversación con Rubio, una persona experimentada que lanzó proyectos complejos en diferentes culturas de empresa, y afirma su temple ante la adversidad. Con dotes de emprendedor, entendía de las bondades de la interdependencia. Relataba su caso con lenguaje llano y pedía ser escuchado. Hablaba durante largos períodos y al ser interrogado se detenía a cavilar, y a pensar en voz alta. Podía ponerse en el lugar del otro, entendía de pasiones, sabía tomar distancia.

La consulta avanza más fluidamente cuando el interlocutor es una buena persona, sin que importe si se graduó en una escuela privada o si levantaba bolsas en el puerto para pagarse los estudios. Quizá esta opinión se debe a que el consultor tiende a valorar a sus interlocutores, aunque esto pueda llegar a cegarlo: cuando se puede evaluar críticamente y sin embargo admirar a la contraparte, el proyecto incorpora al tiempo como factor amigo.

Tras superar las vicisitudes que traía de arrastre, Gigas culminó fortaleciendo el vínculo entre supervisores y supervisados, el núcleo de todo trabajo complejo.

Gigas es una empresa farmacéutica con una posición importante en el mercado. En sus comienzos enfrentó muchas dificultades: varios de los productos, que habían desarrollado sus fundadores, los bioquímicos Armando Giacomi y Alberto Gálvez, fueron introducidos como innovación para ser desplazados por competidores cuya actividad promocional era sostenida. Más tarde, los dueños dejaron la empresa a cargo de sus hijos, también bioquímicos: se dedicaron a diseñar y vender yates, y se desligaron de la firma.

En previsión de una expansión importante, garantizada por contratos de compras de empresas fuertes del ramo, los socios contrataron a un gerente profesional, el ingeniero Mario Rubio. Este tenía experiencia en proyectos de instalación y fabricación: había hecho una carrera exitosa de muchos años en el extranjero. En las entrevistas transmitió seguridad a los dueños. Le ofrecieron el cargo y le pidieron que se incorporase a la brevedad con la responsabilidad eventual de quedar al frente de la firma en casos de emergencia.

En el curso de su primer día en Gigas, organizó una extensa reunión de revista de temas críticos. Rubio quedó sorprendido de la rapidez con que se le informó de todo lo pertinente, pero a partir de ese momento no volvió a ver a los fundadores. Le dieron una visión general de la compañía y dejaron todo en sus manos: un par de semanas más tarde, ambos habían salido del país. En esos días, Rubio concluyó que no sólo se haría necesario replantear la operación fabril, sino que la concepción comercial era deficiente. Más aún, una corporación que había prometido compras futuras había sido adquirida en su país de origen por un conglomerado y se preveían revisiones radicales de su participación en el ámbito local. Rubio se encontró sin interlocutor. Definió alternativas posibles en cada tema y quiso consultarlas con Giacomi padre, único de los dueños que estaba en la ciudad: *"En Gigas no tomamos decisiones apresuradas, ni en forma inconsulta. Quiero que estén los Gálvez"*, dijo, con lo cual dilató la decisión. Asumiendo el riesgo, Rubio preparó una estrategia, tomó las decisiones que no podían esperar el retorno de los viajeros, y comenzó a atender las tareas comerciales con un asesor externo, trabajando siete días por semana.

Rubio se preguntaba si se encontraba frente a una confabulación.

Recién nombrado, me dejan solo. Además, me encuentro con una empresa que no quiere ver que está con un pie en el vacío. Y de repente, existe el peligro de que los planes de expansión sucumban por el retiro del comprador más importante. El único que está en la ciudad no quiere hablar conmigo, ¡y cuando mando un mail no se dan por enterados!

En esas condiciones habló con un asesor legal y llamó al consultor: en la primera reunión hizo el relato consignado en esta página. Rubio explicaba sus decisiones: necesitaba que le prestasen atención. Existía incertidumbre en todos los órdenes. "Es una ocasión hermosa para hacer una fábrica y no me voy, a pesar de lo que me acabo de enterar."

El encargado del laboratorio le contó que este suceso se asemejaba a otro con un jefe de Fábrica anterior. La empresa era chica: eran sólo dos galpones y el laboratorio se encontraba en una pequeña playa de estacionamiento, además de un par de cuartos grandes. En esas circunstancias, y con un programa de crecimiento, se había comprometido una planta nueva que obligaba a la modernización. A pesar de que se necesitaba quien se hiciera cargo desde abril, los dueños lo contrataron en diciembre y lo dejaron solo. El hombre se debatió tres semanas y se fue sin cobrar su sueldo. Más tarde, ocurrió algo parecido cuando se hicieron cargo los hijos. Los padres estaban anotados en una regata a Río y los dejaron solos. Puesto que conocían la operación, nadie entró en pánico, pero aunque sorprendió la forma en que se tomó esa decisión, todos reconocieron la misma manera de actuar.

El mecanismo usado recuerda la prueba de fe, la ordalía: las tres instancias muestran que se somete al nuevo a una iniciación para observar su conducta en la adversidad. Seleccionan un candidato y lo incorporan en momentos en que deberá enfrentarse con problemas serios.

El crecimiento planeado hace pensar que los dueños tienen interés en mantener una empresa pujante, pero no hay indicios de que les preocupe la rentabilidad familiar, que está cubierta por la venta de yates: esta actitud condena la organización a corto plazo. Además, el proyecto fabril no les interesa, ya que en su tiempo habían sido devotos de la investigación. Rubio sospechaba que el crecimiento de las empresas grandes había impulsado el desarrollo de la suya: los socios se limitaron a producir y a responder a las expectativas de sus clientes. Gigas gana dinero por la calidad que produce y por el crecimiento desusado del mercado: los dueños aceptan que ese proceso que les es ajeno no puede evitarse.

Rubio aporta más evidencias de la crisis: problemas de suministros, dificultades con un proveedor de equipos de alto vacío, reivindicaciones de empleados. Aporta nuevos datos a medida que cree que el consultor los puede asimilar, como si quisiera protegerlo de un contacto demasiado violento con la realidad. Rubio se siente conforme con su desempeño y por las garantías que va instaurando para consolidar el negocio, pero teme comprometerse con una línea de acción cuestionada por los dueños.

Definiciones de la Dirección

Para establecer qué estaba ocurriendo en ese momento, qué se proponían los directivos, y cuáles eran las características de la organización, se trabajó con Rubio y los bioquímicos. No existía tradición de debate, pero la amenaza percibida hacía imprescindible el intercambio. Rubio daba confianza a los socios e hizo un análisis estratégico del negocio. Sin embargo, la ordalía era práctica institucionalizada: los que trabajaban en Gigas estaban sometidos a pruebas exigentes y los socios descontaban que todos, aun clientes y proveedores, aceptaban estas reglas. Se sobrentendía que "sólo después de grandes esfuerzos se entrega un trabajo".

De este modo se habían consolidado dos grupos: por un lado el de quienes transformaban la ordalía en aprendizaje de autoexigencia y creaban pautas de sacrificio. Esto se evidenciaba en los sectores en los cuales actuaban los socios: el laboratorio y la supervisión de fábrica que querían a la empresa y al mismo tiempo se sentían cautivos. En los otros sectores prevalecían prácticas anárquicas: cada uno respondía a sus costumbres, lo que se ponía de manifiesto en superposición de tareas y en grandes huecos de tareas sin cubrir. Eran escépticos. Esto producía dificultades de coordinación que afectaban hasta las prácticas de aquellos sectores en los cuales existían normas claras de trabajo. Sin éxito, los dueños habían intentado inducir el modelo de lealtad y sacrificio en todos los sectores, pero era resistido; y como, con sus ausencias, ellos daban un mal ejemplo, no había más que compartimientos estancos. Mientras fue chica, los problemas de Gigas se atribuían a enfrentamientos personales y se consideraban inevitables; al crecer, y para subsistir poniendo barreras al caos, cada sector elaboró sus propias formas de trabajo.

Igualmente, se puso en evidencia que a pesar de que los socios administraban la información de manera reservada, todos sabían todo: la crisis potenció los conflictos latentes y cada encargado se acercó al socio que lo amparaba para plantear sus problemas individuales. Surgió la necesidad de reformular la estructura organizativa y parecía difícil hacerlo cuando los directivos estaban exigidos por la operación. Sin embargo, a partir de una asignación de responsabilidades entre los tres, pudo armarse un esquema de trabajo que permitiría efectuar un estudio para redimensionar la empresa.

Se consolidó un trabajo de análisis. El consultor participó en el diseño de la estructura requerida, el estudio de las funciones de los cargos, y la resolución de los diversos conflictos entre sectores. A efectos de explicar el desarrollo, se presentará una intervención vinculada con la redefinición del papel de la supervisión.

Cambio en tareas operativas

Normalmente, la supervisión era confiada a idóneos que tenían antigüedad en Gigas y trabajaban sin limitación de horarios. Siete sectores contaban con hombres dedicados que se encargaban de los aspectos productivos y de mantenimiento. Cada planta tenía además un plantel de operarios asignados a las dos tareas, y una dotación reducida de personal de oficina. Este esquema presentaba ventajas e inconvenientes. Los siete hombres conocían sus equipos y vivían en las inmediaciones. Eran capaces y dispuestos a colaborar. Sin embargo, actuaban con discrecionalidad: cada sector era un feudo, y la información no circulaba. En parte se debía a que cada planta se ocupaba de una línea de producto en forma integral, pero seguían con sistemas de remuneración distintos. Existían equipos similares en las plantas, pero los supervisores no intercambiaban experiencias y un mismo equipo era usado en formas diferentes según el sector. Sólo el responsable de cada sector conocía los equipos; el personal de mantenimiento era llamado a colaborar en algunos aspectos. Era usual instalar cada equipo modificando las instrucciones del fabricante: se decía que las condiciones de trabajo en Gigas exigían adaptaciones, y los supervisores se reservaban tareas para sí mismos o incorporaban modificaciones algunos domingos. Esto tenía como efecto principal desvirtuar las recomendaciones del diseñador y dejaba a la firma sin cobertura de garantía. Tales prácticas, sumadas a su presencia continuada en fábrica, volvían irrebatibles las opiniones de los supervisores. Nadie tenía prestigio para formular alternativas. En una circunstancia se contrató a un mecánico especializado que documentó los procesos de operación y desarrolló indicadores comunes a las plantas. No bien se fue, los idóneos "demostraron" que tales prácticas eran inoperantes y vetaron su uso.

La crisis enfrentaba a los directivos con la necesidad de resolver esta situación. A partir de una investigación se elaboró un plan de acción que incluía definir qué era necesario hacer, divulgar y acordar, consolidar rutinas de trabajo, y modificar la asignación de tareas y jerarquías.[1]

---

1. Suárez sostiene que el concepto de crisis emerge cuando existen (a) percepción de crisis; (b) ausencia de percepción de posibles salidas; (c) percepción de inminente peligro con alta probabilidad de que ocurra, y (d) subsistencia amenazada. Suárez, Francisco: "Crisis en las organizaciones". En *Enoicos*, Universidad de Buenos Aires, 3, 7, 1998. Sobre el impacto de las crisis en las organizaciones, ver Suárez, Francisco: "Para entender la organización". En *Enoicos*, Universidad de Buenos Aires, 4, 11, 1996. Sobre las respuestas ante lo imprevisto y lo impensado, ver Etkin, Jorge: *Gestión de la complejidad en las organizaciones*. Granica, Buenos Aires, 2003.

Los supervisores eran autodidactas competentes. Necesitaban una formación que, además de actualizar sus conocimientos técnicos, les permitiera conocer mejor todas las tareas y facilitar la coordinación entre sectores. De esta manera se estableció el conocimiento de cada uno en su tarea, desarrollando mayor posibilidad de predicción y control. La etapa siguiente, pensada como plan a seis meses, introduciría modificaciones en la estructura en función del pensamiento estratégico.

Se citó a los siete supervisores para informarles sobre la primera decisión: Rubio explicó que se reuniría información con la ayuda del consultor. Anunció, también, el nombramiento de uno de los supervisores como superintendente, cuya primera tarea sería coordinar las acciones. Era la primera vez que se reunía a los supervisores para darles información sobre la compañía en la que trabajaban; esto generó cierta suspicacia, y al mismo tiempo provocó cohesión en quienes habían actuado cada uno por separado. Al nombrarse a un responsable del grupo de iguales se reconocía su mérito, porque era una persona "sin pergaminos". Puesto que el elegido era quien más se había resistido a la filosofía del sacrificio, no alcanzaban a interpretar la intención detrás de la decisión. Por último, sabían que el consultor había trabajado en otro sector de la firma y no se habían producido despidos. Por estos motivos el impacto de la reunión fue grande.

Se elaboró un programa de trabajo para establecer las mejores prácticas en cada sector, recoger información sobre cómo se deseaba trabajar, y elaborar una secuencia de acciones que, para alcanzar ese objetivo, descansaran en la capacitación. Para lograrlo, se trabajó al lado de cada supervisor y se comprobó que la mayoría de las funciones que cubrían eran similares, aunque era grande la variedad de procesos y normas informales. Cada caso fue discutido con el superintendente, quien elevó una propuesta para desarrollar un sistema homogéneo de remuneraciones, aprobado y comunicado en el curso de una semana. La recolección puso de relieve que todos los supervisores requerían capacitación, pero que sus reacciones eran distintas e iban desde el pánico hasta la satisfacción; que las prácticas del sacrificio los habían acostumbrado a sustentar su trabajo en el esfuerzo individual, lo que los obligó a cuestionar cada detalle, limitando su operatividad, y comunicó a sus supervisados la imposibilidad de realizar cambios.

Capacitación y desarrollo de procesos

Los supervisores más competentes sugirieron incluir asistentes. La idea surgía como mecanismo de intermediación natural que facilitaría la formación de los supervisores, introduciría un aliado más abierto a las innovaciones y garantizaría la continuidad del proyecto en caso de renuncias, despidos o dificultades.

Para preservar las diferencias creadas por los feudos y sus características individuales, cada uno deseaba un asistente elegido por él mismo que lo apoyara, y proponía un tipo de colaborador distinto: se trabajó sobre esta base introduciendo la figura del asistente a partir de las necesidades del sector y del individuo. Dos supervisores de más edad tenían herederos aparentes, colaboradores con quienes existía una relación de protección mutua. Dos más deseaban capacitarse y no eran renuentes a hacerlo con graduados de la Escuela Industrial, con tal de que se respetaran ciertas condiciones. En estos cuatro casos se elaboraron programas de trabajo, y se nombraron los asistentes, que recibieron un reconocimiento antes inexistente. Los tres restantes fueron más difíciles: eran jóvenes que se aliaron para combatir lo que consideraban una amenaza. Cada caso fue estudiado. Uno estaba a cargo de un sector que gracias a la tecnología se había adelantado al desarrollo previsto, pero que en función de las nuevas circunstancias quedaría estancado: así, en vez de convertirse en el más prestigioso del grupo, el nombramiento del superintendente lo postergaba. Otro se accidentó a raíz de una crisis nerviosa: su trabajo fue encargado a otra persona, que de hecho se convirtió en su asistente. El último fue despedido cuando la recolección evidenció que encubría ineficiencias con la ayuda de cómplices.

Seguimiento

El análisis se completó en un mes, y durante tres más se hicieron reuniones de trabajo quincenales. Los supervisores y los asistentes informaban sobre avances y dificultades. Como consecuencia, se aprovechaban las innovaciones y advertencias en todos los sectores, se contribuía a la resolución de situaciones de urgencia en función del tiempo libre de cada sector y se pensaron procedimientos de planeamiento y control por excepción. Creció además la convicción de que ninguno de los participantes por sí solo hubiera podido resolver los problemas como lo lograban en equipo. La desconfianza inicial ante la presunta pérdida de tiempo fue dejada de lado frente a la evidencia de los logros.

Se advirtió, además, que varios de los supervisores sacaban información de sus *laptops*: habían tabulado datos de uso particular que les permitían administrar sus recursos, y la guardaban celosamente. A raíz de las clases, en las que se les había enseñado a graficar información y a analizarla estadísticamente, varios se enorgullecieron "de haberlo hecho siempre así", y mostraron sus registros, la mayoría de los cuales incluía errores de cálculo. Quienes no lo habían hecho, empezaron a recoger información sistemáticamente, intercambiándola cuando era necesario, pasando del recurso *privado* al recurso *social*. Se advirtieron además alteraciones en la forma en que se hablaban entre sí. Anteriormente existían "los de cada planta" que limitaban informalmente el acceso de quienes estaban "en las otras". Esto se observaba en los momentos de descanso, y en los ingresos y salidas: este cambio era considerado novedoso, porque entre varios de ellos había lazos de sangre y vecindad. Los supervisores descubrieron que, como consecuencia del acercamiento y de la formación conjunta, desaparecerían los sabotajes internos entre subgrupos. La mención y el análisis de este tema reprimido fue producto de la emergencia de una forma distinta de trabajo.

La crisis permitió reflexionar sobre la diferencia entre el deseo de acción y la acción misma. Escuchar y escucharse. La presencia de Rubio creó condiciones de trabajo que permitieron superar los contratiempos, y el cambio de las actividades del grupo directivo que instituía pequeñas modificaciones a medida que surgían las recomendaciones.

El trabajo con Rubio mostró que las formas con las que cada cual, por su cuenta, generaba el complejo sistema llamado Gigas, negaban su propia ineficacia y encubrían conflictos, y que al juntar, por partes y en reuniones abiertas, a cada persona y grupo, se reconoció la inoperancia del sistema anterior y las posibilidades de considerar una forma más racional de *organizar*, y por otra parte, que este sólo podía afianzarse si descansaba en la cohesión y la comprensión, vale decir, en criterios de equidad y respeto que podrían surgir de la interdependencia al *organizarse*.

Naturalmente, la primera pregunta es si acaso este modelo podría extenderse en una organización más grande, y la respuesta es *ni*, porque el tamaño es predictor de conflicto.

Por lo que uno dice que trabaja con personas y grupos en el ámbito de las organizaciones, no con la organización, incluyendo el proceso social de *organizarse*.

6. OMBÚS: MOSTRAR CÓMO SE HACE

Vi cómo un grupo de trabajo cuya tarea
de equipo se garantizaba,
podía transformar totalmente sus actividades,
sus interacciones y sus actitudes
desarrollando procesos internos de autocontrol,
de uso exhaustivo de recursos escasos,
de realimentación sistémica entre sectores.
Y también comprobé cómo, después de hacer
durante buen tiempo
un trabajo que respondía a esos principios
y producía mejores resultados,
se destruía o pasaba a la memoria de sus integrantes
cuando esa misma fábrica era dirigida
por otra persona que trabajaba con la modalidad tradicional.
Un gerente

Ombús sintetiza la secuencia de pasos y entregables que
caracteriza una transformación que se sostuvo a lo largo
del tiempo. A partir de una reestructuración, consecuencia del trabajo de planeamiento estratégico, la intervención original comienza con entrevistas con el equipo de
Dirección para explicitar los sobrentendidos de su gestión;

dedica tiempo al análisis de las competencias requeridas; incluye acciones de desarrollo sectorial y de análisis del desempeño y de desarrollo de sistemas de reconocimiento.

La conducción de una empresa ajusta la forma de organización para brindar mejores servicios, ser más eficiente, conquistar un mercado, ganar más dinero. Se propone hacer más con menos. Pero, ¿cómo incorpora el cambio? En general, las decisiones de los directivos surgen como reacción y respuesta a factores detonadores internos y externos. Proponen metas y toman medidas para alcanzarlas. Organizan, redactan propósitos, respaldan las acciones de un sector, compran equipos y tienden a descontar que se cumplirán los cometidos que inspiran tales decisiones. Otros cambios se instauran reaccionando ante proyectos de legislación, provocaciones violentas o competencias de diversas índoles.

En general, responden a los modelos ya instalados, los que conocen, los que serán aceptados por sus propios superiores, los que no provocarán zozobra, los que serán fáciles de entender por los de arriba. Introducen sus decisiones con cautela, porque están encuadrados en una forma de organización que tiene como supuestos centrales la jerarquía y la división del trabajo, y cuya asignación mayor es simplificar.

El empleo de un nuevo sistema contable, la ocupación de un cargo por parte de un nuevo jefe, el rediseño de una planta física, o una reglamentación interna requerirán un esfuerzo concertado para asegurar su implementación eficaz. Tradicionalmente, tales casos se manejan sin conciencia de que cada una de esas decisiones afecta al sistema y provoca inestabilidad y sentimientos encontrados en el cuerpo social. Como si al no saber conducirlos, los directivos tomaran distancia; cada uno de estos procesos complejos pero previsibles se producen sin resguardos y tienen impacto sobre el clima interno y la eficacia de la gestión.

Las contadas excepciones

A partir de lo que la conducción a cargo de un proyecto considera posible, cada uno evalúa su propia situación y decide qué, cómo y quiénes han de participar, y administra el proceso de cambio. En esos casos, más que la reserva, es importante la inclusión, e implica el anuncio de que se está tratando el tema, que el proceso se hará en función de determinada estrategia y valores, de modo de sensibilizar y capacitar. En un ejemplo simple, se anuncia el reemplazo de un gerente por otro, pero ambos trabajan en forma conjunta durante un período para facilitar el pasaje del testimonio y la consistencia del trabajo.

Son equipos de conducción en los que se ha instituido la *conciencia de lo organizacional*. En ellos se crean espacios para que quien quiera pueda expresar sus dudas, valorar los avances, recordar los fracasos anteriores, hablar con naturalidad de la resistencia al cambio. De este modo se prepara ante previsibles dificultades y las encara: se debate la incorporación y rechazo de cada iniciativa en función de intereses sectoriales, y se invita a participar con mente abierta ante las crisis posibles para estudiar e intentar contemporizar las consideraciones económicas, financieras, sociales, administrativas y técnicas.

Sin embargo, si nos atenemos a lo que dicen los jóvenes en los posgrados universitarios actuales, la mayoría de los directivos de nuestra región piensa y actúa como si instaurar un cambio dependiera "*de pocos factores críticos*", o de una idea recogida en la charla de un visitante ilustre y que descansa en el talento y la personalidad fuerte del gerente general. No es usual que en esos casos se hable de "cambiar la mentalidad", refiriéndose a lo que deberían hacer los otros. La sensación de adversidad que se experimenta al abandonar la zona de confort de los aspectos *hard* se expresa reforzando aquello en lo que más se confía, y desarticulando la idea realista del cambio sustentado en procesos sistémicos.

El caso Ombús parte de la convicción de que ningún factor es suficiente por sí solo, que los cambios requerirán eslabonar múltiples aportes y la concepción sistémica según la cual cualquier modificación altera el equilibrio.

El papel de la conducción

Un cambio se inicia cuando están dadas ciertas mínimas condiciones, y la continuidad la otorgan hombres y mujeres que corporizan algo distinto, necesario para la supervivencia y el crecimiento. A veces un cambio se limita a una planta o a un sector, y en empresas pequeñas el impacto se produce a partir de decisiones personales. Cambia lo sustancial, lo que implica alterar la manera de pensar, incorporar los contrastes, e interpretar la organización como sistema interconectado, en el que cada decisión afecta al todo, y en especial a la relación entre las partes.

Para crear las condiciones en que otros puedan y elijan aprender, utilizan estímulos externos e internos, y factores tecnológicos, económico-financieros, comerciales y humanos. Para generar una invención social se apalancan en las crisis o en las condiciones que las preceden. Ante la mirada expectante de otros, toman decisiones insólitas, valientes. En un caso, fue la invitación a una reunión de jornada completa de todos los gerentes a escuchar la visión que el presidente había redactado para sí mismo: una página idealista, de metas concretas que él asumía frente a los otros: era la señal de apertura. Es la organización de talleres en los que compradores y proveedores son invitados a capacitarse juntos en filosofía y técnicas de Negociación para defender sus intereses y operar sobre conflictos sustanciales, sin perder tiempo en diferencias de método. En cada caso, son personas que dan el ejemplo. Sin ser ejemplares, lo es su conducta.

Sería improcedente detenerse en sus razones, ya que en los procesos sociales raramente hay un solo disparador, un solo factor determinante de una acción dramática. Ombús narra un proyecto encarado desde el comienzo como programa a varios años, en el cual, en la medida en que se lograse establecer un buen vínculo, el consultor apoyaría un proceso de transformación.

Modelos de conducción

Ombús es una empresa fabril: durante su crecimiento fue dirigida por miembros de la familia. La cultura era autoritaria y las relaciones descansaban en el temor. Una anécdota relata que al presentársele una línea de productos al antiguo presidente, los responsables esperaban su aprobación en angustiado silencio. Después de escuchar las explicaciones de los gerentes sobre un proyecto ambicioso, y de cavilar en silencio, el presidente se alejó para mirar el producto nuevo con detenimiento. Se esperaba su veredicto hasta que un bastonazo barrió de la mesa el trabajo de una semana y ninguna pregunta honró el esfuerzo. Los objetos quedaron hechos trizas, y la gente confirmó sus peores sospechas sobre aquella persona.

La segunda anécdota es perversa: el presidente siguiente era un hombre querido, de firmes convicciones. Tomaba en cuenta las necesidades de la gente, hasta un punto tal que varios gerentes entendían que postergaba decisiones empresarias en favor de los obreros. El diálogo con la Comisión Interna era razonable, aunque podía estar contaminado porque se sospechaba de la integridad de un dirigente. Aun así, sorprendió que al día siguiente de su deceso se anunciara que sus últimas palabras habían sido que "las máquinas pueden ser atendidas por una sola persona": la gerencia impuso el cambio poniendo palabras en boca del muerto.

Años más tarde, el control pasó a una multinacional que incorporó criterios de gestión, y el cambio se notó en el pasaje del paternalismo a la administración profesional, el acceso a los cargos se hizo en función de mérito. Esto dio lugar a cambios en la estructura, que se alteraba a medida que lo requerían las circunstancias, y en la introducción de sistemas de control de gestión. Este capítulo se ocupa de ese proceso.

Integración del equipo de gerencia

La reunión inicial con tres gerentes hizo hincapié en comenzar una consulta para asegurar que la decisión esbozada de trabajar en divisiones pudiera arraigar en la empresa. La anterior estructura funcional favorecía las líneas de productos tradicionales y postergaba el desarrollo de las otras, mientras la incorporación de divisiones aseguraría mayor flexibilidad y equilibrio en la dedicación a todas las líneas. Además, la nueva estructura permitía conferir responsabilidad a más personas, lo que redundaba en un manejo con aportes más heterogéneos. Sin embargo, advertían que existían enfrentamientos serios entre jefaturas y que podrían profundizarse; las divisiones introducían el concepto de *centros de ganancias*, que potenciaría la competencia por recursos escasos, y las nuevas gerencias polarizarían sus esfuerzos en busca de lucimientos individuales.

Los directivos querían el cambio, conscientes de que la nueva estructura incorporaría aspectos indeseables pero querían adelantarse para evitar la generación de compartimentos estancos que habían observado en casos similares en otras firmas. Querían asegurar que la rentabilidad de un sector no conspirara contra el beneficio integral de la compañía, y se proponían integrar el equipo. A esa altura, ya constituían un grupo consolidado, habían debatido las consecuencias del cambio, tenían una concepción clara de las crisis previsibles, y pedían ayuda. No deseaban reunirse un día para hacer un taller, sino crear las condiciones que alentaran el surgimiento del trabajo en equipo.

Ahora bien: es ingenuo pretender alcanzar la integración de equipo cuando la administración se basa en la creación de unidades de negocio que compiten por recursos escasos. Tal concepción se sostiene en la especialización técnica y el individualismo, e impone límites firmes a la colaboración. Con ese encuadre, ¿cómo complementar preocupaciones económicas y sociales?

De no intentarlo, ¿qué ocurriría? ¿Se profundizarían con el cambio los conflictos entre gerentes? ¿Cuántos mostrarían interés por construir relaciones para operar bajo un nuevo sistema de gestión? Apoyaban el cambio, pero, ¿estarían dispuestos a modificar políticas y procedimientos?

El cambio de estructura acababa de hacerse y los gerentes se acomodaban a su nueva situación; normalmente, cuando un equipo directivo decide un cambio de estructura, tiene la expectativa de que la nueva organización entre en funcionamiento de inmediato o en un par de meses: se evita pensar en el manejo de una transición, y si se la contempla, se la administra a medida que surgen dificultades. Para analizar lo hecho, entonces, se organizaron entrevistas con cada gerente para escucharlo en su lugar de trabajo, conocer a quienes trabajaban con él, familiarizarse con las exigencias de su rol y recorrer los ámbitos en que actuaba: un ejercicio de consultoría trashumante, de acercamiento a las personas y a sus circunstancias. Como cierre, se celebró una reunión para discutir los factores que contribuirían o conspirarían contra el desarrollo del esquema divisional.

La reunión creó un ámbito de reflexión: estaban preo-cupados y aclararon algunos de los objetivos de la gerencia en relación con la creación de divisiones operativas. Como conclusión, se extrajeron los criterios que condicionaban su forma de actuar: se explicó que cada organización desa-rrolla sus propios *sobrentendidos*. Surgen de características de la empresa y se sustentan en creencias y valores instala-dos a lo largo del tiempo: no son buenos ni malos en sí, y sirven para caracterizar a una cultura.

Trabajando con sobrentendidos a partir de casos con-cretos, se completó una recolección en la cual los gerentes descubrieron la trama social legitimada informalmente. Esta enviaba mensajes y se podían observar y detectar sus implicancias. Tomar conciencia de la naturaleza de los sobrentendidos permitió analizar las normas implícitas. Entenderlas ayudó a descubrir los elementos que dan cohe-sión o traban a quienes viven en esa realidad. La tarea fue prospectiva, provocó el cuestionamiento de prácticas arrai-gadas y permitió admitir que, para sustentar las modifica-ciones requeridas, se debería ligar el proyecto del nuevo organigrama con los que surgieran del equipo a cargo del proyecto.

A lo largo de nuevas reuniones se trabajó con ideas que no habían podido canalizarse debido a limitaciones de la estructura anterior. La propensión era a concentrarse en el nivel "práctico", pero el diálogo se asemejaba al tra-yecto de una lanzadera, en el que lo "pragmático" se ali-mentaba de lo "conceptual". De esa ida y vuelta, cada cual extraía nuevos elementos de juicio que habían tenido vigen-cia: elementos que restringían la práctica gerencial porque, en algún momento, alguien los había expresado desde un lugar de poder, o porque cada uno los arrastraba de empre-sas y experiencias anteriores.

La recolección no se proponía definir si los sobrenten-didos eran compartidos. En el diálogo se los aceptaba o rechazaba con la intención de elaborar un listado en torno al grupo gerencial, a la empresa y a la relación entra la firma y la multinacional. La conversación giró en torno al peso de tales ideas sobre el desarrollo del proyecto.

Creación del Comité de Dirección

A partir de esa etapa se formalizó el trabajo del grupo gerencial: fue el primer entregable organizacional. Hasta ese momento, los gerentes se reunían para informar a sus superiores sobre su gestión individual: cada uno presentaba sus resultados del mes, mientras escuchaban sin interés a sus colegas. Se constituyó el Comité de Dirección con cambios significativos en sus atribuciones y metodología. La frecuencia se incrementó, se redujo el tiempo de encuentro, se formalizó el orden del día y se pasó a comunicar sólo tendencias y situaciones de excepción: las cifras eran distribuidas con antelación para que cada cual decidiera qué preguntar y lo hiciera por separado, con lo que se reducía el tiempo para debatir temas de mediano y largo plazo en los cuales era vital arribar a un consenso.

La formación de este cuerpo constituyó un mecanismo fundacional. Inauguró una instancia profesional que instalaba la consulta en torno a temas estratégicos. Se garantizaba el diálogo y creaba el asesoramiento entre pares en forma periódica y abierta: era una decisión política sobre pautas gerenciales de colaboración. Los criterios para elevar y evaluar eran de un "cuerpo": integración de equipo implicaba redistribución de poder. La creación del Comité de Dirección llevó a un funcionamiento más eficaz, porque estableció una instancia con autoridad efectiva a diario, y participación en decisiones críticas.

Conceptos básicos para el desarrollo de una estrategia

A partir del trabajo gerencial, se planteó que alcanzar las metas propuestas exigiría desarrollar un programa extendido y, dada la complejidad de los procesos, recién se percibiría el efecto del trabajo pasados varios años. Se acordó establecer un contrato para atender por separado proyectos integrales de la empresa e iniciativas sectoriales. Esta condición garantizaba continuidad e imponía la definición de un marco general de acción. Al estructurarse un programa a mediano plazo, surgirían proyectos que responderían a demandas diversas, con dispositivos variados, de modo que los efectos de las experiencias sobre la empresa serían dispares, motivo por el cual sería prudente plantearse interrogantes, como por ejemplo: "¿Cuál es el grado de integración requerido para que los diversos proyectos tengan coherencia institucional? ¿Es posible desarrollar una estrategia que sirva como referencia interna a todos los sectores y niveles, permitiendo a cada uno de los proyectos un desarrollo independiente?".

De los cambios en las organizaciones

Es costumbre representar la organización con una pirámide: cuando la Dirección toma una decisión que afectará a toda la empresa, se descuenta que será aceptada de manera uniforme y sistemática por todos los sectores y estamentos. La figura 1 grafica esta modalidad esperada de adopción.

Quizá pueda preverse la modalidad de adopción señalada cuando la subsistencia está amenazada: la gente se subordina naturalmente ante la emergencia; y también puede suceder cuando se sanciona indiscriminadamente.

Pero en condiciones normales, la forma de adopción es distinta, con la imagen de una filtración diferencial, como la representada en la figura 2.

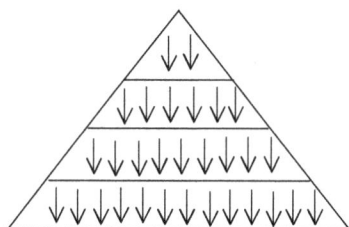
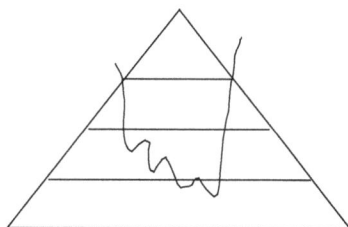

Figura 1   Figura 2

Ombús

En Ombús la mayoría de las decisiones tomadas mostraban una búsqueda de eficiencia a través de la introducción de elementos profesionales, pero este proceso seguía una dinámica particular, con fuertes resistencias a su aceptación en un principio y eventual penetración a través de los sectores operativos. Simultáneamente, la profesionalización producía un lento fortalecimiento de los sectores de servicios, aunque no les otorgaba autoridad, salvo en Finanzas, el único sector cuyos procedimientos se usaban de manera uniforme en todas las otras áreas. Los sectores de servicios no contaban con prácticas estandarizadas: la resolución de problemas en ellos requería en cada caso extensas negociaciones cara a cara, sobre la base de criterios individuales y del peso de la autoridad personal.

A pesar de contar con gerentes y expertos internos que podrían instituir un mayor grado de formalización, la evidencia mostraba que se operaba dando peso a lo individual, interfiriendo en el desarrollo de esquemas formales. La formalización era temida: se equiparaba gestión ágil con gestión personal, cuando la mayoría de los involucrados tenían experiencia y formación suficientes como para instaurar mecanismos de planeamiento y concertación más efectivos. No se comprendía por qué no aplicaban normas existentes, ni por qué cada gerente utilizaba mecanismos distintos en cada circunstancia.

Algunos gerentes rechazaban la mayor formalización. Incorporaban profesionales, aunque desvalorizaban sus sugerencias. Decían que usar prácticas estandarizadas era "mecanicista". El problema era generacional: lo administrativo estaba investido de pesadez y se postergaba el logro de las metas para las cuales habían elegido a los más nuevos. Surgían dos imágenes contradictorias: una derivada del grupo gerencial que manejaba una organización compleja, y que sin embargo se resistía a poner en práctica las herramientas que lo distinguían. Coincidían la cultura existente, que administraba con prácticas tradicionales, y la potencial, en base a los conceptos e ideas que esos mismos gerentes conocían pero tenían dificultad en instalar. La creación de divisiones se entendía como decisión política que rompía el estancamiento. Porque mientras con la estructura funcional los enfrentamientos se daban en Producción y Ventas, pero obligaban al gerente general a dirimir fueros, la nueva estructura exigía que cada división acordase, para sí misma, criterios entre los grupos comercial, productivo y administrativo-financiero, y eventualmente extendiera estos acuerdos a las divisiones staff. Cada gerente era responsable de resolver tales pujas internas, además de administrar su línea de negocio. La nueva estructura reconocía la existencia de estos problemas y obligaba a resolverlos a nivel gerencial.

Desarrollo de la estrategia de consulta

Se contaba con el apoyo de la Dirección y empezaron a aparecer pedidos para el análisis de proyectos, debido a las necesidades puntuales de divisiones y departamentos. Existía, además, la responsabilidad de articular una estrategia de consultoría para vincularlos y complementarlos. Así entonces se elaboró un programa de trabajo por el cual habría una actividad "paraguas" de compañía, a nivel de Comité de Dirección; se podría contar con la emergencia de proyectos sectoriales que servirían como experiencias piloto, a partir de cuyos resultados la Dirección, en la medida en que los juzgase efectivos, podría extender tales modificaciones a otros sectores de la empresa.

Dentro de esta línea de pensamiento, se elaboró la estrategia general del cambio a través del Comité de Dirección, con *actividades institucionales* que abarcarían a toda la organización, propondrían metas a mediano y largo plazo y tenían el propósito de desarrollar nuevos hábitos; *actividades sectoriales* programadas y controladas por integrantes de una división o departamento, a pedido expreso de ellos, cuyo objetivo sería la efectividad, con metas de mediano plazo; y *actividades grupales o individuales* que se instaurarían a pedido de una persona o grupo, para responder a situaciones en el trabajo.

A los seis meses de avance, los involucrados sostenían que en las divisiones que incorporaban los dispositivos de participación de la consultoría se producían más aportes; mayor interacción entre personas de diversos niveles y jerarquías en la división; más contacto de los involucrados con la realidad que enfrentaba la empresa; mecanismos más fluidos de capacitación en la tarea; menor discrecionalidad en la elección de metodologías y en la inclusión de personal involucrado; así como mayor coherencia interna de criterios usados en diversas instancias en la misma división. El documento que lo atestiguaba fue el primer entregable.

Los gerentes de las divisiones que incorporaban proyectos organizacionales propios participaban más activamente en el Comité de Dirección que sus pares. No se trata de dilucidar si

281

acaso los gerentes más propensos a participar eran los que invitaban la consulta, o si el trabajo con sus subordinados enriquecía sus aportes. El hecho es que al introducir análisis sistemáticos, instauraban una práctica activa de consideración de nuevas problemáticas que pasaban a ser atendibles.

¿Qué dijeron los participantes?

El tema de la evaluación es crítico en un trabajo de consulta, especialmente cuando este se extiende en el tiempo. A falta de mediciones cuantitativas, interesan los testimonios. Las siguientes notas se recogieron en entrevistas en las que se pidieron respuestas a la pregunta: "¿Qué factores destaca en este tipo de consulta?". Los siguientes son extractos de las respuestas de diez gerentes departamentales.

- *Algunas observaciones que le voy a hacer son de forma, pero importantes. Por ejemplo, creo que es importante que el consultor no sea empleado de la empresa: esto da asepsia al trabajo. Los gerentes estamos acostumbrados a trabajar sobre un problema, ver sus antecedentes, analizarlos y tomar la decisión. Pero el trabajo de este consultor es menos esquemático y el proceso es lento porque exige aceptar un marco de referencia más amplio. A mí me costó bastante digerir esa función atípica, pero me di cuenta de que si uno quisiera ajustar la función a las reglas de juego existentes, se le quita el marco adecuado para que se desarrolle la función. Y diferente es también el resultado de la actividad, porque lo suyo no es un plan tradicional. A veces lo que produce es que uno se diga: "¡Esto vamos a tener que cuidarlo!". Lo más complejo de la asimilación es eso y uno cree que no hay nada concreto hasta que ve los resultados y son más positivos que los que hubiéramos conseguido solos.*

- *La ventaja de incluir a este tipo de consultor es que se mantiene afuera y señala problemas: el que está adentro no los ve porque está metido. En segundo término, permite a la Gerencia palpar lo que se siente. Y, finalmente, obliga a cada uno a pensar más allá del cambio inmediato: lo obliga a pensar en repercusiones. Lo negativo es que despierta el deseo de decir cosas, confiando en que será el consultor quien las ordene y las tamice, cosa que no hace, porque si no las hace uno, no las hace nadie. Sin embargo, lo más importante es que tenga apoyo del superior, porque sin ese apoyo vale poco trabajar de esta forma.*

- *Ningún otro proyecto en nuestra compañía tuvo la duración de este. Porque fíjese que aun cuando se fue el anterior director, el consultor siguió. Por lo tanto, creo que la Dirección lo considera importante. Y esto lo entendimos. ¿Usted quiere que le agregue alguna cosa negativa sobre esta forma de trabajo? A veces el consultor hace comentarios desacertados y emite juicios sin un conocimiento completo del problema, y mete la pata.*

- *Vamos por la positiva: lo que quiso la compañía con su trabajo fue delinear un estilo de gestión. Conmigo no trabajó mucho, pero interpreto que ese fue el motivo. No sé si fue el primer pensamiento, pero al caminar, al poco tiempo su gestión ayudó a que la compañía definiera una forma de trabajo distinta.*

- *Lo negativo es que a causa de su trabajo se produjeron unitarios y federales: unos creían que era un fenómeno y otros que no servía para nada. Uno estaba en una reunión y veía a la gente: sabía quién estaba a favor y quién en contra. Y en la reunión se modificaban por su presencia.*

- *En este proceso lo más positivo fue que se aceleró en todos el conocimiento de lo que era la compañía. Hubo dos elementos que contribuyeron, el externo y el interno. El factor externo fue nuestra posición en el mercado; internamente fue poder ver ese problema, hablarlo y analizarlo.*

- *Fui a reuniones en las que actuaba el consultor y las manejaba, pero nunca lo usé. Lo veo como parte de una teoría que recién empieza a aplicarse y no sé todavía cuáles serán los resultados. Algunas cosas empiezan con un "boom" y años más tarde se ve que no lo eran tanto.*

- *Para mí es importante que alguien no comprometido con un problema aporte puntos de vista bloqueados para los que estamos en ese problema.*

*El apoyo de la Dirección se manifestó aun cuando no escuchó todo lo
que dijo el consultor, pero más de una vez se dijeron cosas que dolí-
an y yo me preguntaba cómo ellos las toleraban. Ocurre que la Dirección
se dio cuenta de que había una distancia entre la realidad y lo que se
quería: ardía una llamita. El apoyo de la Dirección permitió que cre-
ciera esa llamita y con el tiempo fue un discreto incendio.*

- *El consultor ayuda a que lo que está andando vaya más rápido. Es
un especialista abocado a un tema, desde el punto de vista de proyectos futuros. Tiene su filosofía y ayuda a que se puntualicen diferencias. Nosotros tenemos nuestra filosofía, cada uno la suya, y el
consultor las vuelca en una.*

- *El consultor viene y se sienta. Actúa de dos formas, una activa, y
otra pasiva. En la manera pasiva, hace como un resumen al final.
Yo prefiero la forma activa en que se mete al principio, en el medio y
al final. Me parece más constructiva.*

¿Acaso se pueden cuantificar estas opiniones? Son frases
que no explican, no acumulables matemática ni lógicamen-
te. Sin embargo, brindan indicios para trabajar de otra manera, permiten ubicarse, allanan el camino. Son entregables
que construyen pronóstico, porque están instaladas en la historia del lugar y en la vida sensible de los protagonistas.

Recolección/realimentación

Como en cada una de las consultorías en las que el proyecto organizacional se extiende en el tiempo, se utilizó en
Ombús una gran variedad de dispositivos, pero destacare-
mos los de Recolección/realimentación, y Análisis de reuniones de trabajo.

Recolección/realimentación es traducción libre de
Survey Feedback[1] una metodología que propone la colabora-

---

1. Mann, Floyd: "Studying and creating change: a means of understanding
social organization". En *Research in Industrial Human Relations*. Industrial
Relations Research Association, 17, 146-167, 1957.

ción entre integrantes de un sector y el consultor para reunir información, analizarla e interpretarla, y planificar acciones de consolidación y cambio. Parte de entrevistas y recolecciones de datos para diseñar los pasos de la investigación con los involucrados. Se sustenta en la convicción de que cuando los involucrados participan en la definición de un problema, crece la probabilidad de que se centre la atención en las causas y que se viabilice la solución. Lo fundamental es que ellos constaten que la información recogida es usada para resolver problemas reales, y no ya involucrar a la mayor cantidad "para que sienta que participa".

Cuando, además, se desea analizar una situación que abarca tanto a sectores pequeños como al sector mayor del cual forman parte, el dispositivo permite diferenciarlos. Se comienza por identificar los objetivos y necesidades de cada estamento, la recolección en sí, el análisis de la información en cada subgrupo por separado, y el análisis y toma de decisiones entre subgrupos. Más importante que la herramienta resultante es la estimulación que provoca la definición conjunta de un propósito para la investigación, la redacción de las condiciones de trabajo, los análisis de datos, el acuerdo sobre las características del caso que producen un diagnóstico comprensible para todos, las reflexiones en torno al proceso seguido, el aprendizaje de una tecnología blanda, y la puesta en práctica de cambios a partir del diagnóstico.

De esta manera, fortalece los propósitos que dieron lugar al proyecto. Avanzando por temas acotados, es una herramienta sencilla que ayuda a descongelar actitudes y priorizar actividades, y convierte a los responsables en agentes de control de calidad del proceso de cambio que inician. La dinámica de consulta complementa los puntos de vista de los involucrados, y los moviliza a instaurar modificaciones efectivas.

La recolección se inicia con el nivel jerárquico superior, y en caso de abarcar varios sectores del mismo estamento, se hace a través del más comprometido con el problema.

Un proyecto integral

Tras dos años de trabajo, al gerente general le interesaba convalidar y rectificar pautas de conducción que pudieran ser consistentes en todos los sectores: dado que el proceso de cambio intentaba equilibrar lo particular de cada sector y lo general de la empresa, quería conocer las preocupaciones de los gerentes. Deseaba establecer el consenso existente sobre la efectividad de la estructura divisional y sobre temas pendientes. Los entrevistados conocían los objetivos del cambio de estructura, ya que todos participaban en reuniones de control de gestión, y en sus sectores habían surgido problemas a causa de la reestructuración: algunos habían sido solucionados internamente, otros con negociaciones, y una cantidad significativa seguía pendiente de resolución. Además, persistían sectores en los que no se habían encarado temas que afectaban a terceros: la Gerencia General conocía este estado de cosas y había evitado utilizar el peso de su autoridad. A pesar de que había urgencias internas y externas que podían justificar su intervención, prefería acompañar el proceso, depositando en los gerentes el análisis del caso y la elección del momento y la metodología para resolverlos. Alguno se preguntaba cómo "pasado un tiempo prudencial, no obligaba a todos a usar la filosofía y métodos que daban buenos resultados".

Se relevaron los temas más preocupantes y se promovieron tareas concretas de impacto sobre toda la organización. Se hizo un resumen de opiniones que se presentó a todos: el escrito se distribuyó con errores de ortografía, correcciones a mano alzada, preguntas a medio terminar, inquietudes expresadas en forma coloquial, en hojas sin membrete: la intención era atenuar la probabilidad de que el texto adquiriera pautas de Informe y diera lugar a polémicas. Se quería reducir el peso de las contribuciones individuales y priorizar el trabajo a hacer posteriormente en discusión abierta entre quienes deberían profundizar el análisis, desestimar lo que correspondiera y destacar lo más crítico a nivel integral de empresa.

En una media jornada, el largo texto se leyó sin interrupciones para concentrar la atención en la totalidad, aun a riesgo de cansar o aburrir. Los comentarios eran positivos: logros, clima favorable, mejorías frente al pasado reciente; pero la creación de divisiones había agravado discrepancias entre sectores. Se indicó que "el impacto total frustraba", la mayoría "sentía que había más críticas que cosas buenas". Acto seguido se formaron comités de trabajo sobre análisis de la estructura organizada por divisiones; funciones moderadoras e integradoras de las divisiones staff; valores y normas de compañía; definiciones sobre el personal fuera de convenio; el papel de Recursos Humanos en las relaciones con la supervisión, y relaciones entre divisiones.

Cada comité partiría de los protocolos de entrevista, repasaría su resumen de elementos críticos, llegaría a su propio diagnóstico de situación del tema y propondría actividades para mejorar sus aspectos más problemáticos. Se expidieron en la semana siguiente, sus recomendaciones pasaron a las gerencias a las que correspondía canalizar el cambio con apreciaciones para el desarrollo de planes de acción, a corto y mediano plazo.

Cuando la conducción desea administrar un cambio, el desarrollo de un marco estratégico discrimina las respuestas a embates del medio, de las atribuciones de cada gerente en tanto responsable por el rumbo impuesto a su sector. A pesar de que el proyecto se desarrolló en una época turbulenta, pudieron redimensionarse y procesarse en forma ordenada y eficaz temas que antes se trataban poco sistemáticamente.

La estrategia baja en forma de acciones coordinadas y permite evaluar procesos que se producen de manera azarosa o desvinculada. Permite referir los diferentes tipos de cambio, en forma previsible o sorpresiva, al marco teórico de base, para comprender mejor su impacto sobre actividades programadas.

Como marco general, la combinación de proyectos institucionales, sectoriales e individuales/grupales tiene coherencia interna y es aplicable en cada organización en que se respete su singularidad.

En Ombús, fue fundamental la función coordinadora del Comité de Dirección, como equipo de corresponsables del proceso de cambio. El modelo desarrollado es la expresión de la cultura emergente: en Ombús se dio lugar a la modificación inicial, fundadora, y crítica. Las reuniones de los gerentes divisionales con la Dirección dejaron de tener un carácter informativo para constituirse en cámara de resonancia y fuente de sugerencias para todos ellos.

Ombús sintetiza la secuencia de pasos y entregables que caracteriza a una transformación que se sostuvo a lo largo del tiempo, hasta que fuera comprada por quienes la ambicionaban pero no sabían manejarla.

7. DANTE:
INCORPORAR A LOS DIFERENTES

*Ante la estrechez provinciana, conducir sabiéndose forastero,
extraño y hasta intruso.*
Un gerente

La tecnología debe servir a cada uno de los involucrados, tanto para construir instalaciones en un programa que abarcará tres años, redactar el camino crítico que actualizará la tecnología en un organismo, o redefinir las responsabilidades de los departamentos.

Para que surta efecto, sin embargo, idealmente todos deben estar en condiciones de escucharse, de asumir la responsabilidad de programar y prepararse, de implementar y hacer el seguimiento que asegurará el éxito del proyecto complejo en el que están comprometidos.

Sin embargo, es usual que se subutilicen las tecnologías. Esto se explica, entre otras cosas, por cuestiones de jerarquía, división del trabajo, aprendizaje, antigüedad, sistemas y rivalidades. Más aún: la probabilidad de éxito disminuye cuando se deben reunir datos y alinear la información producida por una multiplicidad de individuos y sectores, con intereses diversos.

¿Cómo asegurar que se reúnen los conocimientos esparcidos entre todas las personas que han de aprovechar una tecnología?

Dante describe la forma de intervención de los *grupos naturales*, un método eficaz para que personas de diversos niveles resuelvan un problema crítico de instalación de un paquete informático. Cuando la organización formal no da respuesta, constituyen un dispositivo subsidiario cuya influencia establece una forma de organización apropiada.

Los pasos consignados se fueron ensayando y descubriendo a medida que avanzaba una experiencia piloto en cinco equipos dedicados a temas estratégicos, y el aprendizaje superaba resistencias y se extendía a nivel organizacional. El caso Dante discute los requisitos para instalar y guiarlos, presenta los dilemas, describe los roles y las responsabilidades sugeridos para los protagonistas, y marca los posibles conflictos con la estructura formal.

Requisitos para instalar los *grupos naturales*

La experiencia muestra los beneficios de la colaboración de las personas de diversos sectores o de niveles al servicio de un objetivo complejo. En forma directa y entre las ventajas observadas, pueden contarse la eliminación de errores, la reducción de tiempos de aprendizaje, la simplificación de procesos y la circulación de mejores prácticas profesionales. Además, como efecto secundario, los participantes se abren a formas de intercambio y de colaboración inusuales en organizaciones competitivas.

En Dante se observó la disminución de tabúes, y el análisis de sobrentendidos, a menudo intimidatorios, presentes en esa organización.

Hay que recordar, sin embargo, que no es fácil lograr que las personas compartan conocimientos. Conspiran contra ello las reglas actuales que plantean la ruptura de los contratos; la apertura indiscriminada de los mercados; las privatizaciones; la desaparición o el retiro del Estado de la vida nacional; la inercia en la concepción central de la empresa –jerarquías, división del trabajo, gratificaciones y reconocimientos individuales–; la educación de idóneos y profesionales en cotos de especialización funcional y de sobrevaloración de lo racional; y los criterios predominantes de ciertas formas de la competencia derivadas de la inclusión de recursos tecnológicos con énfasis en el corto plazo, centralización y elevación de las decisiones, reducción de dotaciones y sobrecarga laboral.

El personal teme que, en caso de cooperar, una vez que se haga pública la información, quien hizo el aporte corra el riesgo de ser desplazado o postergado, y su contribución posterior sea desvirtuada. Esto se percibe en los resultados de proyectos de mejoramiento de la operación, como los de control de procesos o de gestión de proyectos en los que, una vez recogida la información que permitía documentar, por ejemplo, un proceso de manufactura, con los consecuentes beneficios en estabilización y productividad, el control pasaba a personas recién contratadas y el personal de supervisión o técnico era relegado a un papel subordinado y limitado a la rutina de la operación. Cuando el modelo de negocio atiende los resultados de corto plazo en forma excluyente, la apelación a la cooperación conlleva algo de ilusorio, los empleados se sienten burlados, desmoralizados y reaccionan con cautela ante el intento de comprometerlos en proyectos que transmiten que no son más necesarios.

Cuando el equipo de Dirección evalúa estos condicionantes e, independientemente de los riesgos, alienta el desarrollo de iniciativas operativas que cuestionen y pongan en tela de juicio elementos centrales de la forma de gestionar, la suerte del proyecto dependerá de la credibilidad que genere, de la seriedad del caso, de la persistencia con que se estimulen y premien las iniciativas creativas, y de los procesos de aplicación que resguarden a sus protagonistas. Exigirá insistencia, paciencia ante el proceso de aprendizaje, acción solidaria de los responsables y seguimiento lúcido que apoye la maduración del proyecto.

Roles emergentes

El equipo de Dirección

A efectos de convocar y mantener en ejercicio al *grupo natural*, el equipo de Dirección: (a) define ciertas iniciativas estratégicas sobre las cuales invita a aportar una mirada analítica crítica: las expresa relacionándolas con la misión de la empresa; (b) explicita su apoyo señalando que el tiempo a asignar a estas tareas es tan importante como el dedicado a tareas detalladas en las Descripciones de funciones, y que confiará en los aportes y mantendrá vigente el proyecto durante el tiempo necesario para implementar las recomendaciones; (c) entrega a cada equipo una Hoja de ruta en la que describe el proyecto asignado, dejando librado a su decisión todo lo que haga al proyecto a partir de ese momento; (d) elige por consenso a personas, preferiblemente no las de mayor nivel jerárquico, quienes representarán a aquellos que más interés tienen en que el proyecto sea exitoso: estos actuarán como auspiciantes corresponsables y mantendrán un nexo cercano con el equipo de Dirección; (e) designa un líder de proyecto; (f) recomienda que cada equipo opere con un facilitador que entienda de procesos de aprendizaje y transformación, y (g) sugiere la frecuencia mínima de encuentros y fechas de seguimiento.

Es importante la fijación de fechas que puedan convertir la iniciativa en un hecho y que queden impresas como hitos por su propio peso, por su impacto fundacional. Las presiones externas dispararán y fortificarán el proceso, mientras que simultáneamente postergarán o desautorizarán los esfuerzos de la intervención.

El éxito en la administración de las fechas depende de que exista una pequeña cantidad predeterminada de ellas, ligadas al comienzo y finalización del año calendario, a la realización de campañas, etcétera. Cuando cumplen este requisito, los participantes pueden identificar el proceso subyacente. Así pues, la existencia de esas fechas contribuye a la construcción del sentido.

El grupo natural

Se constituye en base al liderazgo delegado por el equipo de Dirección. Como primera tarea debe entender que se le pide algo que imaginará como de difícil cumplimiento. Que se aleje de las maneras habituales de trabajar en la empresa para que cada uno aporte al análisis y solución de la iniciativa participando de un equipo de colegas, sin jerarquías ni historia. Un equipo en el que cada uno escucha y contribuye sin amenazas. Esto exige hacer un paréntesis en torno al ámbito cotidiano, para actuar en beneficio exclusivo de su función.

El grupo natural tiene un responsable operativo que invita a los participantes. Ha de ser "el loco de la cosa", y lo debe hacer sabiendo que conducirá sin autoridad formal, en una modalidad en la cual todos participarán como iguales, asignándose mutuamente tareas y resolviéndolas en función del objetivo superior. Si la temática fuera comercial, por ejemplo, la asignación no es hacer cada uno lo suyo –ya que cada tarea sigue en manos de quien cumple esa función–, sino actuar como integrante de un grupo de apoyo: el tema es brindar colaboración, sin que el otro sienta que recibe auxilio.

Idealmente, no se designa a las personas, sino que se ofrece participar a quienes realizan la tarea o la conocen mejor, a clientes o beneficiarios de sus aportes y a terceros que, sin ser lo uno ni lo otro, están habilitados para plantear preguntas elementales y emitir sugerencias imprevistas.

Sin duda, por más que exprese la mayor buena voluntad, cada participante está habituado a hacer sus aportes más que a comunicarse en un plano de igualdad, y a dialogar desde su propio modelo de acercamiento a la realidad de la empresa, marco que predispone a una forma de escucha en la que resuena constantemente el sonido de la propia voz. Los participantes tienen que aprender a prescindir de sus antecedentes, de sus memorias, de sus conocimientos. Deben querer comprender lo que cada uno dice para buscar un nuevo significado, como quien declarara: "Estoy a tu lado. Te apoyo. Aunque sólo apenas crea que ese proyecto tuyo pueda ser alguna vez viable".

Para iniciar el trabajo del grupo natural se comparte información sobre (a) cómo se recogen los datos y cómo se procesa la información en la actualidad; (b) qué se hace en base a esa información en cada sector, y en la empresa; (c) cómo se registran los niveles de conocimiento en la actualidad, y (d) cómo se contrasta, transmite, atesora y renueva ese conocimiento en la actualidad.

A continuación, se imaginan las posibles mejoras a través del diálogo en el grupo natural, y se alienta a decir y cuestionar lo que no se escucha abiertamente, hasta llegar a entender la relevancia y naturaleza de los procesos; se debate cómo instituir los cambios que de ellos dependen, a medida que van surgiendo las modificaciones posibles. Se aplican los criterios de Juran de "pocos objetivos vitales" y de "frutos al alcance de la mano", que identifican, en dos ejes, (a) los objetivos críticos priorizados, y (b) los proyectos de alto impacto y bajo esfuerzo de implementación.

En caso de haber varios equipos trabajando en paralelo, se hacen los cruces de aportes entre grupos naturales; y se participa de encuentros de seguimiento en los que se elevan sugerencias operativas al equipo de Dirección.

Es conveniente agregar que, en su inicio, y para asegurar que se instale la dinámica, los encuentros se realizan con frecuencia semanal o quincenal, siendo improbable sesionar con asistencia perfecta: lo esencial será mantener el quórum. En ambos sentidos, se hace vital el papel de apoyo que jugarán los auspiciantes y el facilitador.

Los auspiciantes

Los auspiciantes legitiman el cambio, no serán los responsables jerárquicos de la tarea, y participarán como mejor decidan. Serán quienes deben informar, explicar o rendir cuentas ante el gerente general. Son los responsables últimos, y han de comportarse como quienes encaran con paciencia la cautela de los que al comienzo se resistirán a ejercer sus nuevos fueros. Por otra parte, cumplirán el papel de abogado del diablo, inquiriendo siempre "por qué no podría ser de otra manera".

Su función será explicar que el trabajo del grupo natural parte de modificar los supuestos básicos con que se opera a diario, revisando cada uno sus propios procesos y aportes al asunto en discusión; actuar con mayor flexibilidad y apertura, respetando a la autoridad y sin embargo asumiendo –y concediendo a los otros– mayor nivel de decisión; preguntando y compartiendo lo que quizá fuera restringido a instancias de mayor jerarquía; estando autorizados a desconocer las barreras funcionales; abandonando las limitaciones y seguridades de las descripciones de funciones; colaborando con respeto por el saber de los especialistas y dudando en forma abierta; dando tiempo a enseñarse mutuamente; dejando de lado la arrogancia y las jergas.

Al comenzar el trabajo, los auspiciantes definen las reglas de juego y explicitan qué esperan del grupo natural. Alertarán que, a medida que avancen, por una parte los miembros se irán dando cuenta del proceso lento y azaroso de descubrimiento, y por otra, valorarán cuán significativos son los procesos existentes y aquellos aspectos que podrían agregar mayor valor. Así, el grupo natural irá comprendiendo lo que deberá hacer para alcanzar lo que quiere. Es probable que en ese proceso desee ampliar sus expectativas, pero para lograr eficacia, tendrá que acotar los alcances de su misión.

Los auspiciantes explicitarán, por último, cómo se articula este proyecto con el resto de las responsabilidades

295

cotidianas, y garantizarán su apoyo. Harán el seguimiento continuado del proceso sin enfatizar los logros cuantitativos, con la conciencia de que en la marcha de aprendizaje los avances se hacen contraviniendo las costumbres.

Los auspiciantes también saben que existirán enfrentamientos entre especialistas, peritos, inventores y estrategas, como rivalidades entre sectores. Los entenderán como problemas emergentes sobre los que habrá que trabajar en tanto muestran las características de la cultura. En una primera etapa, no se propondrán metas excepcionales. Siempre surgirán quejas, reclamos y reivindicaciones; sentimientos de inhabilitación *para hablar con libertad*; prohibiciones que aguardan el momento adecuado para asomar. Saben que el progreso del grupo natural se hará con fluctuaciones e irregularidades; que deben tolerar la improvisación y, en todo ese proceso, deben actuar con mucho tacto en lo interpersonal.

La relación de los auspiciantes con el equipo de Dirección

Las organizaciones favorecen la fragmentación: entre sectores operativos y de apoyo, entre personas que trabajan en diferentes pisos o localidades, entre profesionales e idóneos, y el auspiciante es el factor crítico en la creación de nuevos lazos entre niveles y sectores.

Por eso es importante la relación de colaboración franca e indagadora que asuman los auspiciantes como equipo, o la del auspiciante con sus clientes internos cuando cualquiera ejerza el papel de abogado de causas inútiles. Más aún: cuanto más se refleje esta actitud en el trabajo cotidiano entre sectores, más probable será que se instale la predisposición a aceptar que todos contribuyen a un mismo fin y que, por lo tanto, dejen de lado las suspicacias.

En segundo término, los auspiciantes deben asegurar la articulación de las iniciativas del grupo natural con las del equipo de Dirección. Hablamos tanto de transmitir al equipo de Dirección el espíritu del proyecto encomendado a los integrantes del grupo natural, como de encarrilar cada proyecto. Esto es delicado, ya que surgirán fricciones previsibles entre los aportes del grupo natural y las expectativas arraigadas por la cultura en los roles asignados tradicionalmente a cada jerarquía y sector: cada auspiciante debe reconocer los procesos interpersonales y los embrollos institucionales que pueden surgir en cada caso, y actuar acompañándolos en su desarrollo para que el equipo incorpore el aprendizaje.

El facilitador

El facilitador apoyará una nueva forma de recoger datos, procesarlos, crear información y hacerla circular. Asistirá a un proceso de revelación de aquello que está a la vista y de lo que se acordó en silencio sobre lo que permanecerá escondido. Es el responsable de (a) crear las condiciones y espacios para que el grupo natural instituya y mantenga un clima de diálogo y aportes, reuniendo a los que se conocen mal; (b) instalar comodidad en las expectativas de tiempo; (c) contribuir a deshacer dispositivos imaginarios; (d) repasar los sucesivos diagnósticos; (e) acompañar los diálogos hasta que los protagonistas adviertan las inconsistencias; y (f) alentar la revisión de los protocolos para detectar la acumulación de errores.

Diagrama de las actividades del grupo natural

Se define la razón de ser de la empresa
y se determinan las iniciativas estratégicas sobre las cuales
se invita a trabajar.

Alienta a cuestionar.

Explicita sus apoyos, su confianza en los aportes
y mantiene vigente el programa.

Animarse a hablar		Animarse a hacer
Explicitar las tecnologías en uso	*Conceptuar las posibles mejoras*	*Instalar los beneficios*
Cómo se escogen los datos en la actualidad.	Convocar a un grupo abierto al que le interesa entender, incluso con quienes son formalmente responsables de cada tema.	Replantear objetivos y redefinir prioridades.
Cómo se procesa la información en la actualidad.		Rediseñar políticas, procedimientos y sistemas.
Qué se hace en base a esa información en cada sector, y en la empresa como totalidad.	Crear espacios para alentar la reflexión. Conversar: decir lo que normalmente no se dice; preguntar lo que casi nunca se sigue hasta saber por qué y por qué no, de otra manera.	Diseñar las nuevas formas de recoger y procesar información y tomar conocimiento.
Cómo se registran los niveles de conocimiento en la actualidad.		Instalar nuevas formas de trabajo, en lo que atañe a jerarquías y relaciones con adherentes internos y externos.
Cómo se contrasta, trasmite, atesora y renueva ese conocimiento en la actualidad.	Recoger experiencias exitosas y cuentos de trincheras. Definir el estado del tema en base a la primera columna. Inventar nuevas formas de recolección de datos, procesamiento de la información y uso, atesoramiento y renovación de los conocimientos.	

Requisitos

1. Alentar la creatividad: el grupo natural se fortalece si hay debate acalorado. Por eso, la metodología explicitará que *ciertas reglas pueden preverse*, y que *la vitali-*

dad tomará formas distintas en cada ocasión. Retener la indefinición es insólito en las empresas, y por eso el equipo de Dirección y el facilitador deben estar dispuestos a tolerar los desequilibrios entre lo prescriptivo y lo emergente.

2. *Manejar los tiempos*: el apuro conspira contra el proceso. La mayor parte de las primeras reuniones incluirá presentaciones en las que cada integrante relata qué hace, para quiénes y cómo. Esto es esencial, pues pocos saben lo que realmente hace el otro, menos aún en tiempos de apuro y de aceleración que alientan el encubrimiento. Pasar a la acción antes de tener un diagnóstico compartido del estado de cosas esconde conflictos y lleva a errores.

3. *Aprender a conducir*: la Dirección señalará el campo de acción, pero el diagnóstico lo hará cada grupo natural a partir de cómo ve el asunto desde su perspectiva, y a su mejor saber y entender. Eso implica cierta intrepidez en los integrantes y tolerancia en la conducción; por eso el equipo de Dirección y los auspiciantes han de agradecer y celebrar el valor y los progresos.

4. *Estimular el cuestionamiento*: cada vez que llegue a una definición satisfactoria de un problema, en el cual han incorporado mejoras sensibles, el grupo natural invitará a terceros con el preciso objetivo de renovar la mirada, seguir alimentando la propia indagación y señalar lo inusual, ya que la intervención se valida en tanto el equipo logra la aceptación de quienes no participan en forma directa del grupo natural.

5. *Sostener los progresos*: reconocer que se trabaja a partir de procesos y de los intersticios entre las áreas, lo que lleva a cuestionar las tareas que no agregan

valor. Además, en cada tema se ha de ingresar por partes y desde casos concretos, sin dejar la comprensión de los otros librada al azar, definiendo límites y categorías, para que se entienda cómo cada aporte es interdependiente.[1]

1. Moss Kanter, Rosbeth: *The change masters*. Simon & Schuster, New York, 1983; Zand, Dale: Collateral organization: A new change strategy. *Journal of Applied Behavioral Science*, 10, 1, 63:89, 1974, describe el funcionamiento de estructuras coexistentes con la formal, que se modifican en forma dinámica y están en condiciones de identificar, atender problemas irresolubles con las pautas acostumbradas y elaborar planes de contingencia.

8. CERROS:
DESPLEGAR LAS VELAS

Parece interesante indagar
en las ventajas de lo simple, de lo pequeño,
que pasa inadvertido o es desvalorizado.
Desde proyectos en nuestra región,
donde se acepta que el conflicto es parte esencial de la vida,
se advierte que la adhesión del personal
es vital para un proceso de cambio.
Que es postergado, porque se prefiere esconder los conflictos.
Un gerente.

Cerros era un proyecto complejo e interesante, y la primera recolección mostraba inmadurez y dificultades: en una industria con escaso desarrollo en la región, se utilizarían tecnologías de última generación. Lo dirigirían especialistas de cinco países, varios de los cuales apenas hablaban el castellano. Ellos debían entrenar a sus sucesores en poco tiempo, provenían de culturas que iban desde el cacicazgo selvático hasta la consideración profesional, y respondían a empresas socias con conflictos políticos transparentes. Además, era difícil conseguir buen personal local, que además se encontraría con empleados pioneros que se sentían dueños del proyecto, pues se desarrollaría en una región inhóspita.[1]

---

1. Este capítulo amplía el texto de Altschul, Marina; Kruger, Dolph, y Vera, Hernán: "Cerro Vanguardia: el programa de administración de desempeño". En: Altschul, Carlos, y Carbonell, Roberto: *Op. cit.*

Desde el comienzo, asistimos al equipo superior en las primeras jornadas de planeamiento, en que se hizo un diagnóstico compartido de la seriedad del caso, aunque cada uno tomaba distancia de lo que podría llegar a ser un proyecto apasionante. Se advirtieron, además, las expectativas diferentes de los socios y la desaprensión del primer responsable. Más tarde, al incorporarse tres integrantes del equipo de conducción, un nuevo gerente general organizó reuniones de análisis sobre el presupuesto y se explicitaron los sobrentendidos para redactar un esbozo de visión, misión y valores.

El nuevo gerente general era una persona con voluntad para llevar adelante el proyecto. Explicaba que se encontraba ante una situación similar a otra en la que en su propio país no pudo aplicar sus ideas, por lo que se proponía hacerlo a pesar de que conocía poco el idioma y la cultura. Era cálido como persona y respetuoso de las reglas. Transmitía calma a quienes lo rodeaban, porque asumía el cargo como último responsable en un grupo humano en el cual la tradición parecía haber sido la abdicación. Hablaba con sus colegas sobre los avances y las dificultades, y consideraba cada situación como un problema a superar. Se habían anunciado metas ambiciosas y les sorprendía que el gerente general incluyera a diario a quienes directa e indirectamente dependían de él, ya que la mayoría de ellos habían trabajado siempre en empresas familiares que, en el mejor de los casos, operaban con criterios paternalistas. Después de un mes de trabajo, presentó un *sistema integral de administración del desempeño* que permitía trabajar con la organización por niveles, poniendo foco en que el proyecto integral funcionaría en la medida en que el desempeño de cada persona se articulara a través de aportes individuales, grupales y de equipos.

Parecía indicado comenzar la intervención con una actividad de integración grupal, para lo cual se diseñó un taller de trabajo en equipo al que asistirían los treinta directivos y técnicos principales, de los cuales la mayoría nunca había asistido a ningún encuentro parecido: dudaban de sus aportes y de la relevancia que podía tener "salir tres días a conversar". Imaginaban que se dedicaría parte del tiempo a evaluarlos a ellos y, eventualmente, despedirlos.

En el taller se presentaron y discutieron informaciones que la mayoría desconocía. Más aún: al hacerlo se dejaban de lado las consideraciones jerárquicas. El estilo de conducción del gerente general y el diseño del taller hicieron que se trabajara con buena predisposición, aunque emergían las prevenciones por las lealtades divididas, la complejidad del proyecto y la escasez de tiempo. Se hicieron listas de los contenciosos que recomendaban el silencio prudente y se postergó toda decisión para que fueran puestos en evidencia cuando fuese necesario.

En sus comentarios de cierre, el gerente general anunció que haría ese mismo tipo de reuniones cada tres meses para ocuparse de cuestiones operativas, alcanzar consenso e incluir a los responsables de esos niveles. Pidió, por último, que le dieran un nombre a esa actividad. Este pedido produjo silencio, en tanto todos descontaban que él tendría alguno elegido de antemano. Las sugerencias tardaron en llegar, y cuando lo hicieron, nadie parecía apoyar la del vecino. Alguno sugirió una denominación altisonante; otros dijeron que quizá fuera útil discutir qué habían significado esos tres días para ellos y para el proyecto, y surgieron otras ideas.

Cuando llegaron a la conclusión de que habían estado *pensando para hacer* dieron a la actividad el nombre de *¡Tiempo!*, en el sentido que se le da en el juego del básquetbol, es decir, una pausa durante la que los jugadores y el entrenador reconsideran su estrategia para continuar el partido. De esta manera, ¡Tiempo! no sólo se transformó, más tarde, en el nombre de la actividad bimensual de seguimiento, sino también en la palabra a usar cada vez que se entendía que alguno escondía un dato o evitaba un conflicto y debía recrearse el territorio requerido de aquel primer encuentro. Al encarar una dificultad, se evocaba así el espíritu del encuentro. ¡Tiempo! se convirtió también en el santo y seña cuando alguien se creía desbordado y necesitaba ayuda. Más sorprendente aún fue que la palabra la usaban quienes no habían asistido a los encuentros pero sabían exactamente a qué se refería: a algo nuevo, a pensar libremente antes de actuar. Se había incorporado otra dimensión, la del placer.

La realidad cotidiana

Ahora bien, ciertas especificaciones del proyecto técnico y las fechas de cumplimiento daban lugar a la confusión. En ese contexto, los socios se mostraban obsesionados por los gastos, los gerentes se concentraban en lo urgente, los técnicos se restringían a lo sectorial, y los empleados advertían desatención ante la complejidad del proyecto. Cada cual cuidaba lo suyo, lo explícito y el día a día. Presionados como estaban, no se evidenciaba capacidad para entender el papel que podía jugar el sentido común, ni voluntad para dedicarse a un proyecto con articulaciones múltiples. Y se descuidaban las consecuencias.

Se partía de personas acostumbradas a formas de organización tradicional. Todos los responsables tenían un buen nivel técnico, pero carecían de la concepción de la empresa como sistema de concertaciones. Podía decirse que no estaban capacitados para ejercer el papel que se esperaba de ellos.

Ahora bien: por más que las exigencias se centraran en una red de prestaciones internas eficiente y que el sistema contase con mecanismos cuyo foco eran los resultados para cada cliente interno, la puesta en marcha del proyecto requeriría dedicación y persuasión.

Era la principal función del gerente general, que preguntaba, escuchaba, mostraba voluntad de aprendizaje, tranquilidad, aplomo e indicaba en qué hechos se basaba para sostener que el proceso avanzaba bien. Daba tiempo, y frente a cualquier intemperancia explicaba que él se regía por períodos más largos que los acostumbrados y que admitía ineficiencias propias de la curva de aprendizaje. En esos casos, preguntaba qué salía mal y, ante cada contrariedad, repetía que "se podía". Agregaba instancias parecidas de frustración en su país y sostenía que, para él, esta sería "una oportunidad que nos permitirá desarrollar ajustes a partir de aquella mala aventura, e ir más lejos".

La integración temprana de los mandos medios fue otro factor de éxito. Más allá de que el programa permitía tener la oportunidad de intervenir en decisiones trascendentes, algún gerente se resistía a participar. Puesto que su autoridad descansaba en cierto nivel de activismo, ¡Tiempo! lo obligaba a postergar su intervención y temía el crecimiento de su propio personal.

La empresa hace lo que la gente sabe

Cuando *la gente* constata que no necesita protegerse, otorga legitimidad al proyecto y credibilidad a sus responsables, con lo cual crece el apoyo a la iniciativa propuesta. Así, entonces, a su amparo, cada división inició sus propios proyectos dirigidos a alcanzar sus metas sectoriales.

En la vida de las empresas coexisten tres espacios: el de la cultura instalada, como se percibe a diario y se considera natural; el de las expectativas, no bien fluye la imaginación de cada cual; y el de la experimentación creadora y reflexiva de la intervención. Al abrir el paraguas del nuevo proyecto, los participantes oscilaron entre la organización tal como la conocían, la organización sobre la que se les invitaba a hablar, y la organización como un deseo. Del manejo de ese equilibrio, surgía la organización posible, aquella en la cual cada uno aporta lo que sabe.

Como cada miembro del plantel provenía de empresas y culturas nacionales distintas, canjeaban ideas. Se preguntaban si el cambio es posible, si estaban de acuerdo, cómo se vería que se hubieran acordado.

El gerente general propuso utilizar un *sistema de gerenciamiento con foco en los resultados para el cliente interno*, programa paraguas flexible y riguroso que preveía esas dificultades. El sistema se basaba en cuatro elementos articulados: (a) explicitar resultados en indicadores, metas, recursos, fechas de cumplimiento y concertaciones internas; (b) identificar las actividades a realizar para alcanzar esos resultados, priorizando las que agregan valor; (c) asegurar que las personas tuvieran y pusieran en práctica las competencias requeridas para llevar esas actividades a cabo, y si no las tuvieran, generar acciones de corto y mediano plazo para que lo hicieran, y (d) afirmar un modelo de conducción basado en principios aceptados por todos. El sistema partía del valor que agrega cada integrante en los procesos, descansaba en la convicción de que los resultados sólo podían alcanzarse si se contaba con normas que privilegiaran las prestaciones intersectoriales, dando lugar a procesos que relegaban las descripciones de funciones.

La diversidad de los integrantes llevó a discusiones animadas, porque cada uno en su fuero íntimo descontaba que su propia definición de los hechos sería universal; no obstante descubrió, a su pesar, que los otros tenían opiniones de su propia experiencia que los sorprendieron porque le resultaron sensatas. Ahí, la conveniencia de acordar pautas y procedimientos ayudaba a superar los contratiempos. Puesto que también los consultores trabajaban en un equipo internacional, la atención se centraba en las dificultades de la comprensión.

Identificación de *áreas de resultados críticos*

En los primeros encuentros se habían definido iniciativas estratégicas y criterios para el plan operativo, y se habían acordado los factores críticos para alcanzar el éxito, por lo cual la siguiente actividad conjunta del equipo superior fue operar a partir de sus áreas de resultados críticos.

En jornadas dedicadas a identificar dichas áreas, el equipo de conducción documentó los resultados específicos a obtener en el curso de los próximos dos años, lo que incluía los derivados de la finalización y entrega del proyecto, la puesta en régimen, los resultados operativos del primer año de operación y la realización contra especificaciones de todos los proyectos secundarios vinculados. Estos se anotaron, se priorizaron y se articularon en diagramas de *camino crítico*; se identificaron las rendiciones de cuentas por cada proyecto y las corresponsabilidades y contribuciones de cada tercero, lo que exigió no sólo explicar aportes en cada etapa de cada componente del programa, sino la disponibilidad de tiempo, competencias y recursos físicos para alcanzarlo.

En cada paso, una vez identificados los componentes técnicos, se evidenciaba la necesidad de concertar reciprocidades y llegar a tratos, lo que obligaba a redefinir los criterios con los que cada uno acostumbraba operar en su función específica. Al finalizar esas largas jornadas, no quedaban dudas de que sólo se haría aquello que se había acordado, por lo que se podría confiar en que cada uno se dedicaría a lo suyo, o a invertir tiempo en construir alianzas internas en su sector, o externas con socios comanditarios para cumplir con los compromisos asumidos con sus colegas.

Del grupo de colegas técnicamente competentes que habían ingresado al salón dos días antes, emergió un equipo con metas claras, aliviado por no tener que dedicarse a otra cosa que a lo que se había comprometido.

Cambiar el neumático mientras avanza el coche

Al iniciar cada actividad conjunta, los participantes conocían las metas y eran conscientes de que se debería dedicar tiempo a cuestiones que, sobrentendiendo la diversidad, atendieran a la integración de criterios y a la valoración de las diferencias. Así, entonces, cada dispositivo se diseñaba para alcanzar una meta operativa al entrenar en el trabajo, inductivamente, por medio de la intercalación de actividades grupales que "al quitar tiempo a lo operativo, lo hacen factible". Todos operaban con *equipos naturales,* integrados por quienes, independientemente de su pertenencia funcional, colaboraban para lograr un resultado. El requisito era la interdependencia que surgía como imprescindible en los debates.

Con el resultado a lograr claro, establecido a partir del trabajo realizado en el nivel superior, cada uno entendía qué se esperaba de él, y cuál habría de ser el insumo a aportar al otro. Definido el resultado, era sencillo localizar las tecnologías a aplicar y los pasos a seguir para que las acciones de cada uno y del conjunto se dirigieran al resultado. Y en la medida en que no lo fueran, ahí estaban quienes lo aclararían: la tarea de cada superior consistía en arbitrar, conseguir recursos y comprometer apoyos. Nadie había hablado de coaching, pero quedaba definida la necesidad de la existencia de ese rol de tutoría.

En ese proceso había poco tiempo para ser puntilloso en la detección de necesidades, pero todos reconocían, en presencia de los otros, las limitaciones existentes, y la obligación de apoyar a cada cual a medida que se desarrollaba la acción. Esta se planificaba en forma sostenida, sin planes detallados, sino tendiendo a acuerdos en el intercambio y atestiguando con quienes, habiendo contribuido, recibirían los frutos del trato. Algunos hacían desarrollos profesionales espontáneos; muchos, por su parte, seguían sintiendo mayor lealtad con su empresa de origen y retaceaban su compromiso al conjunto, porque veían evolucionar un proceso insólito, y conociendo la interna de pujas entre empresas asociadas, temían quedar sin amparo y ser despedidos por haber apoyado al gerente general. Así pues, se expresaban con dobles mensajes y entorpecían cuando podían.

Conflictos abiertos

Se realizó una actividad de formación en coaching al final de la cual hubo una evaluación de competencias de cada persona, que se comparaba con los requerimientos del puesto. De esta manera, cada uno conoció sus áreas de resultados clave, los indicadores que se usarían para medirlos, las competencias necesarias y una evaluación de sus fortalezas y debilidades técnicas e interpersonales, de lo cual por diferencias surgían las competencias a desarrollar. Este mapeo individual permitía definir un horizonte de referencia. A partir de él se hacía un acuerdo contractual entre supervisor y supervisado en el que se explicitaba si la tarea de seguimiento la realizarían solos o con la asistencia de un consultor externo.

Al llevarlo a la práctica, las primeras dificultades fueron geográficas: el supervisor no siempre operaba en el área de influencia del supervisado y no tenía un conocimiento cabal de su desempeño, ni tiempo para asistirlo, lo cual dificultaba el desarrollo del encuentro. En casos de conflictos mayores, las partes pedían la asistencia del consultor como mediador. Una tercera dificultad se planteaba cuando dos niveles distintos de supervisión aspiraban a tener decisión final sobre quién debería hacer el coaching y no se ponían de acuerdo. Un cuarto caso sobrevenía cuando alguno era reubicado, crecían sus responsabilidades e, independientemente del acuerdo firmado, no se reconocía que tal sobrecarga exigiría la disponibilidad de recursos adicionales –que no se asignaban–, ni se acompañaba la exigencia con reconocimiento salarial. Además, se vio la dificultad de contar con varios sistemas que entraban en cortocircuito desde racionalidades distintas. Era el caso del Sistema Hay para remuneración variable, del J. D. Edwards para control de gestión, del NOSA como sistema de seguridad, y del Sistema de Competencias. Por último, ciertos sectores de apoyo, que hubieran debido ser modelos para la implementación de los sistemas y estaban capacitados para colaborar en su resolución, no daban su anuencia para utilizar el método.

Sin embargo la aplicación de los sistemas fue beneficiosa, aun en condiciones de alto conflicto. En los encuentros de seguimiento, cuando la persona, su superior y un facilitador se reunían para hacer la retroalimentación y el análisis reservado de cada situación, con planificación y monitoreo sometidos a debate, se distinguía el trabajo sistemático de aquel improvisado. Puesto que esta actividad se realizaba ya en planta, donde una vez completada la tarea los horarios eran flexibles, muchos se quedaban hasta la noche discutiendo empedernidos. El proceso era vivido por sesenta personas, y todas daban por sentado que los otros sabían que se hacía manteniendo la reserva, y sin concesiones.

Este saber compartido y silencioso marcó los primeros pasos de la institucionalización del cambio.

Actividades de formación

Tras sesiones de identificación del potencial, se realizaron extensas actividades de formación en las competencias requeridas para cada puesto. En equipos de ocho personas, se trabajó en el desarrollo de las habilidades específicas en función de los resultados y de los planes esbozados y documentados en planillas con el perfil actual de cada uno de los sesenta individuos clave. Las brechas entre habilidades actuales y pericias exigidas eran discutidas en forma abierta y asumidas como tarea grupal, y dieron lugar a asignaciones requeridas para ampliar su experiencia en plazos ciertos.

La convocatoria siempre era difícil y las reprogramaciones eran la regla: las demandas de tiempo provocaban controversias; en connivencia con algún directivo tradicional, algunos saboteaban el programa, y quien lo deseara podía escuchar las críticas en los pasillos, siendo la más frecuente aquella que sostenía que "la exigencia es doble, porque hay que hacer el trabajo y todos los cursos".

El sobrentendido defensivo era que la empresa "los contrataba para trabajar", no para cambiar su forma de hacer las cosas, y que "si los habían tomado, sería porque ya sabían cómo responder". Pero el trabajo se hacía aplicando la obstinación y el doble de esfuerzo, y cada vez que se superaba un escollo, alguno recordaba lo aprendido en algún taller de formación.

La gente se sentía superada y en los momentos difíciles las razones se ponían en entredicho. El proyecto era una construcción precaria permanentemente amenazada por la disolución. ¿Cuáles eran entonces las fuerzas que mantendrían unidas las voluntades? Puede hablarse de dos: por un lado, las prácticas que habían aprendido en la convivencia; en segundo lugar, cierta capilaridad que trasuntaban cuando se encontraban en el trabajo. Casi secretamente, percibido sobre todo por quienes las valoraban, mostraban un proceso silencioso y evolutivo de cambio.

Descubrimientos y temores

En estas circunstancias, se pusieron de manifiesto resistencias y avales, que en cada subequipo marcarían equilibrios distintos de aportes e indiferencia. En cada encuentro de apoyo en el que se pasaba revista a lo hecho, los consultores reiniciaban la recolección de qué y cómo se había hecho, y de las conclusiones reunidas por el protagonista que revivía lo aprendido; los consultores acompañaban recordando dificultades a superar.

En esas ocasiones, la primera reacción era de aprensión: "descubro en este instante que lo que hice carece de sentido", se aludía a "no me arrepiento –en el sentido moral– pero me acerco a un terreno al que nunca había accedido" y, enseguida, variaba el tono: "Tomo conciencia de que a pesar de que suponía que esto era un trabajo para el cual me evaluarían como técnico, al reenfocar en función de objetivos compartidos, se abrió un campo en el cual me incluyo entero, como persona. Si lo hago crezco, pero al mismo tiempo siento que corro peligro de ver mejor mis incompetencias en aquello que no es esencialmente técnico y que me había servido hasta ahora para ganarme el sustento". Afloraban inquietudes: "Mis superiores, que no están en esta empresa, y que seguirán siendo los mismos cuando se vaya este gerente general, ¿valorarán esta etapa de mi crecimiento?". Por otra parte, se creó un espacio amplio en el cual se preguntaban: "Y entonces, ¿cómo abordar esa incomodidad? ¿Cómo trabajar con esa percepción difusa de los deslices en los que entran mis maneras de entender este trabajo?".

Construir algo grande evoca lo heroico y estimula la aparición de contrastes: por un lado, la esperanza y la obstinación por hacer las cosas como uno quiere que sean; por el otro, el temor a que eso conlleve la crítica por lo no hecho en ocasiones anteriores. Este fenómeno se amplía cuando el proyecto se realiza lejos de los centros urbanos y, se trate de una planta en provincias, de una nueva subsidiaria en un barrio alejado, o de un campamento, el grupo comienza a adoptar pautas comunitarias. La dinámica produce formas innovadoras que los expertos de las oficinas centrales prefieren desconocer, porque tenerlas en cuenta los obligaría a modificar sus supuestos sobre la tarea de organizar.

El proyecto de Cerros se descontinuó después de tres años por cuestiones de precios relativos, costos internos, etcétera. Lo que se aprendió del sistema de gerenciamiento sin embargo, continuó aplicándose y aquel factor, que otorgó a todos una noción de pertenencia y de orgullo profesional, también les permitió soportar las críticas al sistema.

Pasaron los años y los aportes del proyecto se concretaron y se pudieron evaluar. Con respecto a sus resultados inmediatos, cabe consignar que se completaron todas las metas críticas de las gerencias a pesar de los obstáculos del primer año, que los indicadores de eficiencia superaron las expectativas de los dueños y que, a nivel institucional, las sucesivas conducciones pudieron observar que la cultura forjada en el curso de esos tres años de trabajo sostenido siguió caracterizando el modelo de conducción de Cerros. Su personal pudo valorar esas competencias cuando tras la designación del siguiente gerente general, personaje de rasgos cavernícolas, sobrellevó algunos meses el nombramiento hasta que aquel, incapaz de imponer su voluntad y de trabajar con gente competente, que lo apodaba "el Capanga", tuvo que retirarse. Por esto la pérdida de los mejores profesionales debería ser un dato a procesar por los proponentes del liderazgo impetuoso.

III. Pensar para adelante

1. DAR TESTIMONIO

Este capítulo transcribe la narración corregida y ampliada de un ejecutivo. Se incluye para reflexionar. Habla de la pérdida de una ilusión.

En los '60 y algo más también, las multinacionales eran espacios de obligaciones recíprocas. El soporte burocrático establecía contratos beneficiosos para empleadores y empleados, y en estas compañías conformaban espacios de desarrollo reglados por normas y posibilidad de apelación. El testimonio sintetiza la reflexión de quien desarrolló toda su actividad en empresas de primera línea y comprueba con pena cómo desaparecieron los criterios y las pautas con los que se desempeñaba. Documenta lo que consideraba absurdo. Pone sobre el tapete el destrozo del tejido social y la precariedad de un discurso competitivo a ultranza sostenido por estructuras basadas en el sometimiento y en el reemplazo. Es el modelo de la encomienda: *si uno muere, habrá otros.*

El ciclo de la vida de un hombre transcurre lentamente, y durante mucho tiempo, uno no percibe los cambios que van ocurriendo, a menos que suceda una transformación violenta como la muerte de un ser querido, un divorcio, el despido del trabajo, algo de tal magnitud que a uno le haga pensar en un antes y después del acontecimiento. Sin embargo, después de unas décadas, aquella persona que pensaba que no pasaría nada, se encuentra reflexionando: "Pero, caramba, ya soy un hombre viejo, las cosas no son como antes".

Esto le sucede al ejecutivo que se jubila, o lo jubilan, y trata de reencontrar su viejo oxígeno como consultor de empresas; al mecánico que afinaba carburadores como si fueran pianos de cola y al no disponer del equipamiento electrónico, se va quedando solo con sus antiguos clientes, así como al cirujano, a quien un ligero temblor de pulso le hace trastabillar su trayectoria y su prestigio.

En mi caso, durante mucho tiempo pensaba que hacía una buena carrera. Trabajaba de día, estudiaba de noche, daba los primeros pasos en la formación de una familia.

Repentinamente, al comienzo de los '70, un amigo me llamó por teléfono y me invitó a trabajar en una firma prestigiosa, con él como jefe. Fueron siete años en una empresa formidable, con un grado de organización que yo veía por primera vez. Había reglas, y el futuro era previsible.

En determinado momento, se produjo un sacudón que lo desplazó a otro sector, y me ofrecieron su puesto. Yo era entonces un jefe joven, con unos subordinados mayores y, tal vez, con una carrera potencial dentro de la empresa. Sin embargo, veía esas posibilidades como improbables y lejanas, y busqué por otras comarcas.

En los '70, años de oscuras transformaciones en la región, conseguí un trabajo con mejor paga, como jefe en otra multinacional en una hermosa capital de provincia. Ese puesto era interesante, la empresa comenzaba desde cero, y en mi campo podía moverme a mis anchas. Por otra parte, todos estaban tan ocupados en lo suyo que no tenían tiempo para molestarme. Un par de años después de haber ingresado, un colega fue promovido, y me dio la oportunidad de ocupar un cargo gerencial, manteniendo mi propia especialidad.

Era un placer trabajar allí: los altos ejecutivos eran caballeros, su ingeniería se caracterizaba por una obstinada perfección, y el respeto por las personas hacía que los empleados nos sintiéramos a gusto. Cierta vez, se invitó a sesenta personas en convenio a una capacitación. La gente se presentó al día siguiente para rechazar la paga suplementaria que les correspondía por haberse dictado el curso en días sábados, dado que podrían utilizar ese aprendizaje el resto de sus vidas.

No creo que por aquel entonces me considerara una persona ambiciosa. Recordaba el lema de mi madre "persevera y triunfarás", y participaba de la creencia de que para cosechar, uno debe sembrar y cultivar. Permanecía tan metido en mi trabajo, que apenas me daba cuenta de lo que ocurría en el exterior. Los militares cometían crímenes atroces, ¿avalados por un decreto? Mucha gente creía que haber ganado un campeonato mundial de fútbol era importante. Y verlo por televisión color, una maravilla. Para ese entonces, gran cantidad de automóviles circulaban con una oblea prepotente ("Los argentinos somos derechos y humanos"), o patotera ("Yo quiero a mi Argentina ¿y usted?").

En el triste año 1982, la empresa estuvo a punto de cerrar, porque perdíamos una guerra absurda contra Inglaterra, y nuestras ventas habían disminuido considerablemente. Sin embargo, el tiempo hizo que se fueran recuperando la democracia y la actividad económica.

En estas condiciones, la estructura de la empresa había crecido, yo era gerente, mi trabajo iba viento en popa y estaba construyendo una bonita casa. Teníamos una cantidad de distribuidores con buen grado de desarrollo, muchos clientes permanecían fieles a la marca, y la firma era respetada en el mercado.

En determinado momento, advertí que nuestro sector, conmigo incluido, debería trasladarse a la capital, lo que me significaba dejar mi hermosa casa, con piscina y jardín, y ocupar un departamento. Fue un tiempo de grandes transformaciones, trabajando con un alto grado de independencia, con mi jefe en la casa central y mi oficina en Buenos Aires. Profesionalmente no descansaba: viajes por el interior, reuniones con mi jefe, jornadas de planeamiento y programación, convenciones frecuentes, visitas a clientes... pasaba gran parte del tiempo fuera de mi hogar.

A mediados de los años '90, la empresa pasó por una reorganización general, se creó una oficina con sede en São Paulo, y me propusieron ir a Brasil como director del sector en la nueva empresa. Nunca había soñado con esa promoción. Conversé con mis hijos, adolescentes por aquel entonces, y acepté la propuesta.

Los primeros cinco años vividos en Brasil fueron maravillosos. Tenía un sueldo fantástico, el auto que eligiera y un departamento de cuatro dormitorios, en el que mi tía, cuando vino a visitarnos, se perdía. Dependía del presidente de la empresa, que era un hombre mayor, con la carrera hecha, capaz y de buen carácter. Trabajaba a entera libertad, cada mes viajaba por el continente visitando distribuidores y clientes, y logré incrementos en los volúmenes de ventas y de penetración.

Sin embargo, esa calma superficial ocultaba un profundo sismo que en poco tiempo llegaría a la superficie. La nuestra había dejado de ser una empresa dirigida por sus dueños, y ahora una buena parte de su capital era ofrecido en el mercado. Las compras hostiles y encubiertas de sus acciones que había hecho un competidor le permitían a aquel sentarse a la mesa a pedir una porción mayor del pastel. Además, obtuvieron el control de nuestra firma por medio de la mayoría de sus acciones, si bien a precio elevadísimo.

No obstante, la autoridad antimonopolio de la Comunidad Económica Europea puso trabas al competidor para impedir que concentrara las dos empresas, y llegado a un punto, este desistió de la unión, y cambió el comprador, aunque no ya al costo elevadísimo que había pagado el anterior, sino a otro acorde con los activos reales. La dificultad era que había que enjuagar una pérdida mayúscula. Hubo un canje de acciones, y los accionistas, en su mayoría viejitos jubilados, pasaron a tener sus papeles devaluados. En medio de estos acontecimientos, el presidente de la empresa contaba con información de que los valores inflados estaban por pincharse. Vendió una gran suma de opciones, que al poco tiempo pasarían a valer mucho menos, pero sólo él lo sabía. La situación fue escandalosa y se lo procesó por utilización de "información privilegiada", lo que en aquel país está penado por la ley. No obstante, salió indemne, con la sola pena de donar al sindicato de la empresa las ganancias extraordinarias que había obtenido con esa especulación bursátil.

Tengo la impresión de que, en esa ocasión, el primer ministro llamó al juez de la causa y le dijo que no vería con agrado que en su país apareciera en los titulares un escándalo de tal naturaleza.

Nosotros, en las profundidades del subdesarrollo, estábamos curados de espanto, porque varias veces, para mejorar los balances, habíamos sido obligados a vender productos a nuestros distribuidores a fines de diciembre, a la fuerza, con la promesa de volver a comprarlos el primer día del año siguiente. A veces no honramos aquella promesa, por lo que el distribuidor podía ir a la quiebra, o terminar en nuestras manos, *cautivo* de la fábrica.

A la hora de maquillar los estados contables, también practicábamos el sencillo truco de colocar en *activos comerciales* abultadas sumas que sabíamos que eran de cobro imposible, porque el cliente había desaparecido o era insolvente, los productos se habían vendido bajo otros criterios y no teníamos la menor probabilidad de recuperar el crédito. Pero si esos montos se hubieran asentado como *incobrables*, el balance no habría quedado tan bonito y hubiera disgustado a nuestra casa central.

En esos días, los ejecutivos que habíamos conocido como caballeros formales, pasaron a actuar como carniceros despiadados. El abrazo de uno de ellos era tan efusivo, que uno se daba cuenta de que le clavaban el puñal por la espalda; y sin exhibir el menor escrúpulo, como cuando, por ejemplo, eligió "fusilar" de modo sumario a un proveedor, avalado por un comportamiento ejemplar en su historial de treinta años con la marca. Finalmente, este personaje pegó el salto a otra empresa a la que aportó gran cantidad de información confidencial de la nuestra, y hoy continúa como número uno de una firma destacada. Nunca me cansé de asombrarme ante la conducta de otro jefe de la nueva época por ser tan pertinazmente mentiroso: fue mi último superior, y cuando me despidió me asignó un guardia, para asegurarse de que los documentos que me llevara fueran estrictamente personales.

Sin embargo, a pesar de que resultó para mí un ser desagradable, agradezco a aquel rufián que me haya sacado de la compañía, que ya por aquel entonces hedía de manera nauseabunda.

Cuando uno pasa veinticinco años en una empresa, la percibe como un universo. Sin embargo, es un mundo pequeñito en el que sólo hay productos, ventas, cobros, sueldos, beneficios, intrigas de pasillo y temores.[1] Muchos temores. Al salir se siente que el cosmos está afuera, y que la realidad es rica, intrincada y llena de bocacalles en cada una de las cuales uno puede seguir o doblar.

Como muchos otros ejecutivos que salieron por voluntad propia o ajena, "por respeto a sus coronarias", el narrador dejó la empresa y difícilmente retorne a ese mundo de

---

1. Los principales miedos que afectan a los empresarios locales. http://www.infobae profesional.com/notas/81864- html#comentar.

dudosa honorabilidad. Mientras tanto, algunos siguen rehenes de la firma en la que se desempeñan, sufren del empleo
full life, que da por sentado que las utilidades de corto plazo
tienen preeminencia sobre los resultados y su vida personal.
Simultáneamente, muchos profesionales se niegan a ingresar a empresas con fama de depredadoras, o establecen contratos de autonomía al ser convocados, aun en las más res-
petadas. En un caso representativo de negociación asimétrica,
un directivo contaba perplejo que varios egresados recientes
con los mejores promedios habían indicado con naturalidad,
al serles ofrecido un cargo, que para el año siguiente tenían
pensado un viaje de vagabundeo por Oriente, o que puesto
que su mujer estaría dando a luz, tenían planeado estar junto
a su familia bastante tiempo. Ante gente acostumbrada al
planeamiento operativo, este criterio rector parece raro,
pero reconforta saber de su existencia.

Sobre este tema son numerosas las señales de alarma deba-
tidas: una compulsa de PricewaterhouseCoopers indica que
las mayores preocupaciones de los empresarios argentinos
en mayo de 2009 eran el "Acceso y retención de talento",
"Fortaleza y reputación de la marca", "Alta calidad de servicio al cliente", "Flexibilidad y adaptabilidad al cambio" y
"Administración eficiente de la cadena de abastecimiento",
seguidos de cerca por "Responsabilidad social empresaria" y
"Habilidad para implementar alianzas cooperativas". Es evidente que los objetivos están claros y quizá algo en los casos
citados se alinee con ellos. Queda en cada uno que este diagnóstico sea seguido por la acción.[2]

---

2. Ver Suárez, Francisco, e Isuani, Fernando: "La corrupción al servicio del delito"; *Mimeo.* Coser, Lewis A.: *Greedy institutions.* The Free Press. New York, 1974;
Melamed, Alejandro: *Empresas depredadoras: Recursos humanos no tan humanos,*
Paidós, Buenos Aires, 2006; Etkin, Jorge: *La doble moral de las organizaciones:
Los sistemas perversos y la corrupción institucionalizada.* McGraw-Hill, Madrid,
1999; Simonetti, José María: *El ocaso de la virtud: Ensayos sobre la corrupción y el
discurso del control social.* Universidad Nacional de Quilmes, Bernal, 2000.

Pasar a la acción puede aprovechar el aprendizaje que parte del supuesto de que son las personas quienes pueden pensarse a sí mismas. Que pueden abordar con imaginación el proceso que liga su experiencia individual con el proceso en las instituciones y el lugar que cada uno ocupa.

2. NO DIRIMIR

Puesto que el flaco INRI no va a bajar,
mejor lo hacemos nosotros.
Un gerente

Discutir, no dirimir.
Porque las controversias no se cierran,
se tratan con cuidado.
Un gerente

Hace un tiempo, el gerente y los jefes de sector de una empresa nos convocaron para desarrollar una jornada de trabajo. Habían llegado a la conclusión de que el personal tenía motivos de sobra para no estar entusiasmado y sufrían pérdidas de empleados calificados. Esto se debía a que se había reducido la dotación a pesar de que se había ampliado el volumen de trabajo, a que la inflación carcomía los salarios, a que los de mayor experiencia veían dificultada su posibilidad de acceder a una promoción porque sus jefes llevaban pocos años y a que, por ejemplo, cuando se necesitaba reemplazar personal calificado, el dueño sólo autorizaba contratar a jóvenes inexpertos para no pagar los sueldos que corresponderían a quienes efectivamente pudieran hacerse cargo de aquellas tareas. En esas circunstancias, casi espontáneamente, los jefes del sector habían constituido un equipo integrado, acercándose unos a otros para acordar sobre cómo abordar el trabajo cotidiano, y unos meses antes habían organizado un encuentro de agradecimiento a su gente: con parte del presupuesto contrataron a un equipo de animación y a partir de una media tarde, reunieron a todos para hacer juegos de integración de equipo. La jornada había sido un éxito y querían repetir la experiencia, pero además habían logrado la aprobación para dedicar un día entero al tema, y se preguntaban si hacerlo con los mismos proveedores o con nosotros.

Conversamos con los responsables, hicimos entrevistas con cada uno y advertimos sus coincidencias, a pesar de algunas diferencias circunstanciales en el peso de diversos factores en el diagnóstico. El diagnóstico era de ellos, las acciones se emprendían, invitaban a reflexionar.

La recolección mostraba el quiebre que se constata cuando uno está desorientado. Caben ahí varias opciones: *abandonar el campo*, como algunos ya lo hacían; *penar en silencio*, sintiéndose rehenes de esa situación –o adoptar diversas tácticas de protesta, reivindicación, o ataque–; o *elegir alguna complementación de estrategias de acción y de resistencia*, abordando la situación en forma activa para señalar y corregir las incoherencias.

La consulta aceptaba que la negativa del superior era una instancia, pero no la consideraban excluyente. De hecho, en esta segunda ocasión, habían conseguido tomar el día, lo cual podía considerarse un hito. Como parte de su propio aprendizaje, relataban lo hecho y lo que pretendían seguir haciendo, y además preguntaban *qué hacer* a un tercero.

Ante nuestra propuesta de trabajar esa temática, ofrecieron la opción de contratar a los animadores para el curso de la mañana, y nos invitaron a observar y a participar esa tarde del mismo evento.

Aceptamos, nos reunimos con los animadores, trabajamos con el grupo. La jornada transcurrió sabiendo que se trataba de la tarea que deben sostener las personas cuando se desempeñan en condiciones inadecuadas, solidarios ante las restricciones del medio. Fue agradable: sin que nadie se engañara, sin que nadie olvidara las condiciones en que se desempeñaban a diario.

Al salir, un jovencito se acercó para preguntar por qué él, cuando eligió hablar en el último plenario, no había dicho todo lo que hubiera querido, ya que por haber dicho lo que dijo, sentía que los otros podían pensar que era incompetente. Ocupaba, sin embargo, el lugar del que se levanta y expresa lo que siente en ese momento, y al hacerlo refleja lo que quizá otros estén pensando y no alcancen a decir en esa ocasión. Ulloa los llamaba los *notables*, los que muestran coraje y se hacen ver, independientemente de que en cada ocasión no alcancen a desarrollar todo lo que estuvieron pensando, y dirán en la próxima. Porque representan a la mayoría. Que no siempre se expresa.

En una empresa, en la que cada uno responde a un contrato que puede quebrarse por la voluntad de cualquier parte, el adulto no necesariamente sufre miedo, no cae inevitablemente en el temor a perder. Conocedor de la situación, evita el pánico y, ante el desequilibrio, *aprende* para animarse, como si al acceder a nuevas informaciones, y al hacerlas propias, al ampliar el espacio de desempeño potencial, se pudiera comprometer a algo inusual, a acometer algo por primera vez. Y en cierta forma se vuelve párvulo, por algunas horas, en compañía de otros adultos que juegan el mismo juego, con reglas de grande, espectadores atentos a sus propios juegos.

Vladimir Carhuaz recuerda la tradición andina que habla de lo que se debe hacer cuando el alma huye del cuerpo. Especialmente cuando se trata de niños, se debe acompañar a la persona a casa de una vieja mujer que sepa infundir actividad en ella. Que la anime. Que sepa hacer retornar el alma al cuerpo.[1]

Eso es *animarse,* atreverse, decidirse, jugarse, y cuando incluye a otros, el proceso es gozoso. Entonces, al plantearse algo que uno ha hecho, decimos *nos animamos.* Son ocasiones en las que uno se llena de *ánima,* de alma, aparece el espíritu de cuerpo, la recuperación de aquello que nos sostiene en la voluntad de asumir riesgos y desafiar tempestades. Aun cuando todas las puertas parecen cerradas.

Construir confianza

Tras numerosos fracasos ampliamente constatados en la vida organizacional cotidiana, los casos citados en este texto recobran tres supuestos centrales de la administración: que la convivencia es el factor crítico en el ámbito de trabajo; que el mejoramiento de los resultados de un proyecto se logra a partir de la comprensión y la confianza creadas con los stakeholders; y que el descubrimiento y el aprendizaje trascendentes se producen cuando los supuestos *uno* y *dos* se abordan con la mente despojada de certezas.

Impulsado por dificultades organizacionales en el frente interno, referidas a la *retención de talentos,* y en el externo, referidas a *vínculos inefectivos con beneficiarios indirectos,* este libro se ocupó de la confusión que caracteriza el trabajo en organizaciones, a comienzos del siglo XXI. Nos preguntamos: dada la necesidad de alinear voluntades tras un emprendimiento, ¿cuál es el proyecto viable? ¿Cómo obte-

---

1. Carhuaz, Vladimir: Comunicación personal sobre el *mancharisqa* (susto), la separación del espíritu del cuerpo, causado por algún hecho accidental en la vida cotidiana. El que cura del susto, hace *Qayapu* pidiéndole que vuelva, diciéndole que aquí te espera tu casa, tu comida favorita, ¡vuelve!

ner venias y avales? ¿Qué competencias estratégicas, organizacionales y personales deben desarrollarse?

Este texto hace hincapié en la construcción de criterios de *gobernabilidad*. Mientras que antes se operó con criterios verticales, personalidades llamadas fuertes, organizaciones consolidadas, compromisos de continuidad ante interlocutores acotados, hoy exige agregar la capacidad de reflexionar con madurez emocional, con representantes de todos los interlocutores internos y externos. Sugiere conclusiones tentativas en función de los trabajos de campo completados en una cantidad significativa de emprendimientos distintos, que por atravesar por una problemática similar, permiten reflexionar en torno a convergencias.

Como si se abriera un candado que requiere llaves en manos de viejos oponentes, lidiando en complejidades políticas, económicas y sociales actuales, cada consulta instituyó alguna variante de gestos, hechos y códigos concertados. En cada una se hizo hincapié en lograr avales, desarrollar competencias e incluir a terceros para alinear las llaves con el respectivo candado, considerando la singularidad del caso.

Fueron, en esencia, trabajos de campo llevados a cabo con equipos de conducción, en reuniones de solución de problemas y conflictos, y muestran *conciencia de lo organizacional*, vale decir, comprender la naturaleza del negocio y de sus relaciones de intercambio con el entorno; mantener la mente abierta y flexible al topar con perspectivas diferentes de las conocidas; y adaptar los propios abordajes a los requerimientos de un cambio en la situación. A nuestro juicio, esta sería la competencia crítica que garantiza la continuidad del esfuerzo de cambio. Un segundo factor de interés que liga el proyecto de negocio a las cuestiones de tejido social es la presencia de protagonistas heterogéneos en el ámbito del proyecto: el hecho de que interesados muy disímiles comprendan lo que está ocurriendo desde perspectivas diferentes ayuda al equipo de conducción a debatir abiertamente las interpretaciones alternativas y a recoger datos, procesarlos y tomar decisiones que permitan canalizar los recursos en el rumbo requerido. Por supuesto, debe contarse con autoridad delegada para comprender y centrarse en lo que está pasando en el lugar específico y con las personas y grupos involucrados. El tercer factor que admite que esos grupos dediquen tiempo a temas de beneficiarios indirectos es saber que los indicadores de desempeño están bajo control. Así, los buenos resultados operativos habilitan a la conducción a dedicar tiempo y continuidad a temas sociales; el interrogante crítico es cuánto tiempo y seguimiento se les ha de destinar.

3. CONCERTAR EN LA INTERNA

Para conducir necesito un orden.
Las máquinas las puedo comprar, y si compito
necesito tener cuentas claras,
pero lo que modifica mi desempeño
es el compromiso del otro.
Debo saber qué necesita el otro, y jamás ponerlo
en una posición que lo obligue a hacer
algo que no es capaz de lograr.
Esa es mi responsabilidad principal
como jefe. Para instalar un orden.
Un gerente

El poder se puede desempeñar de muchas maneras, desde la imposición hasta la influencia; en una estructura de poder asimétrica, se puede ejercer la coerción descansando en la posibilidad de imponer criterio y voluntad a partir del temor implícito a las pérdidas de quien tiene que ejecutar una acción. La asimetría privilegia a quien ocupa un cargo, pero puesto que quien tiene menor nivel cuenta con la distancia que otorga su posición, y retiene capacidad de adhesión, por menguada que sea, el poder que ejerce quien está en una posición ventajosa no es nunca unidireccional: el otro tiene capacidad de respuesta, especialmente cuando no está solo: retira su voluntad, apela al ingenio, se ausenta física o mentalmente.

Cuando alguien nota que algo debería/podría hacerse mejor y descuenta que no puede salir de la situación en que se encuentra, y que solo no acierta a quebrar la barrera que impide hablar, advierte que debe abrirse a otras formas de entendimiento, a operar con mayor consistencia, a incorporar algo diferente. Si ya experimentó el fracaso al intentarlo con medios tradicionales, quizá porque sólo agregó algo novedoso, tendrá que enfrentar la ardua decisión de comprender mejor lo que impide el cambio.

En general, sabe que un proyecto no fluye como un río de arriba abajo: necesita concertaciones. Cada uno, esclarecido o inquieto –o bien varios interesados en salir de una encrucijada o de potenciar el desempeño–, piensa en la consulta, en incluir a terceros, y se desea que la reflexión permita trascender el marco tradicional y ensayar prácticas que marquen un antes y un después.

Así, un proyecto es una búsqueda en circunstancias difíciles: se inicia tras constatar que debe superarse la propia gestión. Muchos motivos lo explicarán, pero cuando además se siente solo, cada factor –políticas competitivas, pánico a perder y desaparecer, codicia, soberbia, respuestas iracundas– potencia a los otros en un entorno en el que se exacerban las asimetrías. Porque, de intentar algo y fracasar, sufrirá el escarnio.

Hay otras opciones. Ante una crisis, el responsable puede generar consenso, y ganar potestad apelando a su capacidad de *influir*: todo especialista conoce esta opción en tanto, por ejemplo, un médico respetado y perspicaz prescribe aunque sabe que su palabra no obliga al paciente a aceptar sus indicaciones. De hecho, muchos pacientes siguen las instrucciones con discrecionalidad, aun a riesgo de sufrir en carne propia las consecuencias de su desidia. Su capacidad de abrir espacios de voluntad e iniciativa en el otro, que responde desde una relación de independencia, exige apelar a la influencia.

En esta opción, la conducción se legitima cuando la autoridad se sostiene en la ocupación de un cargo, la capacidad técnico-profesional, la facultad de premiar y de sancionar, y el ascendiente definido como la posibilidad de influir desde la propia integridad sobre las conductas de los seguidores.

Cada caso parte de esos sobrentendidos: las máquinas se compran y mantienen, y los números deben reflejar hechos de la realidad, pero un proyecto se consolida sólo con personas, distintas entre sí, a partir de un plan concertado, con pautas convenidas para alcanzar sus metas.

No bien se encara un proyecto, se advierten las distinciones entre coerción e influencia. Se descuenta que la coerción logra que el otro cumpla porque está en relación de dependencia, pero la naturaleza del acatamiento depende de la conducta del superior. Kelman[1] recuerda la existencia de tres grados distintos de consentimiento: obediencia, identificación e internalización. Y ante un proyecto ambicioso, los dos primeros no alcanzan. El tercer nivel, el de la internalización, surge cuando las personas advierten un desafío, se proponen desarrollar su propio criterio y afirmar su autonomía, y entonces, avalados en la defensa de sus necesidades e intereses, escucharán a quien convoque.

Concertar es ponerse dos o más partes de acuerdo. Acontece cuando se dan cuenta de que, de otra manera, perderán algo valorado o será imposible lograr algo importante. Resulta en un trabajo entre dispares y se desarrolla cuando se crean las condiciones que necesitan las partes.

---

1. Kelman, Herbert: "Compliance, identification and internalization: Three processes of opinion change". En *Journal of conflict resolution*, 12, 51-60, 1958.

Abre el camino para llegar a decisiones consensuadas. Ayuda a salir de la encerrona creada cuando uno no sabe qué hacer, pero reconoce que salir del embrollo exige hablar con otros. Surge cuando se trata de una situación en la que se comparte una cierta historia, pero se complica cuando hubo quiebres en la trama vincular, cuando involucra a muchos, cuando la memoria incluye rencor y desaciertos. Implica acercar a los que se verán afectados por lo que se pueda establecer, vencer renuencias y convocar para llegar a un acuerdo con ideas que modifiquen las del comienzo. Cuando se logra, los beneficios son evidentes: las personas se percatan de que el acercamiento limó asperezas, y que el apoyo de un colectivo contribuirá a que se cree un espíritu de grupo y las acciones produzcan pertenencia auténtica, no sensación de pertenencia.

Concertar supone que lo que se decida es mejor que lo que se tenía. Quita las vedas, incorpora las venias. Al no requerir que todos estén absolutamente, ni siempre, de acuerdo, cada cual retiene autonomía, pero acepta lo que surja. Al no alterar el peso de cada uno, en cualquier momento puede retirarse, o cuestionar lo que se haga, pero el hecho de concertar establece un nuevo marco para el avenimiento.

También, concertar lleva tiempo, incluye silencios, impone que cada uno respete la búsqueda de solución a un conflicto que no siempre se muestra francamente. Esas exigencias son un obstáculo para iniciar una intervención.

Cuando se lo convoca, el consultor, sabedor de la necesidad de instalar tiempo para escuchar, y consciente de las dificultades, extiende la convocatoria. Parte del éxito estriba en la ampliación del núcleo original a terceros invitados. Se pregunta quiénes estarán involucrados, quiénes se consideran parte de un grupo aumentado y, a medida que se avanza, quiénes deben estar informados y quiénes se verán afectados por lo que surja. Más allá de la disposición de los cargos en el organigrama, serán las personas las que harán posible el establecimiento de los acuerdos que lleven a un cambio. En un caso reciente, un directivo decía:

> *Es de no creer... Nosotros trabajamos en siete proyectos, y los integrantes de cada uno creen ser ellos la institución. Todos hablan de "nosotros", atribuyéndose esa denominación con exclusividad y cuando surge un problema, ninguno sabe si el otro podría ayudarlo. Unos pocos nos dimos cuenta del absurdo y ahora constituimos un cuerpo. Debemos conocernos de otra manera... No de vernos las caras...*

La concertación interna es un proceso intrincado que incluye actores internos y externos, tanto es así que desde hace tiempo se habla de stakeholders –adherentes, socios comanditarios, interesados indirectos, apostadores–, personas, grupos o instituciones a quienes les interesa que a uno le vaya bien. Naturalmente, comprende al personal como partícipe activo de la discusión interna. Además, y puesto que la concertación requerirá inversiones sustanciales de tiempo y dinero, e involucra la credibilidad, que es un intangible, las relaciones no carecerán de controversia y evolucionarán por aproximaciones sucesivas. Esta inversión está predicada en la expectativa de que lo que se genere se instale en la cultura del lugar, y de que para ello los afectados se autoimpongan respetar lo que surja de los intercambios.

Para poder desarrollar tal nivel de articulación horizontal, en la que sea legítimo hablar de beneficio mutuo, el intercambio ha de prosperar amparado en una concepción simétrica donde jerarquía y división del trabajo adquieran otro peso.

La concertación prospera cuando el superior se siente fortalecido al abrir el diálogo: de hecho, existe prevención cada vez que se lo intenta. La consulta surge cuando se ha superado esta aprensión y el responsable reconoce que por sí mismo no puede abordar la situación. Aun desempeñándose en una empresa privada, se percata de la trascendencia pública de su función, al juntar a los otros transparenta su necesidad, se hace cargo, hace a los demás partícipes de lo que entiende es la realidad, sincera el juego.

A veces es una inquietud, alguien que *siente que querría atender a cierta dificultad*; otras, surge la voluntad de *entender lo que pasa* –cuando reconocen los efectos pero no identifican las causas–, pero en muchas circunstancias los responsables, sensatamente, asumen que deben torcer el rumbo. Porque se encuentran frente a un embrollo.

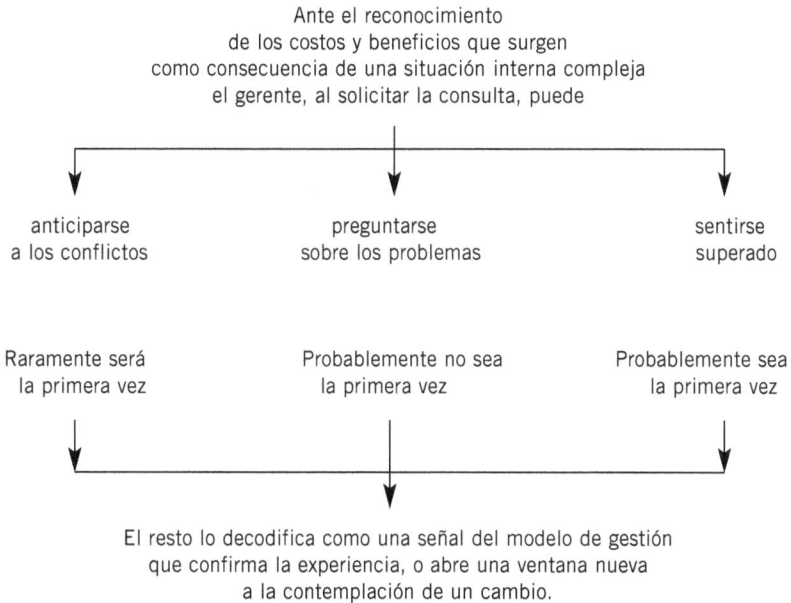

Ante el reconocimiento
de los costos y beneficios que surgen
como consecuencia de una situación interna compleja
el gerente, al solicitar la consulta, puede

anticiparse a los conflictos	preguntarse sobre los problemas	sentirse superado
Raramente será la primera vez	Probablemente no sea la primera vez	Probablemente sea la primera vez

El resto lo decodifica como una señal del modelo de gestión
que confirma la experiencia, o abre una ventana nueva
a la contemplación de un cambio.

Figura 1

En estas circunstancias, la consulta refleja el interés en confirmar la manera de organizarse, y en las conversaciones se advierte el equilibrio de poder y valores (cómo se manda), reglas (pautas y normas a las que se apela) e intereses que se ponen en juego (nivel de consideración por el bien común y por los beneficios de los otros).

Pasos para concertar en la interna

Disponerme a revisar lo que antes pensaba
y a pensar lo que nunca pensé.
Un gerente

Incrementar la cohesión en torno a una definición requiere *crear el espacio, suspender el juicio crítico sobre el aporte de la iniciativa, aceptar el desconcierto.* Es el primer paso con sus tres componentes. Internamente se comienza con los más interesados en analizarlo, pocos y de confianza, con aquellos a quienes les conviene hacerlo, pero la consulta incluye luego a quienes no les convendría un cambio, para ir más tarde conformando un mapa político que incorpora en conversaciones de aproximación formales a quienes se verán afectados, aun en forma indirecta, funcionarios, representantes obreros, proveedores, contratistas, distribuidores, clientes. Los intercambios permiten entender las prevenciones, los intereses y las consecuencias posibles del acercamiento, y advertir las formas de acercarse al mismo problema en quienes ocupan lugares de poder formal e informal. Este proceso es largo, avanza a tientas, y no deja de sorprender a quienes dirigen empresas y creían conocerlas.

El segundo paso es *construir legitimidad incorporando terceros,* con los cuales no existe vínculo, escuchando, poniendo a circular la información, y esbozando respuestas de medio camino. Respetando las características del lugar y del momento, corresponde estudiar cómo crear un espacio tal que brinde la necesaria seguridad psicológica que aliente el desarrollo del encuentro y la recolección de información: la fluidez del diálogo dependerá de las costumbres históricamente instaladas y de las circunstancias que se viven; no es inusual que las partes se sorprendan de lo engorroso que es generarlo, y que la mayoría se dé por vencida antes de comenzar. En los primeros escarceos, se trabaja sobre compensaciones de daños, sobre la recomposición del diálogo por ofensas, reales o percibidas, y se mencionan los verbos *restituir* y *reconciliar*. De avanzar, se empiezan a diluir ciertas caricaturas, y a reafirmarse las reputaciones. De todos modos, este derrotero lleva tiempo y esfuerzo, por lo que es crítica la continuidad. A nadie debe sorprender que la recomposición de los vínculos tenga características compensatorias e incorpore gestos que las reconozcan. De ese modo, se inicia la construcción de un proceso de credibilidad que se irá afianzando con el tiempo. Así se define un esquema colateral de apoyo, no paralelo a la estructura existente.

La secuencia que sigue, vale la aclaración, no es unidireccional, y los procesos descritos, con la ayuda de dispositivos que se vieron en cada capítulo, siguieron este tipo de paciente recorrido. (Hubo más fracasos que aciertos, sin embargo…)

El tercer paso consiste en *reunir datos inquietantes y llegar a una definición compartida del problema*. De este modo se puede contar con consenso en torno a las opciones posibles y, quizá, a un proyecto viable. Esto se debe a que, cuando se reúne un grupo, cada persona, cada sector y cada nivel tiene sus expectativas y brindará su apoyo en función de sus intereses. En la medida en que este tipo de consulta se haga con frecuencia, no en forma esporádica, y arraigue, es más probable que la información adquiera transparencia, y no pesen tanto la prudencia y el miedo acostumbrados. Llegar a definiciones concertadas requerirá mantener la mente abierta, incluso ante cuestionamientos. Mientras se desarrolla el proceso, cada cual identifica los sobrentendidos con los que opera, y evalúa su participación en la aventura.

Para garantizar que la solución a la que se vaya arribando cumpla con los propósitos de la iniciativa, el cuarto paso exige *sostener sostenidamente hasta esbozar el proyecto viable* que fortalezca el tejido interno al servicio de un proyecto ambicioso. Esto significa perseverar para enriquecer el intercambio de criterios que las partes acepten de buen grado, y esto no lo ve, y difícilmente lo acepte, quien está atrapado por el pensamiento tradicional. La mejor manera de hacerlo, manteniendo cierto nivel de control sobre las consecuencias, es contribuir a que crezca la reputación de las partes, y eso se aproxima cuando cada uno muestra consistencia entre lo que dice y lo que hace. De este modo, al mantener abierta y activa la circulación de la información, crece la probabilidad de que se produzca moderación en las exigencias recíprocas, y que se minimice la probabilidad de derrapes. En ese proceso, conviene comunicar en exceso. Arturo Jauretche[2] decía *machacar*, mantener a las partes repetidamente enteradas de lo que ocurre, con canales redundantes coordinados, más aún en los intercambios con contrapartes externas, donde se deben reducir la sorpresa y la improvisación.

El quinto paso es *debatir entre diferentes y construir opciones que todas las partes sientan beneficiosas,* asegurando que se conozcan los costos y beneficios. Los participantes dejan de aportar en función de su cargo, se integran en una cadena de valor, y cabe preguntarles sus condiciones, como si fueran iguales, que lo son. Esto es importante, porque un eventual acuerdo será lo que todos acepten como legítimo. Nuevamente se centra la atención en las consecuencias del entendimiento y no sólo en lo que se quiere hacer. Es importante volver a analizar los supuestos que dejan de tener valor y los nuevos significados que las partes adoptarían en caso de congeniar. En esas condiciones, las partes comienzan a advertir que sólo se seguirá avanzando si aumentan los beneficios para todos.

---

2. Jauretche, Arturo: *El medio pelo en la sociedad argentina: apuntes para una sociología nacional.* Peña Lillo, Buenos Aires, 1966.

En esas condiciones, cada cual podrá sentirse ganador, aunque los réditos sean distintos: es entonces cuando deben incorporarse registros cualitativos. ¿De qué manera se medirán los logros? ¿Cómo se darán cuenta las partes de que el esfuerzo sostenido ha producido mejoras en lo sustancial y en el tejido social? En una empresa, será difícil de entender, porque las definiciones existentes reducen lo que las partes pueden acceder a ver e imaginar. Será tarea conjunta definir sobre qué parámetros evaluará cada contraparte el éxito de la iniciativa y cuanto más se incluyan los criterios del otro, más probable será que el apoyo se mantenga vivo y asegure la implementación de los tratos.

El sexto paso es *procesar datos complejos inquietantes e ir haciendo*. La preguntas es: "¿Será posible?". Y la respuesta manida: "Sería de ingenuos creerlo". Y sin embargo se dice: "¿Por qué no esta vez", "¿Por qué no nosotros?", "¿Por qué no en estas circunstancias?". Puesto que la consulta surgió tras una serie de evidencias que alentaron a arriesgarse ensayando nuevos abordajes, es esencial que se acuerde cómo dar testimonio del cambio ante quienes, desde fuera, desde arriba, evalúan la gestión. Sustentada en los avances alcanzados a esta altura, la discusión incorpora restricciones de las partes para protegerse y asegurar que ninguno se comprometa a lograr objetivos que puedan ser vetados por otras instancias.

Este paso ayuda a su vez a cada participante a concertar en su propia línea, para saberse apoyado en su frente interno, o bien desautorizado a aceptar metas desmesuradas en su tarea. Podrá sostener que en ciertas condiciones no estaría capacitado para rendir cuentas.

El séptimo paso sintetiza gran parte de lo anterior y se ocupa de *generar alineamiento y acordar criterios para evaluar* entre las partes. Normalmente, sólo una porción pequeña de los afectados participa de una consulta, y al pasar a la implementación, se requerirá generar apoyo en cada sec-

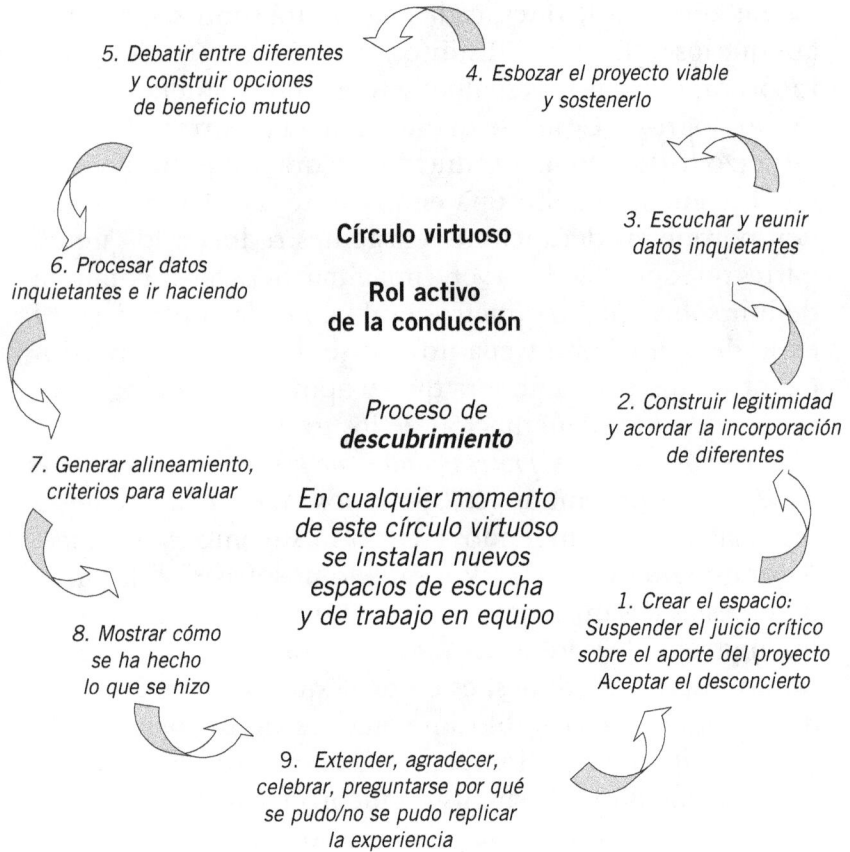

5. Debatir entre diferentes
y construir opciones
de beneficio mutuo

4. Esbozar el proyecto viable
y sostenerlo

Círculo virtuoso

3. Escuchar y reunir
datos inquietantes

6. Procesar datos
inquietantes e ir haciendo

**Rol activo
de la conducción**

*Proceso de
descubrimiento*

2. Construir legitimidad
y acordar la incorporación
de diferentes

7. Generar alineamiento,
criterios para evaluar

*En cualquier momento
de este círculo virtuoso
se instalan nuevos
espacios de escucha
y de trabajo en equipo*

1. Crear el espacio:
Suspender el juicio crítico
sobre el aporte del proyecto
Aceptar el desconcierto

8. Mostrar cómo
se ha hecho
lo que se hizo

9. Extender, agradecer,
celebrar, preguntarse por qué
se pudo/no se pudo replicar
la experiencia

Figura 2

tor y nivel. Llegado a este punto, habrá pasado cierto tiempo desde los primeros pasos y muchas figuras se agotan en este proceso. Lo confiesen o no, es probable que fantaseen con recostarse en el poder de coerción, y en la suposición de que la mayoría sabe y valora lo que se hizo hasta el momento. Y es justamente cuando más esfuerzo será necesario para asegurar que lo logrado se acepte a nivel más amplio.

El octavo paso es *mostrar cómo se ha hecho lo que se hizo y conversar con el superior de quien conduce el proyecto.* Eso implica registrar lo que ocurrió y contar con las evidencias de los beneficios internos y externos de la concertación y los pasos encaminados de modo de propender a la inclusión de este tipo de proyectos a futuro.

El noveno paso es *celebrar, agradecer y preguntarse cómo extender el proyecto con otros adherentes.* Ocurre cuando tras ciertos momentos del trabajo, uno tiene conciencia de que se opera con consideración. Toma distancia, pasa revista a lo hecho y está seguro de ello. Es cuando se produce inteligencia: se conversa, con abierto recato, y se extiende el tiempo de la escucha. Hay una búsqueda, la intención es superadora: se intercambian supuestos, se contemporiza.

Tales instancias logran extenderse cuando los participantes acuerdan *qué harán de ahí en más.* Cuando no sólo se amplía el intercambio, sino que se lo vuelca a la práctica. Cuando las personas aplican su aprendizaje. El diálogo lleva al reconocimiento, y a la decisión de extender las consecuencias en lo cotidiano. Pasado el tiempo, esa experiencia queda en la memoria como algo insólito, incluso una epopeya, signada por combinaciones de sensatez, racionalidad, honestidad y creatividad. Porque entró en la historia.

Siendo jerárquicas, las estructuras incorporan asimetrías y fragmentaciones. Cada caso muestra el riesgo que corren las organizaciones que dependen de quienes entienden que esas asimetrías los benefician con exclusividad. En esos casos, los otros se dan cuenta y se preservan.

Mejor incorporar prácticas de competencia colaborativa.

4. CAMBIO DE CONDUCTA...
ASIGNATURA PENDIENTE

No te preocupes. Si no sabe boxear,
eso no le va a servir para nada.
Un cura a su amigo rabino hablando del boxeador
que se había persignado al entrar al ring.

No hay misterios, hay misteriosos.
Un gerente

Cada uno de los trabajos reseñados en este texto es una intervención con personas que, en ronda, se piensan a sí mismas y a las vicisitudes de su trabajo en el ámbito de esa empresa. Vale decir, distinguen la capacidad que tiene la gente de instalar señales y hechos que manifiesten lo que se hace, cómo se hace y sus consecuencias sobre la eficacia del emprendimiento.

En esa empresa, en ese agrupamiento, esos individuos, esas individualidades construyen un colectivo, y esa dinámica descubre y genera sentido. Lo hacen con la presencia de un externo autónomo, consciente de sus limitaciones.[1]

En tales circunstancias, y más allá de una intervención puntual, se extienda esta una tarde o tres años, ¿es dable

---

1. Peter Berger habla de instituciones hipostasiadas, aceptadas como si fueran la verdad. Ver *El dosel sagrado. Para una teoría sociológica de la religión*. Kairós, Buenos Aires, 1971. (Debo esta referencia a mi nieta Catalina.)

pensar que pueda tener peso el aporte de un profesional independiente? Sí, porque esa parte de esa empresa responde, en esas instancias, a esas personas, y aun cuando ellas no puedan instalar su aprendizaje en esa ocasión en ese lugar, lo podrán extender a otros lugares, momentos y circunstancias. Si lo desean, sin que el externo se entere.

Hace años, en la presentación de la tesis de doctorado de un colega, tres examinadores escuchamos discurrir sobre el peso de los juegos de roles en la salud, en una comunidad del Neuropsiquiátrico José Borda. Tras felicitar al tesista, Jaime Rojas Bermúdez, psicoanalista y pionero del psicodrama en la Argentina, dijo que había trabajado ahí en los años '50; Luis Stuhlman, sociólogo, aportó comentarios sobre su propia experiencia en los '60 en el hospital usando técnicas similares; yo agregué que, entre 1973 y 1976, desde el Centro de Salud 2 en San Telmo, hicimos algo quizá parecido. Suponíamos que los internados serían distintos, pero el tesista veía sus cambios de conducta, y puesto que ninguno sabía del trabajo previo, debimos repensar el peso de lo institucional. No fue preciso enfatizar que el aprendizaje era de las personas con las que habíamos actuado.

Algo de esa naturaleza cabe en toda institución. En *Estar de paso* escribí: "Intervenir en una organización implica la tarea múltiple del psicólogo: rehabilitación, clínica y preventiva. La rehabilitación se refiere a la reeducación, readaptación o recuperación funcional de un paciente o un grupo; el trabajo clínico se ocupa de trastornos que exigen el apoyo de un profesional externo para elaborar o restituir procesos a su nivel sano; y es tarea de prevención orientar esfuerzos al desarrollo de mecanismos estructurales de eficacia. Trabajar con empresas con fines de lucro no presenta dilemas mayores para el psicólogo en la medida en que este recuerde y ponga en práctica lo anterior".

Centremos la atención en la empresa. Hace un tiempo, Andrea Pujol presentó su análisis de la lógica conceptual que subyace a las demandas organizacionales. Señalaba cómo la innovación tecnológica, la crisis de productividad, el desarrollo de fuerzas productivas y la crisis de la relación capital/trabajo explicaban el nivel creciente de competitividad en el espacio organizacional; y generaban exigencias de productividad y de calidad que daban lugar a formas de integración a los nuevos escenarios: privatizaciones, fusiones, adquisiciones y alianzas. Estos generaron un masivo proceso de reconversión a través de inversiones y desinversiones; tercerizaciones; inclusión de tecnologías duras y blandas; ajustes sobre ajustes de estructuras; contrataciones; certificaciones; reingenierías. Como producto de esa sumatoria surgían nuevas formas de gestión del trabajo y de gestión de la producción.

Inspirados por la intención de potenciar la rentabilidad, la productividad, la confiabilidad, la calidad, estos procesos reconocían la necesidad de aprender a administrar proyectos complejos y la incapacidad de los paradigmas instalados para contribuir a ese fin, tanto es así que las mejoras y los cambios pretendieron mantener separados los factores duros y blandos.

La experiencia, entonces, señala que las dificultades han de rastrearse no ya en los méritos o deméritos de cada herramienta fragmentada, sino en cuestiones de concepción del proyecto como sistema. Además, los participantes marcan la importancia del rol jugado por la conducción en la recuperación de criterios de sensatez. Ahora, tras la caída de Wall Street, cuando grandes empresas que fueron privadas se encuentran en manos del gobierno de los Estados Unidos, se instalaron dudas adicionales, salvo una constatación, a saber: que el paradigma dominante ha cesado de existir y debe cambiar la noción de empresa.[2]

---

2. Pujol, Andrea: "Transformaciones del sistema productivo, modelos teóricos y realidades regionales del cambio". III Jornadas de Encuentro Interdisciplinario y de Actualización de la Facultad de Filosofía y Humanidades, Universidad Nacional de Córdoba, 2002.

En esas circunstancias, ¿cuál es el aporte del psicólogo? ¿Qué nos dice la experiencia internacional sobre procesos de cambio? Refiriéndose en forma exclusiva a proyectos de ingeniería, la prestigiosa publicación *Project Management Review* dice que el 70% de los fracasos en proyectos se rastrean en el hecho de que las personas se dan cuenta cuando algo está mal, pero no lo dicen abiertamente. Cita el grado de desánimo fijándolo en el 54%, e incluye a todos los niveles de la empresa. ¿Cómo, entonces, crear las condiciones para comenzar a hablar? Quizá partiendo de los datos que obran en nuestras manos.[3]

La investigación señala que el 68% de los proyectos se exceden en los presupuestos, que en el 77% se incumplen plazos y programas, que en el 75% se constatan tareas realizadas fuera de especificaciones de calidad y de funcionalidad; y comprueba que tales fracasos se deben a cuestiones de conducción: (a) falta de compromiso de la Dirección, y atribuyen los problemas a su indiferencia, a la ausencia de aval, y a la baja prioridad otorgada a los procesos de mejoramiento; (b) objetivos desmesurados que llevan a la fijación de plazos irreales, y a la asignación de recursos escasos; (c) juegos de poder donde destacan la manipulación y las rivalidades y (d) fragmentación que reconocen en conductas mercenarias y feudos.

Menudo diagnóstico el de la constatación internacional. ¿Sería representativa esta lista de causas y problemas en nuestro medio? De reconocer estas cuestiones en la región, ¿cuánto puede atribuirse a factores personales, y cuánto a factores de la empresa o de la cultura vigente? Difícil separar estas variables, mejor trabajar con el sistema existente.

En el curso de los últimos años, participamos en numerosos proyectos. En cada uno se vinculaban, como parte de la iniciativa estratégica, la comprensión de la ligazón entre

---

3. *Project Management Review*, 2006.

los aspectos personales, organizacionales y culturales. Los análisis de esos trabajos multianuales en actividades de servicios e industriales, cuyas conclusiones abrevan en los casos reunidos en *Transformando: procesos de cambio en empresas argentinas*, se fortalecen con los presentados en este nuevo texto.

Respuestas atinadas

Repasando la conducción de aquellos con quienes más conversamos, recupero las conductas esperadas de un buen jefe y de un equipo. Ni ellos ni ninguna de las personas que convocaron y dirigieron las intervenciones eran excepcionales, sino individuos preocupados por integrar su vida laboral y personal. Nadie entendió que se estaba haciendo una tarea inusual, salvo resguardar la cordura en espacios más de una vez atravesados por la codicia y la improvisación.

Los párrafos que siguen no distinguen, por lo tanto, las cualidades de un individuo, sino los sobrentendidos que algunos pusieron en evidencia en los momentos críticos de un proyecto. Tampoco puede decirse que la intervención constituyera un hito, sino que permitió acceder a una intimación, al acercamiento a lo que quizá fuera posible y ocurriera. En cada caso, no obstante, sus gestos cuidaban a las personas.

¿Cuáles fueron algunas de las características de estos casos? ¿En qué se parecían? ¿Qué las destaca en mi memoria? Sin orden de prelación, sin admitir un relato grandilocuente sino familiar, sin discriminar a los gerentes de empleados y operarios, anoto las siguientes cualidades señalando que en ninguno de los casos aparecen más de tres o cuatro de las características consignadas a continuación.

1. Equilibrio. Nunca exigir lo imposible y significarlo como heroico. Equilibrio de medios y fines; de trabajo individual y trabajo de equipo; de asignación de recursos; de reconocimientos y sanciones. Quizá la búsqueda de contrapesos sea el entregable que mejor separa un proyecto posible de una aventura condenada a la frustración y al fracaso.

2. Civilidad. Al desarrollarse y sostenerse superando vicisitudes, el responsable trata al otro como interlocutor de pleno derecho y tiene en cuenta a la comunidad. No necesariamente la empresa adscribe al Global Compact de Naciones Unidas, ni tiene proyectos de Responsabilidad Social Empresaria en curso, pero el responsable mantiene la reputación de buen vecino. Un entregable es el porcentaje de empleados que proponen a familiares cuando surge una vacante.

3. Tolerancia. ¿Cuán receptivo es el apoyo a la insatisfacción constructiva? ¿Cuál es el nivel de aceptación del propio error en ejecutivos de formación ingenieril o contable acostumbrados a simplificar para resolver/controlar? ¿Cuánto tiempo otorgan a buscar causas raíces y admitir opciones articuladas, a pesar de que no acierten a explicar cómo funciona el sistema? Viene asociada a la aversión al riesgo. Un entregable es la satisfacción en el trabajo.

4. Compromisos competitivos. El responsable equilibra cometidos y rinde cuentas ante variedad de mandantes. Definir las prioridades requiere coraje, valentía para mostrar que algunos beneficios inmediatos pueden entorpecer logros a largo plazo, que los resultados sectoriales se contraponen con metas de empresa. El actor de reparto observa esa conducta y escucha a quien elige su propio sendero. Las muestras discretas de afecto que despierta el buen ejemplo son los entregables.

5. Resiliencia. La gente está fogueada en la adversidad, no cree en palabras. Al ser invitada se pronuncia con claridad, sabe callar, espera que el otro entienda, pide reparaciones, sabe de dónde viene, no se ilusiona con promesas, da espacio a la convivencia, sabe de interrupciones, está conectada con sus sentimientos. Un entregable es la calidad de los intercambios en un entorno que ha conocido dislates.

6. Inclusión. El responsable da cabida a las opiniones y aportes de terceros, a las idas y vueltas, independientemente de quién sea, garantizando escucha y debate. No necesariamente esta responsabilidad se deposita en el dirigente empresario, sino que a veces es asumida por un sindicalista/cliente/proveedor/líder informal, y los otros prestan atención. Un entregable es la elaboración de nuevas condiciones de trabajo, acompañada de resguardos mutuos.

7. Singularidad. Asumiendo riesgos, la conducción hace hincapié en la situación actual y menciona aspectos económicos, políticos y sociales. De ahí que el proyecto sea único y sean los protagonistas quienes aseguran el sostenimiento de una iniciativa innovadora. Un entregable es no dar nombre al proyecto, sino incorporarlo como parte del aprendizaje silencioso de un grupo de adultos, que no necesita argumentos para legitimarse, más que en la acción.

8. Conciencia organizacional. El desempeño del equipo de conducción transmite que la empresa es un sistema en el cual cada decisión tomada en un sector o nivel impacta en otros. Supera la simplificación, reconoce los aportes de la interdependencia y del pasado, sabe pensar en repercusiones, se adelanta a malentendidos, modera sus aspiraciones. Un entregable es la manera en que se administra el tiempo, como factor amigo, sopesando, sin improvisación.

9. Profesionalismo. El caso incluye, rápidamente, a todos aquellos que pueden aportar, por su voluntad política, por su conocimiento práctico, por su capacidad de reflexionar en voz alta, por sus destrezas específicas. Así el caso adquiere rigor, porque participan quienes profesan, se abre a aquellos que están en condiciones de actuar críticamente. Un entregable es la disposición a debatir en ateneos, con colegas y ajenos.

10. Aprendizaje. El caso pone a prueba, pone en vilo, los supuestos instalados, a efectos de hacer mejor las cosas. Se propone aplicar, ejecutar, poner en escena, dar testimonio.

Para eso dimensiona avances y retrocesos. Un entregable es la continuidad del proyecto tras la salida de los promotores, como cuando un grupo gerencial continúa trabajando con sus propios criterios, aunque se nombre sobre ellos a un gerente con otras ideas.

11. Plasticidad. No es necesario quebrar el molde para hacer mejor; a veces sólo basta con recuperar prácticas sensatas del pasado. Tampoco es imprescindible contratar gente brillante para dar vuelta una situación: quizá sólo se requiere percatarse de que conviene modificar las estructuras y los procesos al servicio de la totalidad, en vez de procurar beneficios sectoriales. Un entregable es el índice de rotación de las personas consideradas talentosas.

12. Reciprocidad. Se refiere a las respuestas positivas o negativas que surgen a partir de las acciones propias y toman en cuenta la predisposición a responder de manera simétrica en torno a cuestiones de estima, equidad y reconocimiento. Es quizá una norma social e informal extendida entre los humanos y explica comportamientos que parecen inusuales en situaciones dramáticas. Un entregable es la reparación resuelta, esencial en la restitución de la confianza.

Es posible desarrollar equipos de conducción que se sostengan en este tipo de prácticas. La prueba está en los casos y las viñetas de este texto. Que son pocas y temporales. Y que muestran la trama íntima de un proyecto organizacional eficaz.

5. NO TRANSIGIR

*Ante la verdad esquiva, la tarea
no es dar en lo cierto,
sino actuar esta vez de forma certera.*
Fernando Ulloa

*Él quedó medio resentido conmigo
porque yo no me dejé.*
Un gerente

*Apoya con fuerza tus dedos, evita los
movimientos innecesarios y ¡canta!*
Beethoven, sobre cómo tocar el piano

Restablecer confianza narra procesos de restitución de lazos de confianza en busca de formas armónicas de trabajo: describe las actividades desarrolladas en empresas en las que se advierte la posibilidad de crear reglas de juego + resultados = entregables que fundan tramas de interdependencia. Lograrlo requiere avances y retrocesos: la metodología configura modelos respetables de autoridad y tiene en cuenta el tejido social.

Restablecer confianza decanta la experiencia en pequeñas historias que constituyen casos excepcionales: divulga las características que distinguen a un emprendimiento exitoso. Ofrece un marco para ubicarse, e indica cómo se actuó, mostrando las pautas que permiten dar coherencia a la relación entre fines y medios en un entorno turbulento. Esas buenas prácticas *dan preeminencia a la escucha* y se sostienen en (1) reconocer los límites y aceptar el desconcierto, (2) crear el espacio para incorporar a terceros, (3) reunir y analizar datos inquietantes. Las buenas prácticas hacen hincapié en la *puesta en práctica de cambios* en ese lugar y en las condiciones existentes, a saber: (4) esbozar el proyecto viable, (5) debatir entre diferentes, y (6) hacer por partes. Las buenas prácticas procuran *instalar en la historia lo escuchado y lo hecho:* (7) incorporando a los distintos, (8) registrando cómo se va haciendo, y (9) divulgando, agradeciendo, preguntando por qué no se puede seguir avanzando, y reabriendo el círculo.

Restablecer confianza destaca que el proceso avanza en la medida en que se recorre una curva de experiencia/ aprendizaje.

Esta curva vale para la incorporación de cualquier recurso, sea este un paquete informático o una tecnología de confiabilidad, porque un emprendimiento no puede obviar su lado social.

Cuando, además, la iniciativa surge con conciencia de que el asunto principal es cultural, es imprescindible administrar el proceso de cambio para implementar y sostener el proyecto en el mediano plazo. Exige entender las vicisitudes del proceso en organizaciones cuyo objetivo primario es el lucro; porque requiere hacer un esfuerzo conceptual en quienes entienden que una empresa está orientado a un fin único; que piensan que una organización es una forma de ordenamiento y relegan su dinámica social; donde priman los criterios de neutralidad afectiva, rendimiento y universalidad.

A pesar de ello, en cada uno de los casos citados se quebraron esas limitaciones y se advirtió la necesidad de concebir la empresa como un sistema.

Las celdas del diagrama de la página siguiente muestran los aportes de la consulta, los recursos a poner en juego, quiénes se incluyeron en los diversos casos, cuáles fueron los resultados previsibles. Dan por supuesto que, para ello, mucho tiempo se dedicó a que las partes llegaran a una definición compartida del problema y acordaran qué correspondería hacer a cada uno.

Los chicos juegan, los grandes hacen partidos y la intervención social es un juego de adultos. La diferencia radica en la complejidad de las reglas, en las posibilidades de inventar, en el manejo de la ventura, en la necesidad de capacitarse y prepararse para alcanzar un mejor desempeño. Los juegos de niños son repetitivos, sólo requieren de la presencia de otros chicos, empiezan y terminan cuando cualquiera siente el impulso de hacerlo. Responden a convenciones elementales y no necesitan del diálogo. En ellos, están juntos, manteniéndose cada uno en lo suyo.

Distinto es un partido, que tiene pautas escritas y normas tácitas (cómo se juega, con quién se juega, hasta cuándo, con qué elementos), e incorpora guías para estimularse en entornos de complejidad creciente: cuanto más se aprende, más se disfruta, porque el placer aumenta a medida que crecen la calidad y la sagacidad del rival.

En este caso no hay rivales, sino limitaciones en la comprensión del caso. Y es por eso que la tarea es de acercamiento a una nueva forma de entendimiento, en su doble acepción, de acercamiento a una realidad y de la aceptación que le puede seguir.[1]

---

1. Altschul, Carlos, y Fernández Longo, Enrique: *Todos ganan.* Paidós, Buenos Aires, 1992.

Desempeño previsible a lo largo de la intervención

Cada celda sintetiza la experiencia derivada de proyectos
en los que el diseño se ajustó a los requerimientos singulares del caso.

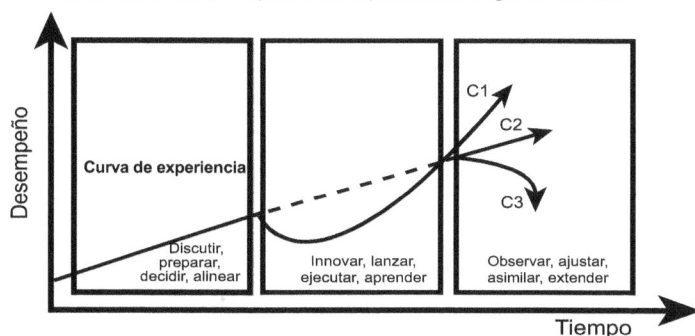

	Partir de cero	Avanzar midiendo	Asegurar sostén
¿Cuáles son los aportes de la intervención?	Definir especificaciones con participantes de los diversos sectores, equilibrando metas recursos y plazos. Incorporar ideas, atender dudas y resistencias ni bien surgen.	Implementar y ajustar en base a evidencias de la curva de experiencia. Resolver dificultades y atrasos varios. Amenazas detectadas y dudas respondidas a satisfacción del cliente.	Replanteo de metas a la luz de la experiencia. Análisis de logros. Reconocer fortalezas y debilidades. Instalar recaudos garantizando confiabilidad y sustentabilidad.
¿Qué recursos se ponen al servicio del proyecto?	Desarrollar planes estratégicos y operativos, con Áreas de Resultados Clave e Indicadores Críticos de Éxito, bajo Cultura de Feedback. Planeamiento preventivo, contratos y resguardos.	Analizar problemas y tomar decisiones. Manejar conflictos. Monitorear aportes. Incorporar ajustes y reparaciones en función de los aportes de los participantes.	Revisar políticas, sistemas y procedimientos. Coaching para optimizar articulación de procesos hard + soft. Agradecer, premiar personas y extender el proceso con correcciones.
¿Quiénes se incluyen?	Equipo de conducción. Comité de pilotaje. Responsabilidades y rendiciones de cuentas contra plazos.	Responsables de procesos en comités de seguimiento, con participación activa de facilitadores.	Extender el proyecto a otros ámbitos con la participación de nuevos concernidos directos e indirectos.
¿Cuáles son los resultados evidentes?	Objetivos claros y acordados. Planes de acción con referencias, recaudos y Plan B. Alineamiento de sectores y niveles. Evaluar predisposición. Logros en formación.	Primeros datos objetivos en cifras, indicios y observables. Evaluaciones contra metas y plazos. Satisfacción con proceso y productos. Primeros testimonios	Proceso en régimen. Aprendizaje instalado. Realimentación tras difusión. Evaluación de resultados cualitativos y cuantitativos. Consultas desde dentro y fuera de la empresa. Valorar el caso testigo.

Este diagrama refleja la forma preferida de operar para reducir el tiempo y la caída
de la curva de experiencia/aprendizaje. Cuanto más tarde se incluye la variable cultural,
mayor es la necesidad de trabajar en la restitución de la confianza.

Figura 1

La primera parte se ocupó del marco de referencia de las organizaciones y de las competencias que muestra el consultor para desarrollar emprendimientos efectivos, entendiendo a la relación de consulta como modelo de concertación; las siguientes hablan de prácticas de buena gestión, como (a) valorar las voces; (b) decidir sobre las prácticas, y (c) instalar voces y prácticas en la memoria.

Ahora bien, es difícil volcar la experiencia, dado que ninguna palabra se aproxima a la vivencia, e improbable teorizar. Sin embargo, la consulta aprovecha experiencias señeras con la metodología de la Investigación Acción, una práctica profesional que mantiene protocolos y transcripciones literales. El proceso incluye reserva y distorsiona los datos que pudieran identificar al cliente. La intención es que el lector se ubique y entienda la manera en que se articulan diversas formas de pensar en el campo de las organizaciones. Ricardo Piglia dice: "No se narra para recordar, sino para hacer ver".

Cada caso avanza a medida que los protagonistas se hacen cargo del equilibrio entre los propósitos que los impulsan, las respuestas de las personas, y las formas de alcanzarlos. Y lo afirma a través de sus aportes. Cosa extraña, en un entorno a menudo salvaje, toma a las personas como sujetos adultos y a la interdependencia como unidad de trabajo. Dadas las restricciones derivadas de la primacía del factor económico, el foco se coloca en la relación entre quienes definen rumbos, y en la tarea de reflexionar sobre cuánto puede hacerse construyendo redes de colaboración en el ámbito laboral. Reconociendo que el aporte puede ser provisorio, pero produce resonancia y vitalidad para defender lo alcanzado e inspirar acciones futuras.

Concertar precede a *organizar*. Sin embargo, transgrede las normas porque propone un orden superior al existente: cliente y consultor deben defenderlo de la acusación de infracción. Transgredir es instalar un orden nuevo, infringir es quebrar una pauta vigente. Fernando Ulloa decía que una consulta se inicia recogiendo expresiones reivindicatorias e ideológicas, pero que sólo avanza al organizar. Que aparece lo reivindicatorio como síntoma, que viene acompañado por el reclamo, por la ideología, y que operar exige organizar. Mantenerse en el eje del primer campo significa restringir-se a lo que hay, mientras que organizar es la única compo-nente que eleva a los actores al desafío.

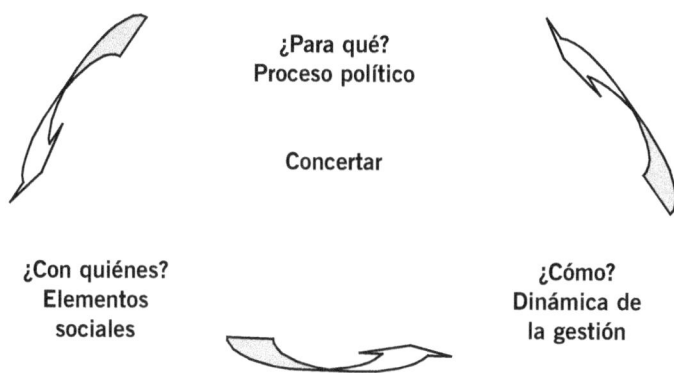

¿Para qué?
Proceso político

Concertar

¿Con quiénes?
Elementos
sociales

¿Cómo?
Dinámica de
la gestión

Figura 2

Se entiende, entonces, la tarea de organizar como la puesta en escena del sentido común, proceso en el que cada cual pone de manifiesto su potencial de interdependencia, y mantiene viva la pregunta de hacer, con otros fines y de otros modos. A alguno puede parecerle un delirio conver-sar con colegas de otro sector, y ni hablemos de extender-lo a representantes obreros para actuar racionalmente, pero no hay proyecto creativo que no rompa tabúes.

En las empresas pesan lo económico y lo político. Aún así, a veces se instala sensatez fecunda durante un tiempo, aunque esa experiencia tiene comienzo, desarrollo y fin previsible. Cuando eso ocurre, ¿cómo perseverar y apren-der de la propia acción, en ese lugar, en esa ocasión, con esa gente?

Viene a la mente el ejemplo de la primera reunión en la que el responsable de un sector de un organismo público de alto nivel profesional invitaba a un grupo amplio a conversar, y uno a uno se fueron presentando treinta personas. Cada cual decía quién era, que hacía y agregaba algún dato sobre el sector en el que constataba su incapacidad para gestionar. La mayoría relataba lo previsible, hasta que uno dijo que hacía poco tiempo una persona cayó de un cuarto piso. La caída había sido amortiguada por un toldo del primero, de modo que se descolgó y llegó ileso a la planta baja. Dado que nadie reparó en él, se enderezó, se palpó y al no sentir dolor, tardó un momento en levantarse y volvió a su trabajo como si aquello no hubiera ocurrido. Más tarde se acordó de ir al Servicio Médico donde le dijeron que no tenía ni un rasguño y que había nacido de nuevo. El relato produjo algunas sonrisas entre los presentes, quizá porque aquel episodio no producía asombro en ese lugar, algo de brujería era esperable. Alenté, entonces, al siguiente participante de la ronda a presentarse. Cerca de mí, un director hacía furtivas señales para advertirme que era sordo: quería evitar la incomodidad de aquel invitándome a saltearlo. Sin embargo esa persona insistió en presentarse, porque era sordo pero no era mudo, sabía leer el movimiento de los labios y se mostró eficaz. Se expresó en forma espasmódica, pero con solvencia y creímos entender lo que quiso decir. Tanto es así que muchos se maravillaron de lo que expresó, agregando sus percepciones a lo que habían dicho los otros. Quizá sea porque también en las organizaciones viajan juntos la brujería y los prejuicios.

Entonces, cada vez, volver a preguntar. Nunca quedarse en la superficie, nunca ceñirse a las declaraciones del principio, nunca pensar que se entendió a menos que se concediera tiempo a las aclaraciones. Preservándose de las peripecias, tomando distancia y volviendo a ingresar al ruedo. De los otros.

Restablecer confianza reconoce que cada hecho lleva a un campo desconocido, y de eso no se habla, hasta que el diálogo produce efectos distintos, y otro nivel de salud y de efectividad.

Porque no son las compañías sino las personas las que tienen conciencia de sí mismas, la consulta por antonomasia se advierte cuando hay voluntad de escrutar y descubrir para reparar y enmendar, deseo de explorar y cartografiar una realidad profunda, interés de las personas por recuperar su conciencia interior, y el proyecto adquiere una dimensión moral. Cuando se opera con valía intelectual, sin ocultación, y se traspasan la limitación artificial acostumbrada poniendo perspicacia psicológica en la construcción de saber.

No "zozobrar en la costumbre", como diría Fernando Ulloa, sino operar en la periferia, abrir el campo al asombro, abandonar los supuestos culturales rígidos y limitados. Con adhesiones firmes.[2]

---

2. De conducciones firmes en tiempos turbulentos hablan Beer, Michael: *High Commitment, High Performance: How to Build a Resilient Organization for Sustained Advantage*, Harvard Business School Press, Cambridge, 2009; y Beer, Michael; Eisenstat, Russell; Foote, Nathaniel; Fredberg, Tobias, y Norrgren, Flemming: "The Uncompromising Leader". En *Harvard Business Review*, August 2008.

BIBLIOGRAFÍA

Abel, Theodore: "La operación llamada *Verstehen*". En Horowitz, Irving L. (comp.): *Historia y elementos de la sociología del conocimiento.* Eudeba, Buenos Aires, 1974.

Argyris, Chris: *Conocimiento para la acción.* Granica, Barcelona, 1999.

Bateson, Gregory: *Pasos hacia una ecología de la mente.* Carlos Lohlé, Buenos Aires, 1972.

Brown, John Seely: *La vida social de la información.* Pearson Education, Buenos Aires, 2001.

Davenport, Thomas, y Prusak, Lawrence: *Conocimiento en acción. Cómo las organizaciones manejan lo que saben.* Prentice Hall, Buenos Aires, 2001.

García Hamilton, José Ignacio: *Los orígenes de nuestra cultura autoritaria (e improductiva).* Albino y Asociados, Buenos Aires, 1991.

Hurst, David K.: *Crisis y renovación. ¿Cómo enfrentar el desafío del cambio en las organizaciones?* Temas, Buenos Aires, 1998.

Katz, D., y Kahn, R. L.: *La Psicología Social de las organizaciones.* Trillas, México, 1977.

Lewin, Kurt: *La teoría del campo en la ciencia social.* Paidós, Buenos Aires, 1978.

Marradi, Alberto; Archenti, Nélida y Piovani, Juan Ignacio: *Metodología de las ciencias sociales,* Emecé, Buenos Aires, 2007.

Merton, Robert: *Teoría y estructura sociales.* Fondo de Cultura Económica, México, 1964.

Mintzberg, Henry: *Mintzberg y la Dirección.* Díaz de Santos, Madrid, 1991.

Nino, Carlos: *Un país al margen de la ley.* Emecé, Buenos Aires, 1992.

Pfeffer, Jeffrey, y Sutton, Robert: *La brecha entre el saber y el hacer.* Granica, México, 2005.

Rogers, Carl: *El proceso de convertirse en persona: mi técnica terapéutica.* Paidós, Buenos Aires, 2005.

Ulloa, Fernando: "El método clínico". Ficha de la Cátedra Psicología Clínica, Facultad de Psicología, Universidad de Buenos Aires, 1970.

www.ingramcontent.com/pod-product-compliance
Lightning Source LLC
Chambersburg PA
CBHW060322200326
41519CB00011BA/1804